ro
ro
ro

Wer die Gegenwart verstehen und die Zukunft gestalten möchte, kommt am Christentum nicht vorbei. Es liefert gleichsam den Code für unsere Kultur und ihre lange Erfolgsgeschichte. Doch wer kennt noch die alttestamentarischen Wurzeln dieser Weltreligion, die Geschichten von Abraham und Isaak, Jakob und Esau, Josef und seinen Brüdern, von Mose, David oder den Propheten, und könnte erklären, worin ihre Bedeutung für uns liegt? Wer weiß, in welche Tradition sich Jesus stellt und welche er neu begründet? Oder worin die Aufgabe der Kirche liegt und warum sie für Christen unverzichtbar ist?

Christian Nürnberger erzählt von den jüdischen Ursprüngen, der unwahrscheinlichen Entstehung und der wechselvollen Geschichte des Christentums. Dabei würdigt er die historischen Leistungen der Kirche, benennt aber auch ihre Verbrechen und spart nicht mit Kritik an ihrer gegenwärtigen Verfassung. Doch vor allem legt er die unverzichtbaren Kernelemente des christlichen Glaubens frei, an denen sich auch moderne, aufgeklärte Menschen orientieren können.

Ein Buch für alle, die noch neugierig auf das Christentum sind.

Christian Nürnberger

DAS CHRISTENTUM
Was man wirklich wissen muss

Rowohlt Taschenbuch Verlag

Ich danke meiner Lektorin Julia Kühn für
die sehr gute, motivierende Zusammenarbeit,
ihr Lob, ihre Kritik, ihre Anregungen und Nachfragen.

2. Auflage April 2012

Veröffentlicht im Rowohlt Taschenbuch Verlag,
Reinbek bei Hamburg, November 2008
Copyright © 2007 by Rowohlt · Berlin Verlag GmbH, Berlin
Umschlaggestaltung ZERO Werbeagentur, München,
nach einem Entwurf von any.way, Hamburg
(Bildnachweis: Images.com / Corbis)
Satz Swift PostScript (InDesign)
bei KCS GmbH, Buchholz bei Hamburg
Druck und Bindung CPI – Clausen & Bosse, Leck
Printed in Germany
ISBN 978 3 499 62235 9

Das für dieses Buch verwendete FSC®-zertifizierte Papier
Lux Cream liefert Stora Enso, Finnland.

Dieses Buch ist all den Randständigen
und kirchlich Fernstehenden gewidmet, die mit Kirche
und Christentum nichts mehr anfangen können,
aber gerne wieder etwas anfangen würden.

Inhalt

Das Fundament
des Christentums

Vom Siegeszug und Verrat der christlichen Botschaft: 2000 Jahre Christentum

DIE ESSENZ
DER CHRISTLICHEN BOTSCHAFT

EIN SCHIFF, DAS SICH
GEMEINDE NENNT: CHRISTENTUM
IM 21. JAHRHUNDERT

WIR ARMEN GLÜCKSKINDER

Es war an einem sonnigen Herbsttag Ende der 1990er Jahre, als mir etwas aufging. Ich wanderte mit meiner Familie im Rheingau. Unten glitzerte der Rhein und schlängelte sich als silbernes Band durch die Landschaft, oben leuchtete das Laub in den schönsten Farben, und wir liefen vorbei an Weinstöcken mit schweren Reben und an Obstbäumen, deren Äste vom Gewicht der Äpfel und Birnen nach unten gezogen wurden. Deutschland ist ein schönes Land, dachte ich, ein reiches und wohlgeordnetes Land, in dem sich gut leben lässt. Ich kann mir kaum ein Fleckchen Erde denken, auf dem ich lieber lebte als hier, mitten in Europa.

Unwillkürlich musste ich an meine Eltern denken, die den größeren Teil ihres Lebens in einem ganz anderen Deutschland und einem ganz anderen Europa verbringen mussten. Sie haben zwei Weltkriege und zwei Inflationen erlebt, den Hunger kennengelernt, die Diktatur und die Not. Meine Mutter hat drei ihrer Brüder im Krieg verloren. Das Haus meines Vaters wurde von einer Bombe zerstört. Der Schwiegervater war als gebrochener Mann aus dem Krieg zurückgekehrt, die Schwiegermutter mit zwei kleinen Kindern aus dem brennenden Dresden geflohen, sie hat ihre Heimat und Hab und Gut verloren.

Überall in Europa hatte die Generation meiner Eltern und Großeltern Ähnliches erlebt und erlitten, und sofern diese Generation jüdischen Glaubens war, endete ihr Leben mit hoher Wahrscheinlichkeit in einer von Deutschen betriebenen Gaskammer. Die meisten Beteiligten an diesem beispiellosen Verbrechen waren christlich Getaufte, auch humanistisch Gebildete. Wer aus der Generation unserer Eltern und Großeltern wie viel von diesem Verbrechen wusste, ist bis heute nicht ganz klar, aber lag stets als Schatten über ihrer Existenz.

Wie anders dagegen ist mein Leben verlaufen, das meiner Frau und der ganzen Generation der Westdeutschen, Mittel- und Westeuropäer, die nach dem Zweiten Weltkrieg geboren wurden. Seit wir uns erinnern können, kennen wir nichts anderes als wachsenden Wohlstand in Frieden und Freiheit. Nie wurden wir vor die Wahl gestellt, Mitglied einer verbrecherischen Organisation zu werden oder im Fall der Weigerung Nachteile in Beruf und Privatleben hinnehmen zu müssen. Nie mussten wir um unser Leben fürchten, weil es einem Nachbarn gefallen hätte, uns wegen einer Lappalie zu denunzieren. Nie mussten wir uns wegen unseres Glaubens, unserer Herkunft oder unserer Rasse vor Verfolgung fürchten. Auch der Kelch der Stasi ist an uns vorbeigegangen. Glücklich das Land, das keine Helden nötig hat – meine Generation lebt seit ihrer Geburt in solch einem Land. Das Einzige, was uns hier abverlangt wird, ist ein bisschen Zivilcourage.

Dann blickte ich bei jenem Spaziergang auf meine damals vier und sieben Jahre alten Kinder und fragte mich: Was wird sein, wenn sie und alle Angehörigen ihrer Generation sechzig Jahre alt sind? Werden sie dann rückblickend auch sagen können, nie etwas anderes kennengelernt zu haben als Frieden in Freiheit und Wohlstand? Werden sie so alt werden dürfen, ohne je auf die Probe gestellt zu werden?

Eigentlich spricht alle geschichtliche Erfahrung dagegen. Unser zurückliegendes halbes Jahrhundert in West- und Mitteleuropa ist ein historisch noch nie da gewesener Ausnahmezustand. Armut, Krieg, Terror, Vertreibung, Folter, Korruption, das Recht des Stärkeren – das ist der Normalzustand dieser Welt seit dem Beginn der menschlichen Geschichte. Frieden, Freiheit, Gleichheit, Solidarität, Rechtsstaatlichkeit, Achtung der Menschenwürde – all die Werte, die wir als selbstverständlich betrachten, waren noch bis vor hundert Jahren bloße Utopien. Tatsächlich sind sie ganz neue, schwer erkämpfte Ausnahmeerscheinungen in der Geschichte der Menschheit.

Vier utopisch erscheinende Ziele, die im 19. Jahrhundert formuliert wurden, sind seit 1945 erreicht worden – eigentlich vier Wunder. Das erste, größte und wichtigste Wunder besteht darin, dass wir in Europa die viele Jahrtausende alte Institution des Krieges überwunden haben. Dass Deutsche, Engländer und Franzosen jemals wieder aufeinander schießen, ist nach heutigem Ermessen praktisch ausgeschlossen. Wer das vor hundert Jahren prophezeit hätte, wäre als Traumtänzer verhöhnt worden. Heute ist uns diese erstaunliche Leistung schon so selbstverständlich, dass unser Verdruss über Brüssel und die Eurokratie größer ist als unser freudiges Erstaunen über den sechzigjährigen Frieden in Europa.

Dann fiel uns 1990 die deutsche Einheit in den Schoß, verschwand die kommunistische Bedrohung aus dem Osten, womit auch der Zwang des Wettrüstens entfiel, und wir erwarteten die Friedensdividende. Seit rund anderthalb Jahrzehnten gehören nun auch das östliche Mitteleuropa und Osteuropa zu uns. Heute leben wir in einer Friedenszone, die sich von Irland bis zur Ukraine erstreckt, vom Nordkap bis in die Ägäis. Europas Völker verzichten schrittweise auf ihre politische Souveränität, verschränken ihre Volkswirtschaften miteinander, begeben sich in gegenseitige Abhängigkeit, und je länger dieser Prozess fortschreitet, desto unwahrscheinlicher wird es, dass Konflikte jemals wieder kriegerisch ausgetragen werden – welch ein gewaltiger Entwicklungssprung!

Ein zweites Ziel ist schon seit so vielen Jahrzehnten realisiert, dass uns sein ursprünglich utopischer Charakter gar nicht mehr bewusst ist: die volle Teilhabe der Arbeitnehmer an politischen Entscheidungsprozessen, an Kultur und Bildung, sowie die möglichst gerechte Verteilung des durch Arbeit erwirtschafteten Wohlstands. Tatsächlich wurde fast alles, was die ersten Arbeitervereine des 19. Jahrhunderts als Ziele in ihre Programme hineingeschrieben hatten, in der zweiten Hälfte des 20. Jahrhunderts verwirklicht.

Ein drittes, vor hundert Jahren utopisch erscheinendes Ziel ist auf einem guten Weg: die volle Gleichberechtigung der Frau. Die ehemalige Präsidentin des Bundesverfassungsgerichts, Jutta Limbach, hat diesen Fortschritt 1997 so formuliert:

> Im Gegensatz zu unseren Urgroßmüttern dürfen wir politische Versammlungen besuchen. Im Gegensatz zu unseren Großmüttern dürfen wir Universitäten besuchen, Ärztinnen, Richterinnen und Professorinnen werden. Im Gegensatz zu unseren Müttern haben wir ein gleichrangiges elterliches Sorgerecht und das Recht, erwerbstätig zu sein. Im Gegensatz zu uns Älteren haben unsere Töchter das Recht, ihren Mädchennamen zu behalten, wenn sie heiraten, und sie können, wie auch die Väter, Erziehungsurlaub nehmen, wenn sie ihr Kind in den ersten Jahren selbst versorgen möchten.[1]

Das Einzige, das noch nicht klappt, ist die Vereinbarkeit von Familie und Beruf, aber daran wird gerade gearbeitet. Dass nur jede vierte Frau finanziell unabhängig ist, nur 3,7 Prozent aller deutschen Frauen einen Chefsessel erklimmen und nur 1,6 Prozent der Männer Erziehungsurlaub nehmen, zeigt zwar, dass die Emanzipation noch lange nicht abgeschlossen ist – ja, in zahlreichen Machokulturen Osteuropas und in außereuropäischen Ländern hat sie noch nicht einmal begonnen. Dennoch darf trotz der nach wie vor männerdominierten Gegenwart behauptet werden: Die Gleichberechtigung der Frau ist, zumindest in der westlichen Welt, das größte neuere Ereignis der Weltgeschichte, auch wenn es bis zum Erreichen des angestrebten Ziels

– die Hälfte der Welt für die Frauen – noch ein bisschen dauern wird.

Das vierte, ebenfalls im Programm der Arbeitervereine aufgeführte und heute erreichte Ziel – der Sieg über die Armut, die finanzielle Absicherung gegen Arbeitslosigkeit, Krankheit und Alter – wird nicht mehr gefeiert, sondern relativiert: Denn derzeit werden diese Errungenschaften beschnitten, es gibt eine wachsende Armut, besonders unter Alleinerziehenden, Familien mit vielen Kindern und alten Menschen. Manchem dünkt schon, dass den kleinen Leuten peu à peu alles wieder genommen wird, was während der letzten hundert Jahre erkämpft wurde, aber diese Angst ist übertrieben.

Drei Viertel der heutigen Weltbevölkerung priesen sich glücklich, wenn sie in den Genuss jenes Zustands kämen, der heute bei uns als Armut definiert wird. Und die Zehntausende von Flüchtlingen, die täglich aus ihren Armutsregionen aufbrechen, um unter Einsatz ihres Lebens über Tausende von Kilometern an die Grenzen Europas zu gelangen und diese zu überwinden, teilen uns mit: Unser Land ist das Land ihrer Sehnsucht. Hier vermuten sie das bessere Leben. Die es schaffen, bei uns Fuß zu fassen, sind dann oft enttäuscht. So, wie sie es sich erträumt haben, ist dieses Europa ja gar nicht. Trotzdem will keiner zurück, denn das, was vom Traum übrig bleibt, ist immer noch besser als das, wovor sie geflohen sind.

Die zweifellos vorhandenen Probleme in unserer Region – Arbeitslosigkeit, Armutsverwahrlosung, aber auch Wohlstandsverwahrlosung, die Bildungs- und Erziehungsmisere – ändern nichts am prinzipiellen Befund: Wir sind Bewohner einer Oase inmitten einer großen Wüste. Nicht allen geht es gleichermaßen gut, aber allen geht es besser als früheren Generationen und als denen, die anderswo ihr Leben fristen. Wir, die Nachkriegsgeborenen der westlichen Hemisphäre, haben den weltgeschichtlich günstigsten Zeitpunkt und günstigsten Ort erwischt, den man sich denken kann, um auf diese Welt zu kommen und in ihr aufzuwachsen. Keine Generation vor uns hatte größeres Glück als wir.

Warum aber fallen wir uns aus Freude über unser Glück nicht täglich um den Hals? Warum sind wir Glückskinder so missgestimmt, schlecht gelaunt, depressiv, unzufrieden, voller Selbstmitleid? Arbeitslose, die von unserer Gesellschaft vor Obdachlosigkeit und Verelendung bewahrt und medizinisch gut versorgt werden, wählen rechtsradikal. Jugendliche, denen von ihren Eltern alle Möglichkeiten der Bildung geboten werden, schmeißen die Schule oder brechen das Studium ab. Arbeiter und Angestellte, die eine Lebenserwartung haben wie noch nie in der Geschichte der Menschheit, rebellieren, weil ihr Renteneintrittsalter um zwei Jahre erhöht werden soll.

Vielen Menschen schlägt der mörderische Konkurrenzkampf der globalisierten Wirtschaft aufs Gemüt. Die der Konkurrenz nicht mehr standhalten, werden vorzeitig ausgemustert oder gar nicht erst zugelassen. Ein Teil der Jugend empfindet sich als überflüssig, weil er scheinbar nicht gebraucht wird. 41 Millionen Menschen in der Europäischen Union leiden unter Angst, Panik und sozialen Phobien, 21 Millionen sind depressiv, 9 Millionen betäuben sich mit Alkohol,[2] und allein in Deutschland liegt die Zahl der Pillen- und Medikamentensüchtigen zwischen 1,4 und 1,9 Millionen.[3] Dazu kommen die Millionen, die der Wohlstand krank macht, die Übergewichtigen, Diabetiker, Kettenraucher, Rheumatiker und Herz-Kreislauf-Geschädigten.

Würde man die Europäer fragen, ob sie mit ihrem Leben rundum glücklich und zufrieden sind, antwortete vermutlich nur ein kleiner Teil ohne Zögern mit einem uneingeschränkten Ja. Sind wir also inmitten unseres Wohlstands und der Ordnung und Sicherheit unserer Verhältnisse unfähig geworden zum Glück? Fehlt uns etwas?

Ein Teil unserer Gesellschaft scheint gegenwärtig die Erfahrung zu machen, dass ihm die Butter vom Brot genommen wird. Der andere, versorgte, wohlhabendere Teil – noch immer die Mehrheit im Land – scheint dagegen zu merken, dass Jesus recht hatte mit seiner Aussage: *Der Mensch lebt nicht vom Brot allein.* (Matthäus 4, 4 und Lukas 4, 4) Der aktuelle Trend zu Sinnsuche, Mystik, Esoterik, Spiritualität und Religion deutet darauf hin, dass sich eine große Zahl von Zeitgenossen jenes Defizits bewusst wird, von dem Jesus sprach.

Aber dieser Spruch hat einen zweiten Teil. Vollständig lautet er: *Der Mensch lebt nicht vom Brot allein, sondern von einem jeden Wort, das aus dem Mund Gottes hervorgeht.* – Wer in Europa, außer Pfarrern, Theologen und regelmäßigen Kirchgängern, versteht noch, was mit diesem zweiten Teil gemeint ist? Verstehen es die Pfarrer und Theologen selbst noch?

Wohlstandsgesellschaften, in denen so ein Wort nicht mehr verstanden wird, entwickeln sich zu segmentierten Wehleidigkeits- und Neidgesellschaften. In solchen Gesellschaften wird jede Verbesserung als ungenügend, die geringste Verschlechterung als katastrophal empfunden. Es wird ein Anspruchsdenken gezüchtet, das ins Unermessliche wächst, in allen Schichten.

Zu viele Menschen der westlichen Hemisphäre scheinen sich ihrer komfortablen Lage zu wenig bewusst zu sein. Die Heizung im Winter, die Klimaanlage im Auto, das Handy, die Post, die warme Dusche, die Reisen in ferne Länder, Events, Festspiele und Jahrmärkte zu allen Jahreszeiten, Museen, Theater und Konzerthallen, Arztpraxen und Apotheken allerorten, Kindergärten, Schulen und Universitäten, gepflegte Parks, Restaurants, Kneipen, Supermärkte, U-Bahnen, Taxen, beleuchtete Straßen, eine funktionierende Polizei und Justiz, die nicht korrupt sind – all das, wovon drei Viertel der Weltbevölkerung nur träumen, erscheint uns, dem restlichen Viertel, als der uns selbstverständlich zustehende Mindeststandard, und von einem guten Leben erwarten wir, dass es über diesem Standard liegt.

Wer den Ausnahmezustand für den Normalzustand hält, vergisst leicht, wie schwer es war, der großen Wüste diese kleine Oase abzutrotzen, fühlt kaum die Pflicht, die Oase zu erhalten, unterschätzt die Mühe, die es kostet, den schönen Garten zu bewahren und zu bebauen, und versagt vollends vor der Aufgabe, den Garten zu erweitern, die Wüste ringsherum zurückzudrängen und in fruchtbares Land zu verwandeln. Keine Generation vor uns hatte größeres Glück als wir – und vielleicht wird es damit schon für die nächste Generation wieder vorbei sein. Vielleicht werden unsere Kinder, wenn sie siebzig, achtzig Jahre alt sind, ihren Kindern von ihrer paradiesischen Kindheit erzählen wie von einem untergegangenen Atlantis.

Wir haben unsere Eltern und Großeltern gefragt: Was habt ihr eigentlich gemacht damals in den Jahren, als die Juden verschwanden? Kann sein, dass wir einst als Greise von unseren Kindern und Enkeln gefragt werden: Was habt ihr eigentlich gemacht damals, als die Ressourcen schwanden, die Ozeane sich erwärmten, die Kinder in Afrika verhungerten, der islamische Hass auf den Westen eskalierte und die westlichen Politiker an China und Indien keine andere Forderung stellten, als an ihrem Wirtschaftswachstum beteiligt zu werden?

Gleichgültig ignoriert man in dieser Oase, was sich an ihren Rändern abspielt. Das Denken der Oasenbewohner kreist um sich selbst, die eigene Befindlichkeit, die Sorge, einen zu geringen Teil vom Kuchen abzukriegen – da hat man keinen Nerv und keine Zeit, sich Gedanken um die Mehrheit draußen in der Wüste zu machen. Ängstlich, voller Furcht und zugleich konzeptionslos oder wirtschafts-ideologisch kurzsichtig geht man mit der Tatsache um, dass der Eiserne Vorhang seit anderthalb Jahrzehnten weg ist und der Weltmarkt über zwei Milliarden neue Mitspieler aus Asien verfügt. Wie die sich daraus ergebenden Chancen zu nutzen, die Risiken zu minimieren und die Probleme zu lösen sind, dafür hat niemand einen Plan, keine Regierung, keine UN- und keine EU-Kommission. Die Zukunft, so scheint es, wird ein Ergebnis aus Markt, Macht und Zufall sein, und am Ende könnte etwas dabei herauskommen, das niemand gewollt hat.

Von der Friedensdividende, die man sich nach dem Fall der Mauer erhofft hatte, ist heute keine Rede mehr. Sie geht drauf für den Kampf gegen den Terror, einen Kampf, der die USA allein im Irak pro Woche zwei Milliarden Dollar kostet[4], aber den Terror nicht verringert, sondern nur vergrößert. Ansätze, dieses Geld lieber in die Entwicklung der Armutsregionen zu stecken, sind nicht erkennbar.

Die gegenwärtig herrschenden Politiker und ihre Beraterstäbe wissen nicht, wie die acht, demnächst fünfzehn Milliarden auf diesem Planeten lebenden Menschen zu ernähren sein werden. Sie wissen nicht, wie eine Welt ohne Terror und Krieg zu realisieren ist. Sie wissen nicht, wie das Problem der Arbeitslosigkeit gelöst werden kann. Sie wissen nicht, wie die weltweiten Flüchtlingsströme zu verhindern sind. Sie wissen nicht, wie der Missbrauch des Wissens über die Atomkraft, die Genetik oder die Informatik zuverlässig unterbunden werden kann. Sie wissen nicht, wie Demokratie unter den Bedingungen der Globalisierung noch realisierbar sein soll. Sie wissen nicht, wie die Probleme alternder Gesellschaften zu lösen sein werden. Und sie wissen nicht, wie das Überleben auf dieser Erde gewährleistet werden kann, wenn jeder Inder und jeder Chinese für sich das Recht in Anspruch nimmt, genauso viel Energie, Wasser und Rohstoffe zu verbrauchen wie jeder Durchschnittseuropäer und -amerikaner.

Zwar tagt die G8, aber ihre Ergebnisse erschöpfen sich in PR-Effekten für die Gipfel-Teilnehmer und dem Ausstoß der üblichen Gipfeltreffen-Kommuniqué-Phrasen, die keinen weiteren Zweck haben, als im Fernsehen wiedergekäut zu werden. Wenn die unerschütterlich in die Kameras lächelnden G8-Politiker zu suggerieren versuchen, alles im Griff zu haben, erinnern sie dabei zunehmend an den ehemaligen irakischen Informationsminister, der auch dann noch tapfer in die Kameras hinein verkündete, alles unter Kontrolle zu haben, als hinter ihm schon die amerikanischen Raketen einschlugen.

Die Weltöffentlichkeit lässt sich davon immer weniger täuschen. Sie sieht ja, dass nach jedem Gipfeltreffen, jeder UN-Friedensmission und jedem Einsatz diverser UN-Löschtrupps die Brandherde weiter schwelen, die Kluft zwischen Arm und Reich unvermindert wächst, der Regenwald schrumpft und der CO_2-Ausstoß nicht geringer wird.

Lösungen sind nicht in Sicht. Zu Beginn des 21. Jahrhunderts scheint die Welt mit ihrer Weisheit am Ende zu sein. Die Marxistische Ideologie ist erledigt. Verschwunden ist aber auch der aufklärerische Glaube, durch Vernunft, Wissenschaft, Forschung und Erkenntnis eine humane Welt für alle schaffen zu können. Der Kapitalismus wird global und digital und füllt das Vakuum, das die entzauberten Ideologien und Weltanschauungen hinterlassen haben, mit dem Glauben an Markt und Technik.

Für die, denen das nicht reicht, und für alle, die nach einer Alternative zum alternativlos sich gebärdenden Globalkapitalismus suchen, hält das System ein Supermarktangebot bereit, das von Spiritualität über modern designte Individualreligionen, neuen Esoteriktrash und alten Aberglauben bis zu obskuren religiösen Fundamentalismen, Okkultismus und heidnisch-synkretistischer Sektiererei alles umfasst, was des Sinnsuchers Herz begehrt, aber das System nicht gefährdet, sondern stabilisiert.

Die Welt brauchte jetzt dringend die systemsprengende Weisheit der Kirche – dieser Satz an dieser Stelle wird vermutlich viele überraschen. Aber man betrachte sich einmal die Grenze unserer Oase des Wohlstands und der Freiheit. Diese Grenze umspannt ziemlich genau jenes Gebiet, in dem das Christentum entstanden ist und sich verbreitet hat. Die Oase wurde dort geschaffen, wo man über Jahrhunderte den Faden jener großen Erzählung gesponnen hat, die man den christlichen Glauben nennt. In ihm muss also irgendein Code verborgen sein, der diese Oase strukturierte. In diesem Glauben muss es etwas geben, das imstande ist, die Wüste in fruchtbares Land zu verwandeln. Vielleicht funktioniert dieser Code heute nicht mehr. Vielleicht taugt er aber doch noch, um unsere Oase zu erhalten und zu erweitern. Wir wissen es nicht, aber lasst es uns herausfinden.

Eben dieses Motiv durchzieht die Frage nach dem Christentum in diesem Buch. Die neuheidnisch-postchristliche Gesellschaft hat das Christentum ins Museum für ausgemusterte Ideen und Wahrheiten entsorgt. Das war voreilig. Wir sind mit dem Christentum noch lange nicht fertig, auch wenn wir vermeintlich oder tatsächlich nicht mehr glauben können. Darum wird hier eine Antwort versucht auf die Frage, was das eigentlich ist, der christliche Glaube, die zeitlos gute Botschaft, die Weisheit der Kirche. Und ob sie sich fruchtbar machen lässt für die Lösung der Probleme unserer Welt.

Das Fundament
des Christentums

DAS ALTE TESTAMENT

Das Christentum beginnt mit Jesus. Aber Jesus war Jude. Was der Jude Jesus predigte, wurzelte in einer Religion, die zu Lebzeiten Jesu schon 1200 Jahre alt war. In allem, was Jesus lehrte, tat und sagte, berief er sich auf die *Schrift*, das *Gesetz*, *Mose* und die *Propheten*. Alles zusammen ergab den *Tanach*, die jüdische Bibel, unser sogenanntes *Altes Testament*, dessen Textmenge rund drei Viertel der gesamten christlichen Bibel einnimmt – eine Bezeichnung, die suggeriert, dass das Alte Testament nicht mehr richtig gilt, von Jesus und dem *Neuen Testament* abgelöst und überwunden wurde und ein prinzipieller, unüberwindbarer Gegensatz zwischen beiden Vermächtnissen besteht.

Diesen Gegensatz gibt es nicht, wie noch gezeigt wird. Jesus wollte das Alte Testament nicht überwinden, sondern erfüllen. Einige Theologen, wie etwa der Münsteraner Alttestamentler Erich Zenger, halten daher die Adjektive «alt» und «neu» für unglücklich gewählt, weil das Neue eine ungerechtfertigte Abwertung des Alten impliziere. Daher spricht Zenger lieber vom «Ersten» und «Zweiten Testament» und verlangt, zumindest das Alte Testament doch besser als jüdische oder hebräische Bibel zu bezeichnen.[5]

Jesus wollte keine Kirche gründen, sondern seine jüdischen Landsleute an ihren von Gott gegebenen Auftrag erinnern. Er kritisierte die in Israel herrschenden Zustände, das Establishment und eine religiöse Praxis, die den eigentlichen Sinn dessen, *was geschrieben steht*, verfehlte.

Jesus war es immer nur darum gegangen, der Stimme des Gottes Abrahams, Isaaks und Jakobs Gehör zu verschaffen in Israel. Die Griechen und Römer interessierten ihn nicht. Dass ein Paulus kommen und seine Botschaft den Heiden bringen und im ganzen Römischen Reich verbreiten würde, damit konnte Jesus nicht rechnen. Er hat eher so etwas wie das Ende der Welt erwartet. Die Absicht, Urheber eines Neuen Testaments zu werden, lag ihm fern. Er kannte nur ein Testament, den Tanach, die Bibel der Juden.

Auch wenn Paulus und die Evangelisten die stereotype Formel *wie es geschrieben steht* verwendeten, meinten sie den Tanach. Bis ins zweite nachchristliche Jahrhundert hinein war er die Bibel der Urchristen. Und als diese ihr eigenes genuin christliches Gedankengut zu Papier brachten, merkten sie: Ohne die Bibel der Juden geht das ja gar nicht. Darum nahmen sie den Tanach als Altes Testament in die christliche Bibel mit hinein. Dabei trafen sie eine wichtige Entscheidung: Sie ließen die jüdischen Texte unangetastet. Sie nahmen nichts heraus, fügten nichts hinzu und schrieben nichts um, denn sie wussten sehr genau, auf welchem Fundament sie standen.

Aus diesem Grund beginnt dieses Buch über das Christentum nicht mit Jesus, sondern mit Abraham. In ihm liegt der Anfang des roten Fadens jener großen Erzählung, die man den christlichen Glauben nennt. Wenn wir daher nach dem Code suchen, der unsere Oase und unsere westliche Wertegemeinschaft strukturiert, müssen wir mit unserer Suche bei Abraham beginnen. Erst wenn wir ihn verstanden haben, können wir Jesus verstehen.

ABRAHAM: STAMMVATER DES GLAUBENS

Und der Herr sprach zu Abram: Gehe aus deinem Vaterlande und von deiner Freundschaft und aus deines Vaters Hause in ein Land, das ich dir zeigen will. Und ich will dich zum großen Volk machen und will dich segnen und dir einen großen Namen machen, und sollst ein Segen sein. Ich will segnen, die dich segnen, und verfluchen, die dich verfluchen; und in dir sollen gesegnet werden alle Geschlechter auf Erden. (1 Mose 12, 1–3)

Es sind seltsam lapidare Worte, die überhaupt nicht wie ein Paukenschlag der Weltgeschichte klingen, und doch sind sie es, ein Paukenschlag. Weil man es ihnen aber nicht anmerkt, liest man leicht über die Tatsache hinweg, dass diese Worte den Anfang dreier Weltreligionen markieren. Abraham, der Stammvater des christlichen Glaubens, ist zugleich der Stammvater des jüdischen und islamischen Glaubens.

Man ist auch nicht darauf gefasst. Wer sich vornähme, die Bibel vom Anfang bis zum Ende zu lesen, hätte in den ersten elf Kapiteln, die Abraham vorausgehen, die Urgeschichte erfahren: die Schöpfung, Adam und Eva, der Sündenfall, Kain und Abel, Noah und die Sintflut und zuletzt der Turmbau von Babel. Von Abraham, der zu Beginn noch Abram heißt, ist hier mit keiner Silbe die Rede.

Erst nach der Turmbaugeschichte wird er plötzlich eingeführt, fast eingeschmuggelt, und zwar mit Hilfe einer der in der Bibel sehr beliebten, aber den Leser mit gähnender Langeweile erfüllenden Stammbäume von der Art: *Dies sind die Geschlechter*

Tharahs: Tharah zeugte Abram, Nahor und Haran. Aber Haran zeugte
Lot. Haran aber starb vor seinem Vater Tharah in seinem Vaterlande zu
Ur in Chaldäa. Da nahmen Abram und Nahor Weiber. Abrams Weib hieß
Sarai, und Nahors Weib Milka, Harans Tochter, der ein Vater war der
Milka und der Jiska. Aber Sarai war unfruchtbar und hatte kein Kind.
(1 Mose 11, 27–30)

Warum jetzt schon wieder aufgezählt werden muss, wer seit
Adam und Eva wen gezeugt hat – das erste Mal wurde es im fünften Kapitel aufgelistet –, erschließt sich einem modernen, un-
geduldigen und der Bibel unkundigen Leser nicht unmittelbar.
Doch diese Stammbäume haben eine eminent wichtige Funktion, denn sie halten die ganze Bibel zusammen. Sie sollen die
Kontinuität in der Geschichte zwischen Gott und seinem Volk
vom Anfang der Schöpfung bis zum Weltende erweisen.

Die erste Generationenliste zeichnet eine direkte Linie von
Adam zu Noah. Die zweite, jetzt in Kapitel elf eingestreute Auf-
zählung, knüpft an Noahs Sohn Sem an und setzt die Reihe fort
bis zu Abraham, woraus sich eine lückenlose Folge von Adam zu
Abraham ergibt. Das ist wichtig für den weiteren Verlauf, denn
von Abraham führt dann die Linie weiter zu David, und für die
Christen mündet sie in Jesus, den Messias. Darum finden wir bei
den Evangelisten die Stammbäume Jesu. Die Juden warten noch
auf ihren Messias, aber auch er soll aus Davids Geschlecht stammen und also über Abraham bis auf Adam zurückgehen.

Langweilig und wenig informativ, wie es anfängt, geht es
weiter. Über Abraham erfahren wir nur, dass er in der Stadt Ur
im Land Chaldäa geboren wurde und noch zwei Brüder hatte,
Nahor und Haran. Letzterer zeugte Lot. Der Vater der drei Brüder hieß Tharah. Er entschließt sich eines Tages, aus Ur wegzu-
ziehen nach Kanaan, bleibt dann aber in Haran hängen. Gründe
für diesen Entschluss werden nicht genannt, es geschieht einfach. Warum der Clan in Haran bleibt und nicht nach Kanaan
weiterzieht, wird ebenfalls nicht mitgeteilt.

Ur lag ganz im Süden Mesopotamiens am Persischen Golf

und war damals ein überregional bedeutendes Kultzentrum des Mondgottes. Haran lag 800 Kilometer weiter nördlich, ungefähr an der heutigen türkischen Südgrenze, und war ebenfalls ein Kultzentrum des Mondgottes.[6] Was an Haran besser war als an Ur, erfahren wir nicht, aber Tharah, Abrahams Vater, scheint zufrieden gewesen zu sein, denn er bleibt dort, bis er stirbt.

Auch Tharahs Söhne mit ihren Frauen, Kindern, Knechten, Mägden und Herden bleiben dort. Dann aber kommt es zu jenem *Und Gott sprach zu Abraham …*

Lapidar wird weiter erzählt:

Da zog Abram aus, wie der HERR zu ihm gesagt hatte, und Lot zog mit ihm. Abram aber ward fünfundsiebzig Jahre alt, da er aus Haran zog. Also nahm Abram sein Weib Sarai und Lot, seines Bruders Sohn, mit aller ihrer Habe, die sie gewonnen hatten, und die Seelen, die sie erworben hatten in Haran; und zogen aus, zu reisen in das Land Kanaan. Und als sie gekommen waren in dasselbe Land, zog Abram durch bis an die Stätte Sichem und an den Hain More; es wohnten aber zu der Zeit die Kanaaniter im Lande. (1 Mose 12, 4–6)

Gott hatte sich also Abraham offenbart. Später werden wir hören, dass auch Jakob, Abrahams Enkel, eine Gotteserscheinung hatte. Und schließlich offenbart sich Gott auch dem Mose im brennenden Dornbusch. Deshalb nennt man Judentum, Christentum und Islam *Offenbarungsreligionen.*

Aber begründet, erläutert, erklärt wird nichts. Wozu braucht Gott überhaupt ein Volk? Warum gerade Abraham? Wäre es nicht erfolgversprechender gewesen, sich dafür einen ägyptischen Pharao zu nehmen, einen babylonischen König, einen keltischen oder germanischen Fürsten, einen griechischen Philosophen, einen indischen Weisen, einen chinesischen Mandarin, einen südamerikanischen Indianerhäuptling oder einen afrikanischen Krieger? Warum ausgerechnet einen alten Halbnomaden, der irgendwo zwischen Euphrat und Tigris seine Schafe hütet und der sich, wie man im Fortgang der Geschichte erfährt, weder als besonders gut erweist noch als besonders heldenhaft oder stark?

Einen einfachen, nicht sehr gebildeten Durchschnittsmenschen aus dem sumerisch-babylonischen Kulturraum und seine Frau Sarai, die später Sara heißen wird und von der wir erfahren, dass sie unfruchtbar sei, erwählt sich Gott als Stammeltern seines künftigen Gottesvolks. Warum nur? Was soll das für einen Sinn ergeben?

Und wieso kann Abraham nicht bleiben, wo er ist? Warum soll er seine Heimatstadt Haran verlassen und nach Kanaan ziehen, das längst besiedelt ist? Seine Nachkommen hätte er auch in Haran zeugen können. Und für deren Zukunft hätte er in seiner angestammten Heimat besser sorgen können als irgendwo in der Fremde.

Abraham wird von den Theologen zeitlich ungefähr um das Jahr 1800 vor Christus angesiedelt, obwohl das umstritten ist, darauf kommen wir noch, aber nehmen wir einmal an, die Datierung stimmt: Warum hat sich Gott so viel Zeit gelassen mit seiner Offenbarung? Warum ist er nicht schon einem Sumerer oder Ägypter im vierten oder dritten Jahrtausend erschienen? Vielleicht wäre ja die Menschheit heute ein gutes Stück weiter, wenn sich Gott zweitausend Jahre früher offenbart hätte.

Auf keine dieser naheliegenden Fragen erhalten wir im weiteren Verlauf der Geschichte eine Antwort. Stattdessen wiederholt der Erzähler, was wir schon kennen:

Da erschien der HERR dem Abram und sprach: Deinem Samen will ich dies Land geben. Und er baute daselbst einen Altar dem HERRN, der ihm erschienen war. Darnach brach er auf von dort an einen Berg, der lag gegen Morgen von der Stadt Beth-El, und richtete seine Hütte auf, dass er Beth-El gegen Abend und Ai gegen Morgen hatte, und baute daselbst dem HERRN einen Altar und predigte von dem Namen des HERRN. Darnach zog Abram weiter und zog aus ins Mittagsland. (1 Mose 12, 7–9)

Und so geht das nun ein Vierteljahrhundert weiter. Abraham zieht kreuz und quer durch das Land zwischen Euphrat und Tigris, auch mal – wegen einer Hungersnot – an den Nil nach Ägypten hinunter, dann wieder zurück nach Kanaan, baut hier einen Altar und dort einen Altar, trennt sich von Lot, hat seltsame Begegnungen mit dem ägyptischen Pharao und dem König Melchisedek, hört von einer kleinen Schwulen- und Inzestgeschichte im Zusammenhang mit Lot, sieht Sodom und Gomorrha untergehen und Lots Frau zur Salzsäule erstarren, redet wenig, fragt nicht, und ab und zu taucht plötzlich Gott auf und verheißt ihm Land und viele Nachkommen, nur: Es passiert nicht. Abraham wird alt und immer älter und kommt weder zu Land noch zu einem einzigen Sohn.

Ein Vierteljahrhundert lang wird nicht ersichtlich, wozu dieses nicht ungefährliche Umherziehen in der Fremde gut sein soll und warum es nicht besser gewesen wäre, in der vertrauten sicheren Heimat zu bleiben. Als Abraham 99 Jahre alt ist, verspricht ihm Gott zum fünften Mal Land und Nachkommen, und da *fiel Abram auf sein Angesicht und lachte, und sprach in seinem Herzen: Soll mir, hundert Jahre alt, ein Kind geboren werden, und Sarai, neunzig Jahre alt, gebären?* (1 Mose 17, 17)

Kurze Zeit später, bei der sechsten Verheißung, ist es Sara, die lacht. Gott erscheint Abraham in Gestalt dreier fremder Besucher, die ihm erzählen, spätestens in einem Jahr werde Sara einen Sohn gebären. Sara, die das heimlich hinter der Tür lauschend hört, *lachte bei sich selbst und sprach: Nun ich alt bin, soll ich noch Wollust pflegen, und mein Herr ist auch alt?* (1 Mose 18, 12)

Anfangs schien Abraham Gott blind vertraut zu haben, sonst hätte er nicht seine sichere Heimat verlassen, um ins Ungewisse zu ziehen. Als aber rasche Erfolge – Nachkommen und Land – ausblieben, kamen ihm Zweifel, und er äußerte diese Zweifel auch Gott gegenüber, sprach von seiner Sorge, einen Fremden als Erben einsetzen zu müssen. Gott antwortet darauf mit dem berühmten Wort: *Siehst du die Sterne am Himmel? So viele Nachkommen sollst du haben.* (1 Mose 15, 5)

Daraufhin, so heißt es in der Bibel, glaubte Abraham dem Herrn, und es folgt der seltsame Satz: *Das rechnete er* (Gott) *ihm als Gerechtigkeit an.* (1 Mose 15, 6)

Sara hingegen schien den göttlichen Verheißungen von Anfang an nie richtig getraut zu haben und mit den Jahren immer skeptischer geworden zu sein. Zehn Jahre nach der ersten
Verheißung, Abraham ist fünfundachtzig, schlägt Sara Abraham
vor, es doch mit ihrer Magd Hagar zu probieren, damit wenigstens sie vielleicht einen Erben und Nachkommen gebäre – nicht
ungewöhnlich für die damalige Zeit, die Monogamie war noch
nicht erfunden und die Zeugung eines Sohnes mit einer Magd
oder Nebenfrau eine willkommene, durchaus übliche Lösung
des Problems. Abraham lässt sich darauf ein, und tatsächlich ge-
bärt Hagar einen Sohn, der den Namen Ismael erhält. Abraham
ist jetzt sechsundachtzig Jahre alt.

Man sollte meinen, Gott wäre böse darüber, dass Abraham
und Sara ihn offenbar nicht ernst nehmen, seinen Verheißungen
misstrauen und ihr Schicksal kurz entschlossen selbst in die
Hand nehmen. Man erwartet, dass Gott jetzt irgendwie strafend
eingreift. Aber kein Wort davon.

Stattdessen wird so getan, als stimme das, was Abraham und
Sara da aushecken, mit dem Willen Gottes überein. Hagar erschien sogar ein *Engel des Herrn*, der seltsame Worte zu ihr sprach:
*Ich will deinen Samen also mehren, dass er vor großer Menge nicht soll
gezählt werden. Weiter sprach der Engel des Herrn zu ihr: Siehe, du bist
schwanger geworden und wirst einen Sohn gebären, des Namen sollst
du Ismael heißen, darum dass der Herr dein Elend erhört hat. Er wird
ein wilder Mensch sein: seine Hand wider jedermann und jedermanns
Hand wider ihn, und wird gegen alle seine Brüder wohnen.* (1 Mose 16,
10–12)

Sara jedoch bleibt weitere dreizehn Jahre kinderlos. Darum
lachen Abraham und Sara, als Gott zum fünften und sechsten
Mal sagt, dass Sara jetzt in hohem Alter, lange nach der längst
erfolgten Menopause, noch schwanger werden solle.

Aber diesmal ist einiges anders. Gott spricht sehr feierlich von
einem «ewigen Bund» zwischen ihm und Abraham und dessen
Nachkommen. Darum soll Abram, wie er immer noch heißt,

ab jetzt Abraham heißen und aus Sarai soll Sara werden. Dann kommt von Gott noch die merkwürdige Anweisung, zum Zeichen des Bundes zwischen ihm und Abraham samt Nachkommen solle dieser alles, was männlich ist, beschneiden.

Ihr sollt die Vorhaut an eurem Fleisch beschneiden. Das soll ein Zeichen sein des Bundes zwischen mir und euch. Ein jegliches Knäblein, wenn's acht Tage alt ist, sollt ihr beschneiden bei euren Nachkommen. Beschnitten werden soll alles Gesinde, das dir daheim geboren oder erkauft ist. Und also soll mein Bund an eurem Fleisch sein zum ewigen Bund. Und wo ein Mannsbild nicht wird beschnitten an der Vorhaut seines Fleisches, des Seele soll ausgerottet werden aus seinem Volk, darum dass es meinen Bund unterlassen hat. (1 Mose 17, 11–14)

Abraham befolgt diese Anweisung, beschneidet alle männlichen Mitglieder seines Clans, auch Ismael, und ein knappes Jahr später, quasi zu seinem hundertsten Geburtstag, schenkt ihm Sara den lang ersehnten Sohn, Isaak. Nun könnte endlich alles gut werden, denkt man, Sara könnte glücklich sein, Hagar könnte sich für Sara freuen, dass sie nun auch einen Sohn hat, und Abraham könnte sich freuen, dass er zwei Söhne hat.

Aber so geht es gewöhnlich nicht zu unter Menschen, auch nicht bei jenen von Gott höchstselbst Auserwählten, aus denen er sein Volk gewinnen will. Sara und Hagar rivalisieren, seit Hagar von Abraham geschwängert wurde. Zwar war es Saras eigene Idee, ihrem Mann die Magd zuzuführen, damit wenigstens sie gebäre, aber als sie dann tatsächlich schwanger war, fühlte sich Hagar Sara überlegen, begegnete ihr mit einem gewissen Stolz und Hochmut, und Sara beschwerte sich über sie bei Abraham. *Abram aber sprach zu Sarai: Siehe, deine Magd ist unter deiner Gewalt; tue mit ihr, wie dir's gefällt. Da sie nun Sarai wollte demütigen, floh sie von ihr.* (1 Mose 16, 6)

Erst auf Geheiß eines Engels kehrt Hagar aus der Wüste zu Sara in Abrahams Haus zurück, aber die Spannungen zwischen den beiden Frauen bleiben bestehen und verstärken sich vermutlich noch, als Isaak zur Welt kommt. Jetzt, da Sara geboren hat, will sie Hagar und deren Sohn loswerden und verlangt von Abraham, Hagar und Ismael, seinen erstgeborenen Sohn, vom Hof zu jagen.

Und was tut Abraham, Gottes Auserwählter? Bringt er Sara zur Vernunft? Sagt er ihr, sie solle sich zusammenreißen und anständig verhalten gegenüber der Mutter seines ersten Sohnes? Saras Ansinnen gefällt ihm nicht, aber er gibt nach, schickt Hagar und Ismael in die Wüste, völlig im Klaren darüber, dass Mutter und Sohn dort umkommen werden. Und hat ein gutes Gewissen, da sich auch sein Gott einverstanden erklärte.

Da zog sie hin und ging in der Wüste irre bei Beer-Seba. Da nun das Wasser in dem Schlauch aus war, warf sie den Knaben unter einen Strauch und ging hin und setzte sich gegenüber von fern, einen Bogenschuss weit; denn sie sprach: Ich kann nicht ansehen des Knaben Sterben. Und sie setzte sich gegenüber und hob ihre Stimme auf und weinte. (1 Mose 21, 14–16) Gott selbst muss nun rettend eingreifen und die beiden vor dem Verdursten in der Wüste bewahren. Er schickt einen Engel, der Hagar an einen Brunnen führt und ihr abermals verheißt, Ismael zu beschützen und ein großes Volk aus ihm zu machen. Und das geschieht auch: *Gott war mit dem Knaben; der wuchs und wohnte in der Wüste und ward ein guter Schütze. Und er wohnte in der Wüste Pharan, und seine Mutter nahm ihm ein Weib aus Ägyptenland.* (1 Mose 21, 20–21)

Das ist auch wieder seltsam. Hagar als eine Art Leihmutter für Abraham einzusetzen, war Sarahs Idee, aber nun übernimmt Gott die Sorge und die Verantwortung für Hagar und Ismael. Wir erfahren nicht, warum, aber Ismael wird zum Stammvater der Muslime. Die Araber leiten ihre Herkunft von Ismael ab, der wie der biblische Jakob zum Vater von zwölf Stämmen wird.[7]

Laut Koran gründete Ismael mit Abraham zusammen das Heiligtum der Kaaba in Mekka, empfing Offenbarungen und gebot seinem Volk als ein Gesandter und Prophet Gottes das Gebet (Salat) und die Almosengabe (Zakat).[8] Der Wüstensohn Ismael kehrt noch einmal in seine alte Familie zurück, als Abraham stirbt. Gemeinsam mit Isaak begräbt er ihn. Danach spielt er in der Bibel keine Rolle mehr und bleibt ein rätselhafter Sohn Abrahams.

Aber dieses Rätsel verblasst gegenüber jener berühmt-berüchtigten Geschichte, die dann folgt. Gott verlangt von Abraham: Opfere deinen Sohn, den einzigen, den, den du liebst, den Isaak. Abraham gehorcht. Erst im letzten Moment, als Abraham schon das Messer erhoben hat, gebietet ihm ein Engel, Isaak am Leben zu lassen und an seiner Stelle einen Widder zu opfern, der sich im Gestrüpp verfangen hat.

Vor allem diese gemeinhin als Glaubensprobe geschilderte Geschichte ist es, die uns Menschen des 21. Jahrhunderts die sowieso schon fremde Figur des Abraham noch fremder werden lässt. Abrahams Gehorsam mutet uns als Kadavergehorsam an. Gottes ungeheuerliches Ansinnen erscheint uns als das Ansinnen eines grausamen Gottes, mit dem wir nichts zu tun haben wollen, auch wenn er am Ende auf die tatsächliche Einforderung des Opfers verzichtet. Für uns bleibt der Eindruck haften: Abraham hätte, wenn Gott nicht in letzter Sekunde dazwischengegangen wäre, seinen eigenen Sohn geschlachtet.

Damit erscheint uns Abraham nicht als Vater, sondern als Monster oder, wie der Philosoph und Publizist Rüdiger Safranski es einmal ausgedrückt hat, als «erster Faschist», als Stammvater des Totalitarismus – und seit der Zerstörung des World Trade Center in New York am 11. September 2001 auch als Stammvater der fanatischen islamistischen Terroristen. Sie scheinen aus demselben Holz geschnitzt zu sein wie Abraham. Und ausgerechnet so einen macht Gott zum Stammvater der Juden, Christen und Muslime. Warum nur? Wir müssen noch einen langen Weg gehen, um die Antwort auf diese Frage zu verstehen (siehe Kapitel «Alles oder nichts und das Gesetz der kleinen Zahl», S. 249 ff.).

Vor dieser Frage verblasst auch das dritte Rätsel der Abrahamsgeschichten: Sie beginnen mit einem grandiosen Versprechen – Nachkommen wie Sterne am Himmel, und das ganze

Land Kanaan dazu. Als aber Sara stirbt, hat Abraham nur Isaak und nennt keinen einzigen Quadratmeter Land sein Eigen. Um Sara zu begraben, muss er von einer kanaanitischen Familie für *vierhundert Lot Silber* einen Acker kaufen mit einer *Höhle darin* für Saras Grab (1 Mose 23, 17).

Danach heiratet Abraham noch einmal. Ketura heißt seine zweite Frau, und mit ihr bekommt er weitere sechs Söhne. Aber nur Isaak, der Sohn, den er von Sara hat, ist Träger des göttlichen Segens. Die anderen werden für die Juden und Christen so unwichtig wie Ismael.

Als Abraham stirbt, wird er in Saras Grab beigesetzt. Mehr als dieses Grab, den einen Acker und seine Viehherden hat Abraham seinem Sohn Isaak, dem Träger des göttlichen Segens, nicht zu vererben. Auch sonst hinterlässt Abraham nichts, woran sich seine Nachkommen halten könnten, keine Anweisungen fürs tägliche Leben, keine zitierbaren Sprüche, kein Gesetz, keine Regel, kein Heiligtum, keinen Tempel, das alles kommt erst sehr viel später. Abraham bleibt uns erhalten als der erste Mensch, dem sich Gott offenbarte. Das muss offenbar genügen.

Abraham ist der Stammvater des Glaubens dreier Weltreligionen, aber worin sein Glaube eigentlich besteht und was seine Wahrheit ist, erfahren wir nicht.

DER ERSTE SYSTEMKRITIKER

Und Gott sprach zu Abraham – das steht einfach so in der Bibel. Aber wie ist es dabei eigentlich zugegangen? Abraham, oder wer auch immer später den anderen erstmals von diesem Gott erzählte, wird ja wohl kaum eine geheimnisvoll raunende Stimme aus dem Off gehört haben. Er wird es vermutlich auch nicht bloß geträumt haben, und wenn er eine Vision gehabt haben sollte, so kann das, werden Skeptiker einwenden, auch die pure Einbildung oder das Hirngespinst eines von einem religiösen Wahn Befallenen gewesen sein.

Naiv Gläubige antworten darauf mit schwer zu widerlegender Stringenz: Wo ist das Problem? Wenn in der Bibel steht, Gott habe zu Abraham gesprochen, dann *hat* er eben zu Abraham gesprochen, und dass Gott heute offenbar nicht mehr akustisch hörbar zu Menschen spricht, ist kein Beweis dafür, dass er es damals nicht getan hat. Er sprach eben nur ein Mal, vor rund vier Jahrtausenden. Es muss uns nun genügen, dass diese Geschichte seitdem bis auf den heutigen Tag immer weiter erzählt wird.

Die Theologen und Schriftgelehrten, obwohl offen oder insgeheim davon überzeugt, dass es auch zu Abrahams Zeiten schon ganz natürlich zuging auf der Erde und Abraham keine Stimme aus dem Off gehört hat, vermeiden konkrete Aussagen. Lieber lenken sie den Blick auf Jakob und Mose, denen sich Gott ebenfalls – wie auch immer – offenbart hatte, und zu guter Letzt auf Jesus, durch den Gott uns seinen eigenen Sohn geschickt hat und den er für uns hat sterben lassen, was ja wohl unter allen denkbaren Formen der göttlichen Ansprache an die Menschen die stärkste sei.

Dass auch diese Argumentation bereits Glauben voraussetzt, zumindest die Bereitschaft, das Verhältnis Jesu zu seinem Gott als Sohnschaft und sein Sterben als Sterben für uns zu deuten, wird dabei gern unterschlagen. Aus der Bedingung des Glaubens, ein bestimmtes Geschehen als Handeln Gottes zu interpretieren, führt das nicht heraus, und letztlich mündet alle Theologie dann doch wieder in einen Satz, den die naiv Gläubigen auch unterschreiben können: Abraham, Isaak, Jakob, Mose, die Propheten und Jesus glaubten Gott, und darum können wir ihnen auch glauben. Oder müssen. Oder sollen.

Wenn wir dann aber fragen, warum wir glauben sollen und wie es denn bei den jeweiligen Gottes-Offenbarungen oder -Erscheinungen wirklich zugegangen sei, weichen die Theologen einer Antwort weiträumig aus und streben in die unverbindliche Metapher, Abraham und die anderen hätten *Gottes Ruf vernommen*. Und überlassen es der Fantasie ihrer Zuhörer, sich dabei irgendetwas vorzustellen. Danach streben die Theologen rasch aus dem verminten Gelände ins sichere Gebiet ihrer Gelehrsamkeit, von wo aus sie den biblischen Text in seine verschiedenen Schichten zerlegen, ausführlich über die Entwicklung des Begriffs der Offenbarung dozieren und die Sache so gründlich in religionsgeschichtliche, alttestamentliche, jüdische, neutestamentliche, christliche und christologisch-dogmatische Aspekte zerpflücken, bis ihre Zuhörer alles wissen, was sie nie wissen wollten, und ihre ursprüngliche Frage vergessen haben.

Was also machen wir mit dem *Und Gott sprach zu Abraham*? Nehmen wir einmal an, es sei alles ganz natürlich zugegangen, Abraham habe keine Stimme aus dem Off und auch sonst nichts vernommen. Warum ist er dann aus seiner Heimat fortgegangen und hat seinen Nachkommen seltsam unbestimmte Geschichten von einem neuen seltsam unbekannten Gott hinterlassen? Kann

Abrahams Handeln ohne die *Hypothese Gott* erklärt werden? Kann Abraham heute noch religiösen Skeptikern nahegebracht werden, für die *Gott* nur ein Wort für etwas ist, über das man nichts wissen kann?

Ja, das geht. Man kann Abraham auch ohne den Rückgriff auf eine akustisch vernehmbare göttliche Stimme erklären und begründen, warum dieser orientalische Ziegenhirt selbst dann eine zentral wichtige Figur des Abendlands bliebe, wenn es Gott nicht gäbe.

Abraham – egal ob als literarische Figur oder historische Person – lebte zwischen 2000 und 1800 vor Christus in der sehr alten Kulturlandschaft Mesopotamiens. Das Rad war schon seit dreitausend Jahren erfunden, ebenso der Pflug, von Ochsen gezogen. Seit dreieinhalb Jahrtausenden beherrschten und verfeinerten die sesshaften Bauern Mesopotamiens die Bewässerungstechnik. Seit zweitausend Jahren wurde Wein angebaut. Seit eintausendachthundert Jahren kannte man die Schrift, konnte man rechnen, messen, wiegen, sich an den Sternen orientieren. Zuweilen trieb Abraham seine Kühe, Schafe, Ziegen und Esel an Tempelruinen vorbei, die damals schon so alt waren wie die griechisch-römischen Ruinen heute.

Sumerer, Ägypter, Babylonier, Assyrer und Hethiter hatten in dieser Landschaft ihre Spuren hinterlassen. Große Reiche, Feldherren und Könige hatte das Land schon aufsteigen und wieder untergehen sehen, die verschiedensten Götterkulte erlebt und im Lauf der Zeit einen großen Schatz von Mythen, mündlichen und schriftlichen Erzählungen, Dichtungen, Gesetzestexten und religiösen Riten angesammelt. Abraham war weder Priester noch Schriftgelehrter und kannte daher vermutlich nur einen Bruchteil davon, hatte aber aus seinem kulturellen Umfeld genug aufgesogen, um sich eigene Gedanken zu machen, Antworten zu suchen auf Fragen, die ihn ein Leben lang beschäftigten.

Als Halbnomade, der am Rande der großen Stadt lebte, nicht mehr ganz zu den Nomaden gehörte, aber auch noch nicht richtig zu den Sesshaften, der immer pendelte zwischen der Stadt und der Weide, der Kulturlandschaft und der Wüste, hatte er Distanz zu beiden Lebensweisen. Dieser Abstand ermöglichte ihm vielleicht eine bessere Wahrnehmung des Ganzen, einen schärferen Blick auf die Realität, als man ihn hat, wenn man irgendwo mit Haut und Haar dazugehört und mitten im Getümmel steckt.

Abrahams distanzierter Blick auf seine Welt mündete in ein großes Unbehagen, das Gefühl, dass irgendetwas seit urdenklichen Zeiten gründlich schiefläuft. Herrschen oder Beherrschtwerden, Hammer oder Amboss sein, der Mensch als des Menschen Wolf, dies scheint seit Urzeiten das Gesetz des Lebens auf diesem Planeten zu sein. Gibt es keine Alternative dazu? Nichts Drittes? Warum können Menschen nicht dauerhaft in Frieden miteinander leben? Warum beginnen so viele Geschichten verheißungsvoll und enden in Rivalität, Lüge, Betrug, Hass, Neid, Missgunst, Raub, Vergewaltigung, Mord und Totschlag? Warum lebt der eine gesund in Reichtum und Überfluss, während der andere arm und krank in Not und Elend vor sich hin vegetiert?

Könige garantieren Ordnung, schützen den Schwachen vor dem Starken, aber lassen sich das teuer bezahlen, manchmal so teuer, dass es für den Unterdrückten und Ausgebeuteten keinen Unterschied mehr macht, ob er von einem König, einem Despoten oder einfach nur einem Unbekannten ausgebeutet oder ausgeraubt wird. Könige führen Kriege, um Land zu erobern, bauen Reiche auf und Weltreiche, und dann kommt ein anderer und zerstört das Imperium, weil er sein eigenes aufbauen will, das ebenfalls wieder vernichtet wird. Die Böden aller Länder sind getränkt mit dem Blut der zu allen Zeiten in allen Kriegen geschlachteten Soldaten. Was hat das für einen Sinn? Warum hört dieses Morden und Rauben und Brandschatzen niemals auf?

Liegt es in der Natur des Menschen? Ist diese Natur unveränderlich? Oder ist das alles vielleicht systembedingt? Ist die menschliche Zivilisation falsch konstruiert, falsch programmiert? Wie müsste man das System umbauen und umprogrammieren, damit es besser funktioniert? Ist es überhaupt veränderbar, oder muss man es erst zerstören, um es danach völlig neu zu errichten?

Das sind teilweise sehr modern anmutende Fragen, die Abraham gewiss nicht so gestellt haben kann, da ihm zum Teil das zugehörige Vokabular gar nicht zur Verfügung gestanden hat. Die Bibel erwähnt auch nichts davon. Aber Abraham wird in der Bibel eingeführt, nachdem eine lange Verfallsgeschichte erzählt worden ist, in deren Mittelpunkt die Gewalt unter den Menschen steht und die Frage, warum das Leben der Menschen immer wieder misslingt. Diese Geschichte beginnt nach der Vertreibung aus dem Paradies mit dem ersten Brudermord und endet mit der Hybris des Menschen beim Turmbau zu Babel.

Daher müssen wir uns Abraham als einen Mann vorstellen, der sich unsere modern anmutenden Fragen sinngemäß mit seinen eigenen Worten vor seinem speziellen historischen Hintergrund gestellt und dabei etwas Allgemeines entdeckt hat, das auch heute noch gilt. Abraham war «der erste Systemkritiker» der Weltgeschichte, wie der Theologe Arnold Stötzel sagt. Aus Abraham soll ein Volk werden, das, gespeist aus der Energie des Glaubens, kraftvoll gegen den der menschlichen Natur innewohnenden Trend zur Barbarei lebt und die anderen Völker lehrt, wie man leben muss, damit das Leben aller dauerhaft gelingt. Das ist der Traum des Gottes von Abraham, Isaak und Jakob, eine göttliche Utopie, die in jenem Abraham fruchtbar wird, der nicht einverstanden ist mit dem System, in dem er zu leben gezwungen ist. Er kritisiert die bestehenden Verhältnisse, sucht nach Antworten auf seine Fragen, und es ist ihm ernst mit dieser Suche.

Wie ernst, das drückt sich in dem radikalen Entschluss aus, seine Heimat zu verlassen, um jahrzehntelang scheinbar orientierungslos in der Fremde umherzuirren. Er suchte nach dem

Systemfehler, und als er ihn gefunden hatte, wurde ihm klar, dass er ihn nicht korrigieren konnte.

Wieder modern gesprochen: Abraham bemüht sich erst gar nicht, die Verhältnisse zumindest in seiner unmittelbaren Umgebung wenigstens ein bisschen zu verbessern. Er glaubt wahrscheinlich, dass diese Verbesserungen nicht von Dauer sein werden, solange es drum herum nicht zum Besten steht. Denn wenn es im Großen und Ganzen nicht stimmt, kann es auch im Kleinen und Bruchstückhaften nicht stimmen. Im Falschen kann es nichts Richtiges geben.

Man müsste also die Welt von oben und unten gleichzeitig verändern. Das kann ein Einzelner nicht schaffen. Abraham bemüht sich daher nicht um politische Einflussnahme in seiner Heimatstadt Haran, sucht nicht nach oppositionellen Gleichgesinnten, um sich mit diesen zu solidarisieren, zu organisieren, sich als Gegenmacht aufzubauen und von Haran aus das ganze Land aufzurollen. Abraham glaubt nicht an eine Reformierbarkeit des Systems. Ebenso schließt er die Möglichkeit eines gewaltsamen Umsturzes für sich aus. Resignation allerdings auch. Sich mit dem Unvollkommenen abfinden kommt für ihn nicht in Frage.

Was aber bleibt als Lösung übrig, wenn sowohl Reform wie Gewalt, wie auch Resignation ausscheiden? Für Abraham nur noch eines: *Exodus.* Heraus aus allen Bezügen. Abbruch aller Brücken zum alten System. Vorwärts in eine neue, unbekannte Welt. Abraham war ein Rebell, und die Form seiner Rebellion war der Exodus. Daraus wird sich später der christliche Begriff der *Umkehr* entwickeln.

Rebellion gegen die Welt war mit den zu Abrahams Zeiten zur Verfügung stehenden Denkmitteln Rebellion gegen die Götter. Wenn die Geschichte des Menschen eine endlose Folge von Verhängnissen und Katastrophen ist, dann müssen es die falschen Götter sein, zu denen die Menschen beten, dachte Abraham, dann helfen diese Götter nicht, dann lieben diese Götter die

Menschen nicht. Also muss es einen anderen, richtigen, einen wahren Gott geben, und um den zu finden, machte sich Abraham auf die Suche.

Die Suche nach dem wahren Gott und einer realistischen Erkenntnis der Zusammenhänge auf der Welt, also die Suche nach Wahrheit, das war es, was ihn umgetrieben hat. Seine damit demonstrierte Götterkritik und seine Ablehnung des damals offiziell gelehrten Weltbilds waren letztlich eine schärfere Form von Rebellion und ein tieferer Protest als jeder gewaltsame Aufstand.

Wenn es Gott wirklich geben sollte, dann muss damals der Himmel jubiliert, dann muss Gott seinen Engeln zugerufen haben: Wir haben ihn! Der Mensch, auf den ich seit Jahrtausenden warte, ist da, Abraham! Mit ihm wird es mir vielleicht gelingen, die Welt aus den Angeln zu heben. Er wird mein archimedischer Punkt sein.

Und dann wird Gott mit den ihm zur Verfügung stehenden Mitteln Kontakt aufgenommen haben zu diesem Abraham, wie auch immer das zugegangen sein mag. Wahrscheinlich hatte er schon vorher versucht, Abrahams Denken zu beeinflussen, und nicht nur dessen Denken, sondern das aller Menschen, und Abraham war der Erste, bei dem Gott Erfolg hatte. So könnte man sich Abrahams Rolle erklären, wenn man glauben könnte.

Und was, wenn nicht? Was ist, wenn es Gott nicht gibt, niemals gegeben hat, wenn der jüdische und der christliche Glaube und überhaupt jede Religion nur überwundene Denkvorstellungen sind aus einer Zeit, in der sich die Menschen entwicklungsgeschichtlich noch in einer Art Kindheitsstadium befunden haben? Dann, so meinen viele Zeitgenossen, müssen wir diese Geschichte ins Museum stellen. Und da steht sie ja auch. Aber da gehört sie nicht hin. Die Gründe stehen im nächsten Kapitel.

GOTTES ARCHIMEDISCHER PUNKT

Und Gott sprach zu Abraham ... – das wird erzählt, als sei es das Selbstverständlichste von der Welt, dass da einer plötzlich aus heiterem Himmel von der Seite angesprochen wird und feststellt: Hey, es ist ja Gott, der mit mir spricht! Gott höchstselbst greift sich aus den Millionen der damals lebenden Menschen einen einzelnen heraus und verkündet, Großes mit ihm vorzuhaben.

Eigentlich erwartet man, dass Abraham sich nun zitternd vor Furcht und Schrecken auf den Boden wirft oder zumindest wahnsinnig überrascht ist oder wenigstens ein paar erstaunte Fragen stellt. Auch ein bisschen Donner, Blitz und Hagel, ein kleines Erdbeben und himmlisches Feuerwerk hielten wir für angebracht angesichts der Tatsache, dass im weiteren Verlauf drei Weltreligionen gegründet werden, die es heute noch gibt und die zusammen mehr als drei Milliarden Anhänger haben.

Anschließend, erwartet unsereins, werden wir Zeuge eines längeren, mit großem Pathos erzählten Gesprächs zwischen Gott und Abraham. Gott erklärt sich, schildert Abraham, was er vorhat, warum er seinen Plan ausgerechnet mit Abraham zu realisieren gedenkt, klärt ihn auf über die Welt und die Nichtigkeit der falschen Götter. Abraham hat tausend Fragen. Ein paar Fanfarenklänge, Trompetenstöße, feierliche Sphärenklänge, wie man sie im Fernsehen hört, wenn über uralte Zeiten berichtet wird, hätten das feierlich Erzählte zu untermalen.

Nichts dergleichen geschieht. Es geht seltsam unfeierlich zu bei diesem ersten Kontakt zwischen Gott und Mensch. Stattdessen zieht da einfach ein alter Nomade mit seinem Vieh kreuz und quer durch Mesopotamien, und es ereignet sich nichts Besonderes. Im Verlauf eines Vierteljahrhunderts ergeht ein paar Mal die Anrede Gottes an Abraham, immer seltsam wortkarg, meistens beschränkt auf die Wiederholung der einmal gegebenen Verheißung. Abraham hört es sich schweigend an.

Einmal, ein einziges Mal, redet er, als Gott ihm mitteilt, die Sündenstädte Sodom und Gomorrha vernichten zu wollen. Hier fragt Abraham plötzlich ganz kritisch zurück: *Willst du denn den Gerechten mit dem Gottlosen umbringen?* (1 Mose 18, 23) Und ob Gott denn bereit sei, die Stadt zu verschonen, wenn sich fünfzig Gerechte darin fänden? Oder vierzig, dreißig, zwanzig? Gott antwortet jedes Mal mit Ja, und Abraham handelt ihn schließlich bis auf zehn herunter. Aber es finden sich noch nicht einmal zehn Gerechte in der Stadt, und damit ist ihr Untergang besiegelt, auch Abraham kann ihn nicht verhindern.

Ansonsten aber herrscht zwischen Gott und Abraham ein Schweigen der Männer, wie wir es eigentlich nur von Western-Klassikern gewohnt sind und dort auch schätzen, aber hier, in den sowieso schon ziemlich sperrigen Geschichten über Abraham nervt es den Durchschnittszeitgenossen des 21. Jahrhunderts. Ungeduldig wartet er auf die Erfüllung der großen Versprechen, hofft, dass aufregende Dinge passieren und dass er aus Dialogen zwischen Gott und Mensch erfährt, worum es eigentlich geht. Aber das ist natürlich naiv.

Unsere Erwartungen an eine gut erzählte Geschichte sind geprägt von europäischen Dramen, Tragödien und Komödien, der Literatur der letzten Jahrhunderte, von Romanen, Krimis, Comics, vom Fernsehen und vom Kino aus Hollywood. Eine Hollywood-Dramaturgie kann man von biblischen Geschichten nicht erwarten, und dass wir diese Geschichten auf Anhieb verstehen, auch nicht. Unter anderem deshalb fällt es den Pfarrern und Bischöfen so schwer, mit ihren alten Geschichten in der heutigen Welt Gehör zu finden und in den Schulen das Interesse der Kinder und Jugendlichen zu wecken.

Unterhaltung war von allen denkbaren Zielen der Bibel das letzte. An die Möglichkeit, dass sich Jahrtausende später noch völlig anders geartete Menschen den Kopf zerbrechen über Geschichten, die den eigenen Zeitgenossen erzählt und irgendwann für die Enkel aufgeschrieben wurden, hatte damals niemand gedacht, und selbst wenn sie daran gedacht hätten, wären sie dennoch nicht in der Lage gewesen, uns ihre Geschichten so zu erzählen, dass wir sie voraussetzungslos verstehen.

Erfahrungen sollten durch diese Geschichten weitergegeben werden, die im Lauf vieler Jahrhunderte gemachten Erfahrungen eines Volkes mit seinem Gott. Selbst wenn es sich bei diesem Gott von Anfang an nur um die kollektive Einbildung eines Volkes gehandelt hätte, um Erfindungen und Projektionen, wären diese Geschichten für uns Heutige interessant. Denn sie erzählen viel über das Wesen der Menschen, transportieren Wahrheiten über die Ursachen von Gewalt, Leid und Katastrophen.

Die biblischen Geschichten vermitteln eine bestimmte Art und Weise, zu denken, an die Welt heranzugehen, sich von ihr ein Bild zu machen und gemäß diesem Bild in der Welt zu handeln. Sie prägten die Eigenart eines Volkes, das sich als von Gott berufen verstand, und bewirkten bei ihm ein Denken, Handeln und Verhalten, das die Weltgeschichte nachhaltig beeinflusste. Wer sich damit vertraut macht, versteht besser, wie wir wurden, was wir sind, im Guten und im Schlechten.

Natürlich gibt es keinen einzigen Beweis für die Historizität der Abrahamsgeschichte. Nicht einmal die Existenz Abrahams ist gesichert. Dass Abraham wirklich einmal gelebt hat und mit der in der Bibel geschilderten Person identisch ist, kann nach dem heutigen Stand der Forschung weder belegt noch widerlegt werden.[9] Die meisten Theologen siedeln ihn zeitlich um das 18. Jahrhundert vor Christus an, denn mögen auch die handelnden Figuren eines Textes mythisch sein, so lässt sich dennoch aus zahlreichen Einzelheiten des Textes – der Art, wie die Figur agiert, spricht, ihren Beruf ausübt, aus den beschriebenen Riten, Sitten und Bräuchen, den eingestreuten Königs- und Völkernamen, geographischen Angaben, Landschaftsbeschreibungen – die Zeit abschätzen, in die die Erfinder des Mythos ihre Figur verpflanzt haben.

Insbesondere die im syrischen Tell Hariri ausgegrabenen 25 000 Keilschrifttafeln, die den relativ kurzen Zeitraum zwischen 1810 und 1761 vor Christus abdecken, bestätigen die Beschreibung der Welt Abrahams in der Bibel. Selbst wenn Abraham eine rein literarische Fiktion wäre, so könnte man dennoch nicht ausschließen, dass es einen jüdisch-israelitischen Urahn gegeben hat, der selbst noch kein Jude war, vielleicht auch anders geheißen und eine andere Abstammung als Abraham hatte, aber ein Leben führte, das dem der literarischen Figur ähnlich war. Irgendeinen jüdischen «Erstling» muss es ja gegeben haben, und möglicherweise hat er Spuren und Erzählstoffe hinterlassen, aus denen die Abrahamsgeschichten wachsen konnten.

Daher ist es nicht völlig abwegig zu vermuten: Die Geschichte der Juden, Christen und Muslime begann vor etwa 3800 Jahren in Mesopotamien. Aber was genau war es, das da begonnen hat? Bei den Geschichten, die davon erzählen, handelt es sich ja nicht um Berichte einer Historikerkommission, sondern weit überwiegend um Märchen, Sagen, Legenden, Mythen, Stammbäume, Gesetzessammlungen und Dichtungen.

Vieles davon haben die Juden aus älteren Geschichten anderer Kulturen übernommen, variiert und mit eigenen Geschichten verschmolzen. Die Texte, die uns heute in der Bibel vorliegen, sind zu verschiedenen Zeiten an verschiedenen Orten entstanden, mündlich weitererzählt, gekürzt, erweitert, verändert und erst viel später gesammelt, redigiert, kombiniert, kanonisiert und aufgeschrieben worden – nicht für uns, die Menschen des 21. Jahrhunderts, sondern für die unmittelbaren Nachkommen derer, die das alles weitererzählt und aufgeschrieben haben. Diese hatten wenig Mühe, die Texte zu verstehen.

Wir Heutigen, die wir gar nicht die Adressaten sind, tun uns schwer damit, fragen uns auch: Was gehen uns diese alten Geschichten aus einer versunkenen Zeit überhaupt an? Welche Bedeutung haben sie noch für uns, die wir in einer völlig anderen Welt leben? Geschichten über Menschen, die nichts von Buddha und nichts von Laotse wussten, nichts von Amerika und nichts von Karl dem Großen, die keinen Motor, keinen elektrischen Strom, keine Mondrakete, keinen Computer und keine Gentechnik kannten, Geschichten über Menschen, die nichts von der Aufklärung wussten – warum also sollen wir uns mit dem Glauben dieser im Vergleich zu uns so unwissenden Menschen abgeben? Deren Glauben sogar für uns übernehmen?

Weil es Geschichten sind, die uns auch im 21. Jahrhundert, gerade jetzt, unbedingt angehen, weil sie immer noch passen und immer passen werden und weil sie immer überlebenswichtig sind, trotz dünnster historischer Faktenlage – behaupten die Theologen, die Bischöfe und Pfarrer, die gläubigen Christen, und schon in der Ursprungsgeschichte ihres Glaubens, der Geschichte von der Berufung Abrahams zu ihrem Stammvater, finden sie die ersten Belege für ihre Behauptung. Sie, die das Buch der Bücher schon mehrmals von vorne nach hinten und wieder zurück gelesen haben, erkennen in dem Satzanfang *Und Gott sprach zu Abraham* eine Zäsur innerhalb des ersten Buches Mose.

Die elf Kapitel davor erzählen, wie Gott die Welt und den Menschen erschaffen hat, mit seiner Schöpfung zufrieden, mit der Erschaffung von Adam und Eva sehr zufrieden ist, aber dann erleben muss, wie seine Geschöpfe beständig gegen seinen Willen verstoßen und dadurch das ursprüngliche Paradies zu einem irdischen Jammertal voller Blut und Hass und Elend herunterwirtschaften. Am Ende weiß sich Gott nicht mehr anders zu helfen, als seine gesamte Schöpfung durch eine Sintflut zu vernichten und mit Noah noch einmal von vorn zu beginnen. Aber auch dieser Neubeginn misslingt, endet im Turmbau von Babel und zwingt Gott, nach einer neuen, besseren Lösung seines Problems zu suchen.

Diese ersten elf Kapitel der Bibel – *Urgeschichte* genannt – erzählen also eine Verfallsgeschichte, eine Geschichte des von den Menschen selbst verschuldeten Unheils. Aber im zwölften Kapitel kommt die Zäsur. Gott hat eine Lösung gefunden, und damit beginnt die Heilsgeschichte. Gott hat jetzt eine Idee.

Die Idee lautete ungefähr so: Aus Abraham sollte ein Volk werden, das Volk Gottes. Durch dieses Volk wollte Gott in der Geschichte handeln. Sein Volk, nur ihm gehorsam, sollte, stetig auf ihn hörend, der Welt beispielhaft vorleben, wie man leben muss, damit das Leben gelingt. Sein Volk sollte der Welt beweisen, dass das menschliche Handeln nicht zwangsläufig immer in jene ununterbrochene Folge von Tragödien und Katastrophen münden muss, als die wir die menschliche Unheils-Geschichte kennen, sondern trotz der Fehler und Schwächen jedes Einzelnen in eine Heilsgeschichte verwandelt und zu einem guten Ende gebracht werden kann.

Abraham und dessen Nachkommen Isaak und Jakob sind die Urväter dieser Geschichte, die *Patriarchen*, darum sprechen die Theologen von der *Vätergeschichte*. Feministinnen fragen zu Recht: Sind die Kinder der Patriarchen deren Häuptern entsprungen? Gab es keine Frauen? Keine Urmütter? Natürlich gab es sie, aber sie zählten nicht viel, damals, im Patriarchat. Genannt aber wurden sie: Sarah, Rebekka, Lea und Rahel. Verschweigen konnte man die Frauen nicht, und wenn feministische Theologinnen heute lieber von *Ureltern* sprechen als von Urvätern, gibt es daran nichts auszusetzen.

… in dir sollen gesegnet werden alle Geschlechter auf Erden. (1 Mose 12, 1–3) Darin steckt der universale Anspruch von Anfang an. Dieser Gott ist zwar zunächst nur der Gott Abrahams, wird später zum Gott der Juden und noch eine Weile später zum Gott der Christen und Muslime, aber vom ersten Wort an ist klar,

dass dieser Gott sich mit seiner Rolle als Gott des Abraham-Clans nicht bescheiden, sondern ein Gott für alle werden will. Er will es, weil er möchte, dass das Hauen und Stechen unter den Menschen endlich aufhört und sie anfangen zu lernen, wie sie denken, reden, handeln und leben müssen, damit diese Welt wieder heil wird. Eben dazu braucht Gott ein Volk.

Nur durch dieses Volk kann Gott in der Welt handeln und in die Geschichte eingreifen. Gott ist nicht von Natur aus und nicht von Anfang an allmächtig, denn er hat die Weltgeschichte an den freien menschlichen Willen geknüpft. Er will zwar, dass die Menschen nach seinem Willen handeln, aber sie sollen es freiwillig tun, aufgrund ihrer eigenen Einsicht. Tun sie es, dann ist Gott alles möglich, dann ist er allmächtig. Tun sie es nicht, ist Gott ohnmächtig.

Zunächst ist Gott ganz auf diesen einzigen Menschen angewiesen: Abraham. Der Theologe Gerhard Lohfink schreibt dazu:

> Gerade die Tatsache, dass da einer ganz auf die Verheißung Gottes setzt, wird die Welt verändern ... An *einer* Stelle der Welt wird nun Glaube eingeübt – nicht ein weltferner, weltentleerter Glaube, sondern Glaube, der mitten in den alltäglichen Verrichtungen und wirtschaftlichen Notwendigkeiten zu Hause ist und doch von einer unendlichen Verheißung lebt.[10]

Abraham bedeutet für Gott so etwas wie jenen archimedischen Punkt, an dem er seinen Hebel ansetzen kann, um die Weltgeschichte so zu verändern, dass das Leben auf der Erde gelingen kann.

Alle weiteren Geschichten, die dem zwölften Kapitel der Bibel folgen, erzählen von dem Versuch, diese Idee Gottes in der Welt Realität werden zu lassen. Sie erzählen, wie das Gelingen des Versuchs immer am seidenen Faden hängt, immer kurz vor dem Scheitern ist, oft genug auch scheitert, aber dann von einem treu zu seinem Volk stehenden Gott immer wieder neu aufgegriffen und fortgesetzt wird. Sie erzählen, wie der uneinsichtige Mensch Gott immer wieder ins Handwerk pfuscht und so dazu beiträgt, dass sich der Versuch über Jahrtausende hinzieht und einfach nicht gelingen will.

Zwar wird aus Abraham tatsächlich noch ein Volk, und dieses Volk nimmt auch das Land Kanaan in Besitz, aber das dauert Jahrhunderte. Und kaum fühlt sich das Volk in Kanaan sicher, fängt es an, seinen Daseinszweck zu vergessen und beschwört die üblichen Katastrophen herauf. Gott in seiner Not erfindet sich Propheten, die das Volk an seine Aufgabe erinnern, aber nur wenige nehmen die Kritik der Propheten an. Und so geht das immer weiter, bis Jesus kommt und einen radikalen Neuanfang wagt – der auch wieder im Schlamassel endet.

Wer einen Ausweg sucht aus dem Schlamassel oder gar vorgibt, uns da herauszuführen, sollte einigermaßen genau den Weg kennen, der in ihn hineingeführt hat. Niemand muss diesen Menschen glauben, die vor mehreren Jahrtausenden gelebt haben. Niemand muss an Gott glauben und an Jesus oder an den Propheten Mohammed. Aber wer wissen will, wie wir wurden, was wir sind, und wer vermeiden will, dass wir immer wieder in dieselben Sackgassen zurückkehren, muss gedanklich den Weg nachgehen, der damals beschritten wurde und bis in unsere Gegenwart führt. Und dieser Weg beginnt bei Abraham.

Jakob und Esau:
Versöhnung mit Gottes
auserwähltem Volk

Mit Abraham ist ein Anfang gemacht. Von einem Punkt der Welt aus wird diese jetzt verändert. Der Anfang war klein, klein geht es weiter, und manches wiederholt sich. Das Thema Unfruchtbarkeit beispielsweise.

Hatte Gott nicht Abraham Nachkommen sonder Zahl versprochen? Gerade mal ein Sohn von der Hauptfrau und einer von der Nebenfrau waren Abrahams gesamte «Ausbeute».

Als Sara tot ist und Abraham alt und ans Sterben denkt und darum die ihm noch verbleibende Zeit nutzt, um die Dinge zu ordnen, erteilt er seinem ältesten Knecht den Auftrag, für Isaak eine Frau zu suchen. Aber es darf keine aus dem fremden Land Kanaan sein, keine, die falsche Götter anbetet. Es muss eine aus der eigenen weitläufigen Verwandtschaft derer sein, die in der alten Heimat geblieben sind. Es muss eine sein, die bereit ist, die Heimat zu verlassen und in der Fremde jenem neuen Gott zu dienen, um dessentwillen schon Abraham seine Stadt verlassen hat. Aller Anfang ist schwer.

Der Knecht findet *Rebekka, Bethuels Tochter, der ein Sohn der Milka war, welche Nahors, Abrahams Bruders, Weib war, und trug einen Krug auf ihrer Achsel.*(1 Mose 24, 15) Rebekka wird die Frau Isaaks, dem Gott Nachkommen verheißen hat wie *Sterne am Himmel* (1 Mose 26, 4). Warum ist auch sie unfruchtbar? Warum muss Gott auch bei ihr dafür sorgen, dass sie schwanger wird und gebären kann? Wenigstens geht es diesmal etwas schneller, Rebekka muss nicht wie Sara erst zur Greisin werden. Und dennoch: Langsam, fast unendlich langsam, und unter Mühen wächst im Verborgenen die erste Parallelgesellschaft der Welt heran.

Es wird nicht das letzte Mal sein, dass uns dieses Unfruchtbarkeitsmotiv begegnet. Auch Hanna, die Mutter jenes Propheten Samuel, der David zum König machen wird, kann erst gebären, nachdem sie, wie Rebekka, Gott ausdrücklich darum gebeten hatte, ihr zu helfen. Noch einmal stoßen wir bei Elisabeth, der Mutter Johannes des Täufers, auf dieses Motiv.

Die Erzähler wollen damit die Treue Gottes zu seinem Volk schildern. In Abraham hat Gott den Punkt gefunden, an dem er die Welt aus den Angeln zu heben gedenkt, und nun lässt er nicht mehr locker. Was er tun muss, um sein Projekt voranzutreiben, tut er und wird es immer weiter tun.

Es verbirgt sich hinter diesem Unfruchtbarkeitsmotiv aber auch eine Parallele zur Beschneidung der Männer. So, wie Gott die Herrschaft über das Symbol männlicher Macht beansprucht, so beansprucht er auch die Herrschaft über die Gebärmutter, das Symbol weiblicher Macht. Gott will Herr sein über alles.

Nebenbei nutzt er diese Macht, um wieder einmal den Schwachen zu helfen. Dem Patriarchen keinen Erben gebären zu können, war damals ein hartes Schicksal für eine Frau. Unfruchtbare Frauen waren dem Gespött und der Verachtung ihrer Umwelt ausgesetzt. Ihnen gilt Gottes Sympathie. Ihnen kommt Gott zu Hilfe. Und kritisiert damit gleichzeitig die patriarchalische Unsitte, den Wert einer Frau nach der Zahl ihrer geborenen Söhne zu bemessen. Und auch das heidnische Bohei um die Fruchtbarkeit wird hier in ersten Ansätzen in Frage gestellt. Die Fruchtbarkeit lasst meine Sorge sein, sagt Gott, kümmert euch um den Aufbau des Reiches Gottes. Seht zu, dass ihr euren Glauben an eure Kinder weitergebt, denn meine Sache muss weitergehen.

Der stärkste Grund für das Unfruchtbarkeitsmotiv liegt aber im Staunen Israels über seine eigene Existenz. Wir sind nicht «made in Israel», sondern «made in Heaven».[11] Etwas zutiefst Unwahrscheinliches ist geschehen: Gott hat sich ein Volk erwählt. Uns. Ausgerechnet uns! Und er hat einen Plan mit uns und der Welt. Nun soll alles gut werden.

Hätte den theologischen Schriftstellern damals schon die Evolutionstheorie zur Verfügung gestanden, hätten sie das Unwahrscheinliche dieser Geschichte vielleicht mit der Entwicklung des Lebens verglichen. Trilliarden und Abertrilliarden Versuche der Natur hatte es im Lauf von Milliarden Jahren bedurft, bis aus toten Elementen anorganische Verbindungen entstanden, und aus diesen organische und schließlich die erste Zelle des Lebens. Wie oft wohl war die Natur ganz nah dran am Gelingen, wie oft ist sie an dummen Zufällen immer wieder gescheitert, und wie viele Millionen Jahre mussten vergehen, bis der Durchbruch zum Leben tatsächlich zum ersten Mal gelang? Als diese revolutionär neue Erfindung der Natur einmal in der Welt war, als das Wissen über den Bau der Zelle aus einfachen Substanzen für immer in der DNS gespeichert war, konnte das Leben auf der Erde beginnen. Langsam. Unter Mühen. Und mit vielen Rückschlägen und Katastrophen. Und doch ist es gewaltig vorangekommen.

Und nun der Versuch Gottes, sein wichtigstes Geschöpf, den Menschen, sich ihm anzuverwandeln, auf die nächste Stufe der Evolution zu hieven, indem er ihm hilft, sein tierisches Erbe abzustreifen. Auch dass muss dauern. Wird mühselig werden. Und durch zahlreiche Rückschläge immer wieder auf die Anfänge zurückgeworfen werden. Doch der Code, nach dem dieses Reich Gottes gebaut werden soll, ist seit Abraham in der Welt.

Aber steckt nicht menschliche Hybris in der Idee, als ganzes Volk von Gott erwählt zu sein? Steckt nicht ein gefährlich nationalistischer Größenwahn hinter der Vorstellung, am israelischen Wesen solle die Welt genesen?

Es ist ja nicht das israelische Wesen, an dem wir genesen sollen, sondern an Gottes Wesen sollen wir genesen. Dieses aber soll für uns sichtbar und begreifbar werden durch Israel, Gottes Volk. Es genügt diesem Gott nicht, dass die Menschen ihn denken können, dass sie eine Idee von ihm mit sich herumtragen, sich den Kopf über ihn zerbrechen und mehr oder weniger kluge Gedanken äußern. Dieser Gott will, dass sich sein Wille auf dieser Welt sichtbar, spürbar und ganz materiell manifestiert. Wo er herrscht, muss sich die Struktur der Wirklichkeit bis ins Materielle hinein verändern. Wie anders soll das gehen als durch ein Volk von Menschen, das in die Hände spuckt und die Welt umpflügt? Daher liefert dieses Erwähltsein nicht die Spur eines Anlasses für nationalistische Arroganz, sondern nur den Grund für Mühsal und Plage und immerwährenden Ärger mit dem Rest der Welt.

Im Übrigen hat das alttestamentarische Volk der Israeliten über dieses merkwürdige Erwähltsein selber und früher nachgedacht als die anderen Völker, denn wer erwählt wird, fragt sich ganz von selbst: Wieso ausgerechnet ich? Was habe ich den anderen voraus? Entsprechend fragte das Volk Israel aus seiner eigenen Mitte heraus: Warum gerade wir? Wie können wir den anderen begreiflich machen, dass Gott ausgerechnet mit uns die Welt verändern will? Wie können wir stur unserem Gott treu bleiben, die Götter der anderen Völker zu Götzen herabwürdigen, damit die religiösen Gefühle der anderen verletzen, die ganze Welt gegen uns aufbringen und trotzdem mit allen im Frieden leben?

Die Antwort lautete: Indem wir betonen, dass wir aus dieser Ehre des Erwähltseins keinerlei Forderungen für uns ableiten und auch keine privilegierte Stellung innerhalb der Völkergemeinschaft beanspruchen. Wir verstehen ja selber nicht, warum Gott sich gerade uns ausgesucht hat, und sind sicher: bestimmt nicht wegen irgendwelcher besonderen Vorzüge. Wir kennen uns ziemlich gut und wissen daher durchaus, dass wir nicht besser, klüger, stärker oder moralisch höherstehend sind als die anderen. Im Gegenteil: Manchmal kommt es uns so vor, als habe Gott uns gerade deshalb ausgeguckt, weil er in uns die größte Ansammlung von Schwäche, Trägheit, Feigheit und Gewöhnlichkeit auf Erden erkannt hat. Und noch etwas: Nicht wir haben zuerst behauptet, erwählt zu sein. Gott hat es getan. Wir nehmen dieses Faktum nur erstaunt zur Kenntnis.

Die erste biblische Geschichte, die etwas von diesem Problem und Israels Reflexion darüber ausdrückt, ist die Geschichte des dritten Erzvaters des Glaubens, und darum kommt nach Abraham und Isaak jetzt er ins Spiel, Jakob, wahrlich kein besonderer Held oder ein moralisches Vorbild für die Jugend. Jakob, der Gauner, ist man versucht zu sagen, und sein problematischer Charakter zeigt sich schon im Mutterleib. Da sind Zwillinge drin, Rebekka weiß es noch nicht, spürt nur, dass einiges los ist in ihrem Bauch, wendet sich beunruhigt an Gott, und dieser klärt sie auf: *Zwei Völker sind in deinem Leibe, und zweierlei Leute werden sich scheiden aus deinem Leibe; und ein Volk wird dem andern überlegen sein, und der Ältere wird dem Jüngeren dienen.* (1 Mose 25, 23)

Jakob und Esau sind es, die schon vor ihrer Geburt gegeneinander kämpfen und die Mutter stressen, und als sie schließlich das Licht der Welt erblicken – zuerst Esau, dann Jakob –, hat sich Jakob in Esaus Ferse verkrallt. Zwei Brüder, wie sie unterschiedlicher nicht sein könnten – *Esau war rötlich, ganz rau wie ein Fell, Jakob war ein sanfter Mann und blieb in seinen Hütten* (1 Mose 25, 24 ff.) – wachsen nun heran. Der eine, Jakob, wird der Liebling der Mutter. Der andere, Esau, wird ein Jäger und der Liebling seines Vaters.

Esau war als Erster da. Also steht ihm das Erstgeburtsrecht zu, das väterliche Erbe und der väterliche Segen. Aber am Ende wird sich Jakob das alles ertrickst haben. Mit dem Segen von höchster Stelle.

Als Esau eines Abends müde und hungrig von der Jagd nach Hause kommt und Jakob gerade ein Linsengericht kocht, will Esau sich sofort über das Essen hermachen, aber Jakob nutzt die

Situation aus und fordert Esau auf, ihm sein Erstgeburtsrecht zu verkaufen. Esau lässt sich darauf ein. Das Nächstliegende, die Stillung seines Hungers, ist ihm wichtiger als das Fernliegende.

Isaak weiß allerdings bis zuletzt nichts von diesem Handel. Alt und blind macht er sich eines Tages zum Sterben bereit, ruft Esau und bittet ihn, ihm noch einmal ein Wildbret zu erlegen und so köstlich zuzubereiten, wie er es zeit seines Lebens immer so gerne gegessen hat. Danach wolle er Esau den väterlichen Segen erteilen. Esau tut, wie ihm geheißen, geht auf die Jagd, aber Rebekka, die alles mitgehört hat, entwickelt nun eine List, wie sie und Jakob Esau um den väterlichen Segen bringen können.

Während Esau sich draußen an sein Wild heranpirscht, muss Jakob zwei Böcklein aus der väterlichen Herde schlachten, und Rebekka bereitet sie so zu, wie es Isaak immer geschmeckt hat. Dann streift sich Jakob Esaus Kleider über, umgibt seine Arme, Hände und den Hals mit dem Fell der geschlachteten Böcke, trägt das Essen zu Isaak hinein und behauptet vor seinem blinden Vater, Esau zu sein. Isaak kommt es zwar vor, als höre er Jakob sprechen, aber der Geruch von Esaus Kleidern und dessen raue behaarte Hände überzeugen Isaak schließlich, dass er es mit Esau zu tun hat. Also segnet er ihn.

Danach erst kommt Esau zurück. Nun fliegt der Schwindel auf, aber es ist zu spät. Jeder Vater hat nur einen Segen, kann ihn nur einmal erteilen und nicht wieder zurücknehmen. Esau brennt vor Zorn, hegt Mordgedanken gegen seinen Bruder. Jakob merkt das und macht sich aus dem Staub, flieht mit Rebekkas Unterstützung zu seinem Onkel Laban, wo er so lange bleiben soll, bis Gras über die Sache gewachsen ist.

Auf dem Weg zu Laban erscheint Jakob, dem Gauner, doch tatsächlich Gott im Traum und beglaubigt ihn als rechtmäßigen Nachfolger von Abraham und Isaak, indem er auch Jakob verspricht, was er zuvor schon dessen Vater und Großvater versprochen hat: Land, Nachkommen, ein Segen für die Völker.

Und Jakob bleibt Jakob. Statt Schuldgefühle zu hegen, Reue zu zeigen, an sich selbst zu zweifeln und Gott zu fragen, ob einer wie er denn wirklich würdig sei, in die Fußstapfen Abrahams und Isaaks zu treten, und statt erschüttert zu sein von der Gottesbegegnung, benimmt Jakob sich wie bei einem gewöhnlichen Viehhandel und stellt Bedingungen: *So Gott wird mit mir sein und mich behüten auf dem Wege, den ich reise, und mir Brot zu essen geben und Kleider anzuziehen und mich in Frieden wieder heim zu meinem Vater bringen, so soll der Herr mein Gott sein.* (1 Mose 28, 20–21) Ein harter Brocken, dieser Jakob. Gott wird sich anstrengen müssen.

Und Gott läst sich auf den Handel ein. Nach Jahrzehnten kehrt Jakob reich gesegnet mit Gütern, Herden, Frauen und Kindern in die Heimat zurück, um Esau um Vergebung zu bitten und das Erbe seines Vaters anzutreten.

Esau ist großmütig, vergibt seinem Bruder, fällt ihm weinend um den Hals. Die Versöhnung gelingt.

Ganz offensichtlich ist diese Geschichte nach außen erzählt, besonders in Richtung des Nachbarvolkes der Edomiter, mit dem Israel in Frieden leben möchte. Esau, der sich eine heidnische Frau aus Kanaan genommen hatte, ist der Stammvater dieser Edomiter. Ihnen sagt Israel: Wir sind Brüder. Auch wenn wir nicht euren Gott anbeten können, muss das nicht zum Bruderzwist führen, denn unsere Stammväter Jakob und Esau haben sich versöhnt, sind in Frieden voneinander geschieden, und das Unrecht lag ganz bei uns, den Nachkommen Jakobs. Aber Esau hat Jakob vergeben.

Vorausgegangen ist dieser Versöhnung allerdings ein merkwürdiges Ereignis, und diese Geschichte wird nach innen erzählt, richtet sich an die Adresse Israels: Nach dem Aufbruch zur Rückkehr in Isaaks Haus gelangt Jakob in der Nacht mit seinem Tross an den Fluss Jabbok. An einer Furt führt er die ganze Karawane ans andere Ufer, wo alle lagern und nächtigen. Er selbst kehrt aber noch einmal auf die andere Flussseite zurück, um dort allein zu bleiben.

Da taucht plötzlich aus dem Nichts ein Mann auf und verwickelt Jakob in einen zähen Ringkampf, der sich bis in die Morgenstunde hinzieht. Der Mann ist Gott. Es gelingt ihm nicht, Jakob niederzuringen, und darum fügt er ihm eine Verletzung an der Hüfte zu, sodass Jakob fortan hinkt.

Im Morgengrauen, Jakob weiß noch nicht, dass er mit Gott ringt, sagt der Mann: *Lass mich gehen, denn die Morgenröte bricht an.* Jakob antwortet: *Ich lasse dich nicht, du segnest mich denn.* Der Fremde fragt: *Wie heißt du? Er antwortete: Jakob.* Nun erst gibt sich Gott zu erkennen und sagt: *Du sollst nicht mehr Jakob heißen, sondern Israel; denn du hast mit Gott und mit Menschen gekämpft und bist obgelegen. Und Jakob fragte ihn und sprach: Sage doch, wie heißt du? Er aber sprach: Warum fragst du, wie ich heiße? Und er segnete ihn daselbst.* (1 Mose 32, 23 – 30)

Jakob verlässt die Stätte dieser seltsamen Begegnung mit dem Gedanken: *Ich habe Gott von Angesicht zu Angesicht gesehen.* (1 Mose 32, 31)

Was steckt hinter dieser märchenhaften Schilderung? Möglicherweise wollte Jakob sich in jener Nacht auf die am nächsten Tag anstehende Begegnung mit dem gefürchteten Bruder Esau vorbereiten. Wie soll er ihm begegnen, was soll er ihm sagen, und wie, in welchem Ton, mit welcher Mimik und Gestik?

Möglicherweise hat das Nachdenken darüber eine Kaskade von Erinnerungen, Gedanken, Assoziationen, Schuldgefühlen, Ängsten und Fragen ausgelöst. Vielleicht hat Jakob in jener Nacht sein ganzes bisheriges Leben bedacht, sich Gedanken über die Zukunft gemacht, neue Hoffnung geschöpft und dann, am Ende dieses langen Sinnierens hatte er plötzlich etwas begriffen: den Abraham-Code. Vielleicht zum ersten Mal in seinem Leben hatte er verstanden, was seinen Vater und seinen Großvater ein Leben lang umgetrieben hat: dieser neu entdeckte Gott, über den sie wenig gesprochen, aber durch ihr Tun und ihr Leben indirekt doch viel erzählt hatten. Vielleicht hat er erkannt: Den Glauben seiner Väter zu übernehmen und weiterzugeben, ist jetzt seine wichtigste Aufgabe in der Zukunft. Dieser Glaube der Väter, ihr Gehorsam gegenüber ihrem Gott, ist der Garant des Gelingens.

Danach wird er Reue gegenüber Esau empfunden und gewusst haben, wie er seinem Bruder begegnen muss. Daraus wird er die Zuversicht geschöpft haben, dass, wenn er das Seine beiträgt, Gott den Rest erledigen und es so fügen wird, dass seine Versöhnung mit Esau gelingt.

Und so begegnet er am folgenden Tag erstmals nach Jahrzehnten wieder seinem Bruder Esau, verneigt sich vor dem ums Erstgeburtsrecht Geprellten bis in den Staub und sagt: *Ich habe dein Angesicht gesehen, wie man das Angesicht Gottes sieht.* (1 Mose 33, 10) Jetzt erst ist Jakob der Dritte im Bunde der Erzväter. Jetzt bekommt der neue Gott, der noch keinen Namen und noch kein Alleinstellungsmerkmal hat, den vorläufigen Namen *Gott Abrahams, Isaaks und Jakobs.*

Im Augenblick des Verneigens vor dem anderen und der Demut ihm gegenüber leuchtet im Antlitz des gefürchteten Todfeindes das Antlitz Gottes auf. Jakob entdeckte auf diese Weise, wie sehr sich Gott vom Menschen unterscheidet. Was Nächsten- und Feindesliebe bedeutet, hat Jakob im Ernstfall begreifen gelernt. Der Kampf Jakobs mit seinem eigenen Gewissen, seinem Herzen im Hinblick auf die anstehende Versöhnung mit seinem Bruder erscheint als Kampf Gottes mit der Stärke Jakobs. Denn Jakob kann nur zum Gottesstreiter werden – diesen Namen erhält er nach dem Kampf –, wenn er nicht auf seine eigene Stärke baut, sondern seine Schwäche preisgibt und sie von Gott in Stärke verwandeln lässt. Nur über diese Preisgabe an das geschichtliche Handeln Gottes wird Israel fähig, Frieden zu stiften.[12]

Mit Jakob, dem Letzten im Dreierbund, nimmt jetzt auch die göttliche Verheißung einer großen Nachkommenschaft einen ersten Aufschwung. Zwölf Söhne von vier Frauen werden Jakob geboren. *Die Söhne Leas waren diese: Ruben, der erstgeborene Sohn Jakobs, Simeon, Levi, Juda, Isaschar und Sebulon; die Söhne Rahels waren: Joseph und Benjamin; die Söhne Bilhas, Rahels Magd: Dan und Naphthali; die Söhne Silpas, Leas Magd: Gad und Asser. Das sind die Söhne Jakobs, die ihm geboren sind in Mesopotamien.* (1 Mose 35, 23–26) Es sind die Söhne, aus denen die zwölf Stämme Israels hervorgehen werden.

Land ist allerdings immer noch nicht in Sicht. Einen Acker vor der Stadt Sichem im Lande Kanaan kauft sich Jakob für hundert Groschen, baut sich darauf eine Hütte und errichtet dort einen Altar für den Gott seiner Väter. Das ist vorläufig alles. Das Volk Gottes hat noch nicht einmal das embryonale Stadium erreicht. Es keimt nur etwas, aber immerhin: Es keimt ordnungsgemäß, man liegt im Plan, und zwölf Söhne sind ja schon, gemessen am Anfang, ganz beeindruckend.

Die zwölf Nachkommen Jakobs werden sich vermehren, aber Kanaan wird ihnen und ihren Nachkommen noch lange nicht gehören. Sie müssen erst noch eine wichtige Lektion lernen, diese Lektion heißt Ägypten, und der Weg dorthin ist steinig.

Josef und seine Brüder:
Israels Eintritt in die Geschichte

Das erste Buch Mose endet mit einer der berühmtesten Erzählungen der Bibel: der Geschichte von Josef und seinen Brüdern. Darin wird erklärt, wie die Nachfahren Abrahams, Isaaks und Jakobs nach Ägypten gekommen und dort zu einem großen Volk herangewachsen sind.

Hier nun, in Ägypten, und später in der Wüste, ereignet sich die eigentliche Geschichte, die wirkliche Religionsgründung, zu der die Abraham-Mythen nur das Vorspiel bilden. In Ägypten tritt das Volk Israel mit seinem Gott erstmals aus dem reinen Mythos heraus und als historisch nachweislich existentes Volk in die Geschichte ein. Ab jetzt haben wir es mit Erzählungen zu tun, für die es gelegentlich auch Anhaltspunkte in der historischen Wirklichkeit gibt, und mit Jakobs Söhnen, besonders Josef, gleiten wir in diesen Übergang zwischen Mythos und Geschichte hinein.

Josef ist Jakobs Lieblingssohn. Josef bekommt von Jakob immer die besten und schönsten Kleider, und Josef trumpft gegenüber seinen Brüdern mit einem leicht überbordenden Selbstbewusstsein auf. Außerdem verpetzt er die anderen bei seinem Vater. Das erweckt deren Neid und Hass. Wieder einmal riecht es nach Brudermord. Ruben kann das gerade noch verhindern. Aber er kann nicht verhindern, dass die anderen Brüder weit draußen bei den Herden, fern vom Vaterhaus, Josef eines Tages an eine vorbeiziehende Karawane als Sklaven verkaufen. Dem Vater erzählen die Brüder, ein wildes Tier habe Josef getötet.

Josef gerät mit der Karawane nach Ägypten und wird dort als Sklave an Potifar, den Kämmerer des Pharao, verkauft. Der Kämmerer merkt schnell, dass Josef tüchtig und zuverlässig ist und betraut ihn daher mit immer mehr und immer verantwortungsvolleren Aufgaben. Als Josef schließlich auch noch die Träume des Pharao einleuchtend deutet und sieben fette und sieben magere Jahre voraussagt, verbunden mit dem Rat, in den fetten Jahren Vorräte für die mageren Jahre anzulegen, steigt Josef zum engsten Vertrauten des ägyptischen Königs auf und führt praktisch die Geschäfte des Landes.

Es kommt, wie er vorhergesagt hat. Auf sieben fette Jahre folgen sieben magere, nicht nur in Ägypten, sondern weit über dessen Grenzen hinaus. Josefs Ansehen am Hof des Pharao und in ganz Ägypten steigt auf den Höhepunkt.

Auch in Kanaan herrscht Dürre. Dort ereilt die Hungersnot Josefs Vater Jakob und dessen Clan. Weil aber in Ägypten dank der weisen Voraussicht Josefs vorgesorgt wurde, werden hier nun die Kornspeicher geöffnet und die Vorräte an das Volk verkauft. Das spricht sich bis Kanaan herum. Auch Jakob hört davon und schickt seine Söhne nach Ägypten zum Kornholen.

Als diese dort ankommen, weiß Josef sofort, mit wem er es zu tun hat, aber seine Brüder, für die er längst tot oder auf immer verschollen ist, erkennen ihn nicht, weil sie im Traum nicht damit rechnen, ihrem verkauften Bruder ausgerechnet am Hof des Pharao in einer so hohen Stellung zu begegnen. Nachdem er seine Brüder eine Zeit lang an der Nase herumgeführt hat, gibt Josef sich zu erkennen. Es kommt zu ergreifenden Szenen und zur Versöhnung. Dann werden der Vater und die ganze Familie samt ihrem Vieh mit dem herzlichen Einverständnis des Pharao nach Ägypten geholt, wo sie in Gosen, dem besten Teil des Landes, wohnen und ihr Vieh weiden dürfen.

Jakob stirbt in Ägypten, segnet seine zwölf Söhne, und wieder

wird das herrschende Schema gebrochen. Den eigentlichen Va-
tersegen, den nur einer erhalten kann, bekommt nicht Ruben,
der Erstgeborene, auch nicht Josef, Jakobs Lieblingssohn und
Retter der ganzen Familie, sondern Juda – derjenige, der dem
späteren Volk den Namen geben wird.

Jakobs und Josefs Nachfahren sind jetzt in Ägypten. Nach
Aussagen der Bibel bleiben sie dort über mehrere Generationen
hinweg und wachsen zu einem Volk heran, doch die ägyptische
Geschichtsschreibung weiß nichts davon. Auch nichts von Jakob
und Josef, und es ist bis heute nicht klar, welcher Pharao es gewesen sein soll, dem Josef gedient hatte. Noch immer bewegen
wir uns im Reich der Mythen, Sagen und Legenden.

Aber im zweiten Buch Mose heißt es, es seien «Habiru» zum
Bau der Städte Pitom und Ramses herangezogen worden. Habiru
waren Fronarbeiter. In der Bibel wurden daraus die «Hebräer»,
die als die Vorfahren Israels gelten. Unter diesen Habiru müssen also die Nachkommen Abrahams, Isaaks und Jakobs gelebt
haben.

Pitom und Ramses wurden unter Ramses II. gebaut, und der
lebte von 1301 bis 1234 vor Christus. Also haben zu dieser Zeit,
vor rund 3300 Jahren, Israels Vorfahren zum ersten Mal als historisch existente Gruppe die Bühne der Welt betreten – lange
vor der Gründung Roms, dennoch vergleichsweise spät, denn
zwischen Jordan, Euphrat, Tigris und Nil waren zu diesem Zeitpunkt schon viele Völker und Kulturen aufgestiegen, abgestie-
gen und wieder verschwunden.

Dass die Ägypter etwas von der Existenz Israels wussten, dafür
gibt es bisher nur einen einzigen richtigen Beweis, die Israel-
Stele aus der Zeit des Pharao Merenptah (ca. 1210 v. Chr.). Aber
diese Stele hat es in sich, denn auf ihr wird Israel, kaum dass
es als ganz junges Volk in die Geschichte eingetreten ist, schon
wieder für tot erklärt: *Israel liegt brach, es hat keinen Samen mehr.*

Das darf man nicht im landwirtschaftlichen Sinn verstehen,
so, als ob in Israel wieder Dürre herrsche und dort nichts mehr

wüchse, sondern muss es als wuchtige mythologische Aussage nehmen. Israel wird von den Ägyptern totgesagt, warum auch immer. Wahrscheinlich macht man es halt so als Supermacht, dass man das Kleine und vielleicht Lästige wie ein Insekt mit dem Daumen zerquetscht, mit der Fliegenklatsche verscheucht oder einfach totschweigt, ignoriert, totsagt.

Aber Totgesagte leben länger. Die totgesagten Juden hatten zu jener Zeit ihre ganze Zukunft noch vor sich, während die totsagenden Ägypter schon weitgehend Geschichte waren. Ein knappes Jahrtausend war ihnen noch beschieden, bis der Grieche Alexander der Große kam, das Land eroberte und plünderte und die großartige ägyptische Kultur in den Untergang beförderte, um auf deren Humus einer neuen Kultur den Boden zu bereiten.

Was die Menschen, aus denen nun das Volk Israel werden sollte, in Ägypten sahen und erlebten, musste ihnen als versteinerte Wirklichkeit erscheinen. Der Pharao ist Gottkönig, Sonnengott und Sinnzentrum. Er sichert von Anbeginn bis in alle Ewigkeit die Ernährung des gesamten Volkes, bestimmt den Lauf der Welt, hält den ganzen Kosmos in Bewegung und sorgt für die Unsterblichkeit aller Ägypter. Dafür werden jedes Jahr Zehntausende von Sklaven, Arbeitern und Handwerkern in den Steinbrüchen und Totenstädten der ägyptischen Könige verschlissen, seit über einem Jahrtausend schon, immerzu, auch künftig, Tag für Tag, Jahr für Jahr, Jahrhundert um Jahrhundert.

Als Israel in seine Geschichte eintritt, kündet die größte der Pyramiden Ägyptens, die Cheopspyramide in Giseh, schon seit 1200 Jahren unerschütterlich, monumental und weithin sichtbar von der segenspendenden Herrschaft der ägyptischen Könige. Zwei Millionen Kubikmeter Stein, Zehntausende von Granitblöcken, bis zu vierzig Tonnen schwer, mussten allein für die Cheopspyramide von den Steinbrüchen in Assuan über achthundert Kilometer zur Baustelle transportiert werden.

Seitdem wurde immer weiter gebaut. 1200 Jahre lang, ohne

Pause, ist die Luft in dem Land um den Nil erfüllt vom Geklirr der Meißel, die mit Hämmern in den Stein getrieben werden. Und auch, als die Nachfahren Jakobs in Ägypten ankommen, klirren die Meißel, tönen die Hämmer. Immer neue Pyramiden, Prinzen- und Beamtengräber für die Ewigkeit sind zu errichten. Stelen, Skulpturen, Paläste zur Verherrlichung und Verewigung des Ruhms der Pharaonen werden in Stein gehauen.

Am Hof der Pharaonen strömt die ganze Welt zusammen. Man zollt dem König Tribut, beteuert seine Ergebenheit, wirbt um die königliche Gunst, bewundert die ägyptische Technik und Wissenschaft. Die Ägypter schreiben nicht mehr auf Tontäfelchen wie in Sumer und Babylon, sondern auf Papyrus, beherrschen Mathematik und Astronomie, haben einen präzisen Kalender und verfügen über metallurgische, chemische, medizinische und anatomische Kenntnisse.

Die Masse des Volkes besteht aus Analphabeten. Aber die Oberschicht ist hoch gebildet. Die ägyptischen Priester und Beamten werden in Literatur, Religion und Ethik unterwiesen. Sie kennen und beherrschen die ganze Bandbreite schriftlicher Kultur: Gleichnisse, Metaphern, Alliterationen und Wortspiele, Hymnen an die Götter, mythologische und magische Texte, Erzählungen, didaktische Schriften wie Weisheits- und Schulliteratur, Gedichte, biographische und historische Texte, wissenschaftliche Abhandlungen, Gesetzes-, Verwaltungs- und Handelstexte. Und natürlich auch schon Propaganda, Hofberichterstattung und politische Lügen. Nur die Kritik daran gibt es nicht, wird es nie geben in Ägypten.

Der Pharao auf seinem Thron erblickt, wenn er auf sein Reich schaut, gewaltige Totentempel, volle Kornspeicher und Lagerhäuser, große Viehherden, Heerscharen von Priestern, Beamten, Soldaten, Bauern, Fronarbeitern, Sklaven und eine schier endlose Kette von Ahnen, die er über Dutzende von Dynastien und durch Jahrtausende bis weit in eine mythische Vergangenheit benennen kann.

Er thront inmitten kolossaler Bauten, genießt seine imperiale Größe, den Glanz und die Glorie seiner Würde und Macht und glaubt mit der Unerschütterlichkeit seiner Megatonnen schweren Gräber, dass dies so sein und auf ewig so bleiben müsse.

Wohl sieht er, dass an seinen Grenzen feindliche Heere und Völker aufeinander einschlagen. Aber das bereitet ihm keine schlaflosen Nächte. Das war schon immer so. Und immer schon ist es seinen Vorgängern gelungen, diese fremden Völker und Heere entweder zu unterwerfen oder wenigstens von den eigenen Grenzen fernzuhalten. Also wird es auch ihm gelingen.

Er kann nicht ahnen, dass auch sein Weltreich, wie alle Weltreiche davor und danach, dem Untergang geweiht ist. Er kann sich nicht vorstellen, dass die Griechen, mit denen man Handel treibt, zu einer Gefahr für Ägypten heranwachsen könnten. Er weiß noch nichts von den Römern, nichts von den barbarischen Germanen, die sich nördlich der Alpen in den Wäldern herumtreiben und selber noch nicht ahnen, dass sie einst ein anderes Weltreich liquidieren werden.

Und schon gar nicht vermag er zu erkennen, dass mitten in seinem Imperium ein revolutionäres Volk heranwächst, das Ägypten und alle späteren Imperien überdauern und mit seiner radikal neuen Sicht der Wirklichkeit die ganze Welt bis zum heutigen Tage verändern wird. Der Pharao weiß nur: Der Kult, das Bauen, die Verewigung durch Versteinerung darf nicht aufhören, muss immer weitergehen. Nur so, glaubt er, glauben alle, kann das Reich von Dauer sein.

Fast das gesamte einfache Volk wird für dieses endlose Bauen zwangsverpflichtet. Den königlichen Schriftführern und Chronisten sind diese «Bausoldaten» keine Zeile wert. Der Einzelne in dieser Masse ist für die herrschende Oberschicht nichts weiter als Arbeitstier und Zugvieh.

Das Zugvieh aber begehrt nicht auf, verbindet sein Schicksal mit dem seines Herrn, denn beide leben vom Nil und von der

Sonne, von den Kräften des Wachstums und der Fortpflanzung. Die ewige Wiederkehr des Gleichen wird als natürlicher Lauf der Welt empfunden. Und: Es gibt kein Entrinnen. Die Supermacht Ägypten ist perfekt organisiert. Niemand kommt ungehindert ins Land hinein, niemand ungehindert hinaus. Flucht wäre Selbstmord.

Auch Nomaden, die in Trockenzeiten mit ihren Herden legal auf ägyptisches Hoheitsgebiet ziehen dürfen, können zwangsrekrutiert werden. Dieses Schicksal war vermutlich den Vorfahren Israels beschieden. Es gibt einen alten Text, in dem ein Grenzbeamter meldet, dass er Beduinenstämme aus Edom ins östliche Delta hineingelassen habe, um sie und ihr Vieh am Leben zu halten. So etwas kam öfter vor, und irgendwann im Verlauf der ägyptischen Geschichte, vielleicht ein paar hundert Jahre vor dem Bau von Ramses und Pitom, muss unter diesen Beduinenstämmen auch eine Gruppe gewesen sein, die später von sich behauptete, von Abraham, Isaak und Jakob abzustammen.

Vom Glanz Ägyptens, seiner Kunst, Kultur und Wissenschaft, erzählte diese Gruppe, als sie dem Pharaonenreich entkommen war, nie etwas. Darum erfahren wir auch in der Bibel nichts davon. Ägypten war für die Steineklopfer immer nur «das Sklavenhaus». Auf ihren Rücken, ihren geschundenen Knochen wurde diese Hochkultur errichtet. Das ist es, was die Israeliten als Erinnerung aus Ägypten mitnehmen.

Während ihres Aufenthaltes in Ägypten sind sie in dem bunten Gewimmel aus Ägyptern, Nomaden, Fronarbeitern, Sklaven und Kriegsgefangenen nicht weiter aufgefallen. Jedenfalls haben wir so gut wie keine schriftlichen Zeugnisse darüber.

So entging den königlichen Geschichtsschreibern, dass es innerhalb der großen Gruppe der Habiru eine kleinere Gruppe gab, deren Mitglieder sich merkwürdige Geschichten von einem Gott Abrahams, Isaaks und Jakobs erzählten. Es entging ihnen, dass sich in dieser Gruppe so etwas wie rebellische Kritik an dem gigantischen Unsinn des ägyptischen Totenkults und der

Menschenschinderei entzündete. Es entging ihnen, wie einige ihrer Knechte die scheinbar gottgewollte Ordnung von Oben und Unten in Frage zu stellen begannen. Es entging den vornehm-verknöcherten Lakaien der versteinerten Supermacht, wie in ihrem geschlossenen Wahnsystem eine welterschütternde, revolutionär neue Idee geboren wurde: Freiheit!

Exodus: Gottes Revolution

Die biblischen Erzähler müssen nun erklären, wie es kam, dass
ihre Vorfahren in Israel versklavt wurden, nachdem sie doch als
Einwanderer von Josef nach Ägypten geholt, dort vom Pharao
freundlich aufgenommen und in Gosen als freie Bürger komfor-
tabel untergebracht worden waren. Und ihre Erklärung lautet:
Josefs Nachkommen sind im Lauf der Jahrhunderte zu einem
starken Volk herangewachsen in Ägypten. 430 Jahre danach
weiß der amtierende Herrscher nichts mehr von Josef, sieht
aber, dass da in seinem Reich ein fremdes Volk heranwächst,
das ihm gefährlich werden könnte.

Daher zwingt er das Volk in die Fronarbeit. Es soll die Kö-
nigsstädte Pitom und Ramses bauen[13]. *Aber je mehr sie das Volk
bedrückten, desto stärker mehrte es sich.* (2 Mose 1, 12) Und der
Pharao erhöhte den Druck noch. *Darum zwangen die Ägypter die
Kinder Israel durch Misshandlungen zum Dienst und verbitterten ihnen
das Leben mit harter Zwangsarbeit an Lehm und Ziegeln und mit allerlei
Feldarbeit.* (2 Mose 1, 13)

Das Volk wächst trotzdem weiter, und nun ordnet der Pharao
an, alle männlichen Neugeborenen im Nil zu ertränken. Aber
gerade diese letzte despotische Maßnahme bereitet die Befreiung vor.

Ein Kind aus dem Stamm Levi wird von seiner Mutter heimlich in einem Korb aus Schilfrohr im Nil ausgesetzt, von einer

der Pharaonentöchter gefunden, adoptiert und an den Königshof gebracht. Dort bekommt das Kind den Namen Mose und eine für Königskinder übliche Bildung und Erziehung.

Als Erwachsener sieht Mose, wie ein ägyptischer Fronherr einen Sklaven auspeitscht. Mose gerät darüber so in Zorn, dass er den Ägypter erschlägt, seine Leiche verscharrt, in die Wüste flieht und ins Land Midian gelangt. Dort lässt er sich nieder, heiratet und hütet die Schafe seines Schwiegervaters.

Auf einer seiner einsamen Wanderungen mit seiner Herde steigt er auf den Berg Horeb. Dort erblickt er einen Dornbusch, der brennt, aber nicht verbrennt. Er wundert sich und schreitet darauf zu. Da hört er plötzlich eine Stimme aus dem Feuer und erstarrt. *Mose! Mose!* ruft die Stimme, und Mose antwortet, wie einst Abraham: *Hier bin ich.* Und Gott spricht: *Komm nicht näher herzu! Ziehe deine Schuhe aus, denn der Ort, darauf du stehst, ist heiliges Land!* Weiter sagte er: *Ich bin der Gott deines Vaters, der Gott Abrahams, der Gott Isaaks und der Gott Jakobs!* (2 Mose 3, 4 und 6)

Mose verhüllt sein Antlitz, denn er fürchtete sich, Gott anzublicken.

Gott sagte: *Ich sah gar wohl das Elend meines Volkes in Ägypten, und ihr Schreien angesichts ihrer Treiber hörte ich; ja, ich kenne ihre Schmerzen! Ich stieg deshalb herab, um sie aus der Hand der Ägypter zu befreien und hinaufzuführen aus diesem Land in ein schönes und weiträumiges Land, das von Milch und Honig fließt. ... Und nun höre: Das Wehgeschrei der Kinder Israels ist zu mir gedrungen, und gesehen habe ich die Drangsal, mit der die Ägypter sie bedrängen. Jetzt also gehe hin! Ich will dich zum Pharao senden! Führe mein Volk, die Kinder Israels, aus Ägypten heraus!* (2 Mose 3, 7–10)

Mose weiß nicht, wie ihm geschieht. Natürlich fragt er, warum ich? Außerdem könne er nicht reden, wendet er ein, er sei ein Stotterer. Geh nur, sagt Gott, ich werde mit dir sein, und für das Reden nimmst du deinen Bruder Aaron mit.

Und Mose geht, kehrt aus Midian zurück nach Ägypten, nimmt den Auftrag an und unterschätzt vermutlich dessen

Größe und Schwere, denn er beginnt ganz naiv, die Sache ins Werk zu setzen. Er geht einfach zum Pharao und sagt: Lass mein Volk ziehen. Natürlich erteilt der Pharao Mose eine Abfuhr. Schlimmer noch: Der Pharao in seiner Herrscherherrlichkeit ist über das Ansinnen erbost, nimmt übel, dass es seinem Zugvieh nicht gefällt, sich für Seine Majestät verschleißen zu dürfen, und zieht die Daumenschrauben an.

Und jetzt? Das Volk murrt. Vorher war es sehr angetan von der Idee, aus Ägypten in die Freiheit zu ziehen. Nun merkt es, dass die Freiheit nicht billig zu kriegen ist, und murrt. Das wird es von jetzt an noch oft tun, denn das Volk weiß noch nicht, was Freiheit ist, dass sie anstrengend ist, Mut erfordert, Gefahr bedeutet. Später, unter der sengenden Sonne in der Wüste, in der Kälte der Nacht – nichts zu essen, nichts zu trinken – wird es sich zurücksehnen nach den stets gut gefüllten Fleischtöpfen Ägyptens, wird das Sklavenhaus nostalgisch verklären, seinen Befreier verfluchen und sich anklagen, nicht in Ägypten geblieben zu sein. Der Kampf um die Freiheit, der Treck durch die Wüste nach Kanaan, wird vierzig Jahre dauern, und viele werden unterwegs sterben, verzweifeln, den Glauben verlieren, dass sie ihr Ziel je erreichen werden, und zweifeln, ob es richtig war, aus Ägypten zu fliehen. Jetzt am Anfang ahnen sie nichts davon.

Aber nun hilft erst einmal Gott. Schickt, um den Pharao umzustimmen, den Ägyptern eine Plage, verwandelt das Wasser des Nil in Blut, die Fische sterben, das Wasser stinkt, Ägypten hat kein Trinkwasser mehr. Immer hilft Gott. Auch diese Erfahrung wird das Volk jetzt machen. Aber immer hilft er erst im letzten Moment, immer anders, als man es sich wünscht, und stets so, dass nichts leichter wird dadurch. Man möchte alles möglichst billig haben, aber das kriegt man nicht. Nicht bei Gott.

Nachdem es in ganz Ägypten stinkt, ist der Pharao zwar beeindruckt, aber er denkt, das steht er durch, und sagt den

Israeliten: hiergeblieben. Die zweite Plage ist fällig, Frösche. Die dritte, Stechmücken. Die vierte, Stechfliegen. Die fünfte, sechste, siebte: Viehpest, Blattern, Hagel. Nummer acht: Heuschrecken. Neun: Finsternis. Hilft alles nichts. Der Pharao gibt nicht nach, meint noch immer, er könne den Machtkampf gewinnen.

Da schickt Gott die entscheidende zehnte Plage, die Antwort auf das, womit alles begann: Der Pharao hatte ja angeordnet, jedes männliche Neugeborene der Israeliten in den Nil zu werfen. Jetzt trifft es Ägypten: Die Erstgeborenen in jeder Familie des Landes müssen sterben, auch in der Familie des Pharao. Das ist von nun an die Botschaft an die Diktatoren dieser Welt. Wenn das Volk aufsteht, Freiheit begehrt, und sie wird ihm nicht gewährt, dann gibt es Tod und Verderben auf beiden Seiten.

Nach der zehnten Plage darf das Volk gehen. Der Pharao wünscht jetzt sogar, dass es gehe, denn es ist ihm unheimlich geworden. Jeder Diktator lebt seitdem mit dem heimlichen Grauen vor dem Volk, der immerwährenden Angst, es könne sich zusammenrotten und seine Herrschaft beenden. Deshalb wuchern in jeder Diktatur die Spitzelsysteme, die in das Volk hineinhören und schon bei den ersten Anzeichen von Aufruhr den Herrscher alarmieren, auf dass er solche Regungen im Keim ersticke.

Und dann ziehen sie aus. *Und der HERR zog vor ihnen her, am Tag in einer Wolkensäule, um sie den rechten Weg zu führen, und in der Nacht in einer Feuersäule, um ihnen zu leuchten, damit sie Tag und Nacht wandern konnten.* (2 Mose 13, 21)

Aber den launischen Pharao, der alle zehn Plagen schon wieder vergessen hat, reut, dass er das Volk hat ziehen lassen und jagt ihm deshalb seine Truppen mit sechshundert Streitwagen hinterher. Als das Volk den Lärm dieser Streitwagen hört, die in einer großen Staubwolke herangedonnert kommen, verlässt es der Mut. Die Flüchtlinge zetern und hadern mit Mose, was er ihnen abverlange. Da hebt Mose seinen Arm, reckt seinen Stab aufs Meer, und das Meer teilt sich, die Flüchtlinge schreiten auf dem Grund des Meeres in die Freiheit, in die Wüste, und als die Truppen ihnen auf dem trockenen Meeresgrund zu folgen versuchen, schlagen die Wellen über ihnen zusammen und begraben Wagen, Ross und Reiter.

Das Volk ist gerettet. Aber nun stehen ihm die Strapazen der Wüstenwanderung bevor. Hunger und Durst unter der sengenden Sonne des Tages und der Kälte der Nacht. Murren. Aber auch Manna. Wachteln, die vom Himmel fallen. Frisches Wasser aus einem Fels in der Wüste. Kurze Zufriedenheit. Dann wieder Gefahr durch feindliche Heere. Angst, Mut, Feigheit, Murren. Sehnsucht nach Ägypten. Herumirren in der Wüste. Mose steigt herab vom Berg Sinai mit Gottes Gesetz. Die Gebote. Die Orientierung. Das Volk wieder auf Kurs, wenn auch nur kurzzeitig. Mose steigt erneut auf den Sinai, um die von Gott geschriebenen Gesetzestafeln in Empfang zu nehmen. Währenddessen fällt das Volk von Gott ab und tanzt ums Goldene Kalb. Vor Zorn zerbricht Mose die Tafeln und schreitet zur grausamen Bestrafung – *es fielen an diesem Tag dreitausend Männer* (2 Mose 32, 29). Neue Gesetzestafeln, neue Hoffnung, Bundesschluss und Bundespflichten. Schließlich Ankunft an der Grenze zum Gelobten Land, und statt Jubel – Nostalgie. Angst vor der frischen Luft der Freiheit, Sehnsucht nach Sicherheit und dem Mief im Sklavenhaus. Wutanfall Gottes. Er schickt sie zurück in die Wüste und wartet auf das Heranwachsen einer neuen Generation. Die erste Generation wird in der Wüste umkommen, erst die zweite wird – vierzig Jahre nach dem Auszug aus Ägypten – den Jordan überqueren und das verheißene Land einnehmen.

Das alles ist natürlich reine Theologie. Vierzig Jahre braucht man nicht, um eine Wüste zu durchqueren. Aber vierzig Jahre benötigt das Volk, um sich an seinen Gott zu gewöhnen. Vierzig Jahre dauert es, den richtigen Glauben einzuüben. Vierzig Jahre müssen vergehen, bis aus einer Notgemeinschaft, die nur vom

Willen zum Überleben zusammengehalten wird, eine Schicksalsgemeinschaft wird, die auch später, wenn der äußere Druck weg ist, freiwillig zusammenbleibt, zusammenhält, das Leben gestaltet und miteinander teilt.

Erzählt wird die Urerfahrung, von der bisher noch keine der vielen Freiheitsbewegungen verschont wurde, die diesen Ur-Freiheitskämpfern folgten: dass so ein Treck in die Freiheit kein Spaziergang ist, kein kurzer Sprint, keine Aufgabe für ein paar Monate oder Jahre, sondern ein Generationenprojekt. Und auch das andere hat sich später noch oft wiederholt: Traum von einer besseren Welt, frohgemuter Aufbruch, aber Davonlaufenwollen bei der ersten Schwierigkeit; die Überraschung, dass auf dieser Reise dauernd Dinge passieren, mit denen man nicht gerechnet hat; Gefahr, Not, Entbehrung, Hoffnungslosigkeit, unverhoffte Rettung; sich im Sklavenhaus nach der Freiheit verzehren und in der Freiheit ins Sklavenhaus zurücksehnen; dennoch irgendwann die Ankunft im Ziel, das aber ganz anders aussieht, als man es sich vorgestellt hat – das ist der Exodus.

Blut im Nil, Blattern, Heuschrecken und Pest; *mit mächtiger Hand und ausgerecktem Arm und mit großem Schrecken, durch Zeichen und Wunder* (5 Mose 26, 8); vorne das Meer, hinten der Tod, dazwischen die Flüchtlinge; nachts die Feuersäule, am Tag die Wolkensäule; Hitze, Kälte, Hunger, Durst; *ein Donnern und Blitzen und eine dichte Wolke auf dem Berg, und der Ton einer sehr starken Posaune ... und der ganze Berg bebte sehr* (2 Mose 19, 16 und 18) – so hat das Christentum angefangen.

Man wünscht sich, dass diese Anfänge heute wieder mehr Aufmerksamkeit in der Kirche finden. Das harmlose Eiapopeia- und Wir-sind-alle-lieb-Christentum, das dort gepflegt wird, hat mit seinen Ursprüngen nichts mehr zu tun.

Mose ist einer, der einen Menschen erschlagen hat, zwar aus gerechtem Zorn, aber in Ordnung war das nicht. Die Bibel hält sich mit Kritik daran seltsam zurück, erzählt die Geschichte fast wertfrei. Dass Gewalt keine Lösung ist, mit der Gott einverstanden ist, wird dennoch überdeutlich, indirekt zwar, aber mit einem gewaltigen Ereignis, eben dem Exodus. Exodus, nicht Gewalt, ist die von Gott bevorzugte Lösung.

Dennoch: Der Vollstrecker dieser Lösung, der Anführer des Exodus, wird der Totschläger Mose. Ihn macht Gott zum Befreier seines Volkes. Das ist alles andere als harmlos.

Auch Jesus war nicht der harmlos einladende, politisch korrekte Friedenssäusler und Innerlichkeits-Apostel, als der er heute gern hingestellt wird. Wenn er das gewesen wäre, hätte es für seine Feinde keinen Grund gegeben, ihn ans Kreuz zu nageln. Allein schon die Tatsache, dass er Feinde hatte, zeigt ja, dass er so harmlos nicht gewesen sein konnte. Und wer das ganze Evangelium liest, stößt unweigerlich auf Begebenheiten, in denen dieser Jesus manchmal sehr schroff, ja grob bis zur Unhöflichkeit war und seine Gegner zur Weißglut brachte. Am Ende glaubten sie, sich seiner nicht mehr anders erwehren zu können als durch das letzte Mittel: Mord.

Und dann mussten sie erkennen: Der Mann ist zwar tot, aber sein Feuer lodert weiter, heller denn je. Es ist das Feuer, das sich nicht verzehrt. Das Feuer des brennenden Dornbuschs. Das züngelnde Feuer von Pfingsten, das mit einem Brausen nach den Köpfen der Versammelten leckte, als sie der Geist überkam. Gott kommt im Feuer. Es leuchtet in der Dunkelheit, erhellt die Köpfe, klärt auf, führt zur Wahrheit, stürzt die Welt um. Wann immer Menschen sich von diesem Feuer entzünden lassen, bebt die Erde.

Am Lagerfeuer:
Eine egalitäre Gemeinschaft
entsteht

Irgendwann vor langer Zeit, wahrscheinlich so um das Jahr 1200 vor Christus, hat es also unter den vielen Menschen, die in den ägyptischen Steinbrüchen, Ziegelbrennereien und beim Pyramidenbau Fronarbeit leisten mussten, eine Gruppe von Menschen gegeben, die eine gemeinsame Sehnsucht nach Freiheit und Selbstbestimmung entwickelten, von einem besseren Leben in einem eigenen, fruchtbaren Land träumten, in dem die Menschen nach einer anderen Ordnung leben als in Ägypten. Sie hatten es satt, sich als Zugvieh des Pharao für dessen Totenkult verschleißen zu lassen.

Eines Tages haben sie ihren Traum wahr gemacht. Sie sind einfach abgehauen. Ihre Flucht wurde entdeckt, ägyptische Grenzposten jagten ihnen die pharaonischen Truppen hinterher, aber die Flüchtlinge entkamen. Sie irrten durch die Wüste, erreichten irgendwann fruchtbares Land, ließen sich dort nieder und führten tatsächlich ein Leben als freie Ackerbauern und Viehzüchter.

Für sie war diese gelungene Flucht das bedeutendste Ereignis ihres Lebens, ein Wunder. Für Ägypten war es eine Lappalie, zwar ärgerlich, aber ohne Bedeutung, nicht der Rede wert. In den Annalen ist nichts davon erwähnt.

Niemand, weder die Flüchtlinge noch die Ägypter, hätte sich

damals träumen lassen, dass diese Lappalie die Welt verändern würde. Weder die Flüchtlinge noch die Ägypter konnten ahnen, dass die gelungene Flucht einer kleinen Sklaventruppe noch 3200 Jahre später auf der ganzen Welt gefeiert werden würde und Millionen Juden und Milliarden Christen von Sabbat zu Sabbat und Sonntag zu Sonntag sich das Ereignis immer wieder neu vergegenwärtigen. Wer erklären will, wie so ein kleiner Anlass so eine gewaltige Wirkung entfalten kann und dabei den Ehrgeiz hat, ohne die Hypothese Gott auszukommen, wird sich schwertun.

Dass sich Einzelne oder Gruppen in Gefahr begeben, um die eigene Lage zu verbessern, und das unter Mühen und wie durch ein Wunder gelingt, während andere in der Gefahr umkommen, ist ja nichts Besonderes. Das hat es zu allen Zeiten immer und überall gegeben. Es wäre nun zu erwarten gewesen, dass die Flüchtlinge im Lauf ihres Lebens zwar immer wieder darauf zu sprechen kommen, aber sich Kinder wie Enkel zunehmend genervt von den ewiggleichen Geschichten abwenden, die Erinnerung daran schon ab der Urenkel-Generation verblasst und danach ganz vergessen wird. Warum ist es im Fall der ägyptischen Flüchtlinge anders gekommen?

Für die Gläubigen ist die Antwort einfach. Da war halt Gott im Spiel. Wenn man es sich aber etwas schwerer macht und versucht, Gott erst einmal eine Zeit lang aus dem Spiel herauszuhalten, wird man fragen müssen, wie es eigentlich wirklich zugegangen ist, damals bei der Flucht, dem Zug durch die Wüste und der Ankunft in fruchtbarem Land.

Die schlechte Nachricht ist: Wir wissen es nicht. Wir haben zwar die fünf Bücher Mose, in denen alles drinsteht, aber für die gilt: Nur wer gar keine Phantasie hat, erzählt eine Geschichte so, wie sie wirklich war. Und an den fünf Büchern Mose hat ein ganzes Volk mitgeschrieben, noch dazu ein phantasiebegabtes.

Die gute Nachricht lautet: Wir wissen mehr als nichts. Es ist sogar sehr viel, was die theologische Forschung und die Archäologie mittlerweile zusammengetragen haben. Nur lässt sich aus den vielen zutage geförderten, verstreut herumliegenden Wissensbruchstücken noch kein stimmiges Mosaik zusammensetzen. Was aber geht, ist eine erste, grob strukturierte, mit etlichen schwarzen Flecken versehene Skizze des Mosaiks.

Danach ergibt sich in etwa folgendes Bild: Die Genealogie von Abraham über Isaak zu Jakob und dessen zwölf Söhnen ist eine theologische Geschichtskonstruktion späterer Generationen von Priestern und Schriftgelehrten. Ursprünglich handelte es sich um drei getrennte, voneinander unabhängige Erzählstränge, von denen die Isaak-Geschichten wahrscheinlich die ältesten sind.

Im israelischen Bergland, auf den Hügel Kanaans, lebten um 1200 vor Christus kleine Gruppen von Ackerbauern, Viehzüchtern, Nomaden und Halbnomaden. Jede von ihnen trug ihren eigenen Geschichtenvorrat mit sich herum. Die einen wussten etwas von einem Abraham, die anderen hatten ihre Isaakgeschichten, die dritten behaupteten, von einem Urahn namens Jakob oder dessen zwölf Söhnen abzustammen.

Dann stieß zu diesem Volk eine vierte Gruppe, die Flüchtlinge aus Ägypten, Abkömmlinge von Josef. Sie hatten am meisten erlebt und am meisten zu erzählen und brachten einen reichen Schatz an Mose- und Aaron-Geschichten mit, dazu Wüsten-, Sinai- und Horeb-Geschichten. Vielleicht konnten sie auch besonders gut erzählen, denn ihre Geschichten entfalten im Lauf der Zeit die größte Wucht.

Weil es sich bei diesem Völkchen auf den kanaanäischen Hügeln um kleine, in einem überschaubaren Gebiet lebende Gruppen handelte, die in regem Handels- und Gedankenaustausch miteinander standen, und weil ihre Schicksale und Erfahrungen einander irgendwie ähnelten, machte sich im Lauf der Zeit jede Gruppe die Geschichten der anderen zu eigen. So werden sich also die Hirten und Bauern nachts am Lagerfeuer versammelt haben, und einer hat erzählt:

Mein Vater war ein heimatloser Aramäer, dem Umkommen nahe. Er zog hinab nach Ägypten, war dort ein Fremdling mit wenig Leuten und wurde ein großes, starkes und zahlreiches Volk. Die Ägypter behandelten uns schlecht, bedrückten uns und legten uns einen harten Dienst auf. Da schrien wir zu Jahwe, dem Gott unserer Väter. Und Jahwe sah unser Elend, unsere Angst und Not und führte uns aus Ägypten mit mächtiger Hand und ausgerecktem Arm und mit großem Schrecken, durch Zeichen und Wunder. Er brachte uns an diese Stätte und gab uns dieses Land, ein Land, in dem Milch und Honig fließen. (5 Mose 26, 5–9)

Abraham, die Isaak-Gruppe, die Jakob-Leute, sie wären heute anatolische Bauern in Berlin-Kreuzberg, Armutsflüchtlinge aus Afrika, die als Boatpeople übers Meer nach Europa zu kommen versuchen, oder Latinos, die über die mexikanische Grenze illegal in die USA einwandern, jedenfalls Außenseiter, Wanderer zwischen den Kulturen, heimatlose Fremdlinge, die nirgends richtig dazugehören, aber angesichts dessen, was sie sehen, auch gar nicht richtig dazugehören wollen. Sie tragen einen Traum mit sich herum, einen Traum von einer eigenen Heimat, die aber anders und besser ist als alles, was sie bisher auf der Welt als Heimat der anderen kennengelernt haben. Aus diesen Träumen wird vermutlich nie etwas werden, weil die Träumer zerstreut sind.

Die Träumer von damals jedoch, die Träumer in den israelischen Bergen, hockten ums Lagerfeuer herum und malten sich das Land aus, in dem Milch und Honig fließen sollen. Sie berieten sich, wie man das Land fruchtbar macht, kultiviert, erweitert und wie seine Bewohner darin leben und arbeiten sollen. Einer wird dann eine Geschichte über Abraham und dessen Traum beigesteuert haben, ein zweiter über Isaak, ein dritter von Jakob erzählt haben. Dann ging man wieder auseinander, und in der nächsten Nacht saßen einige von ihnen an ganz anderen Lagerfeuern, hörten dort wieder andere Geschichten und gaben ihre eigenen zum Besten.

Die Leute auf den Hügeln hatten einander also viel zu erzählen, und dass diese Geschichten den Kindern und Enkeln nicht auf die Nerven gegangen sind, liegt an einem wesentlichen Unterschied zu den üblichen Großväter- und Veteranenanekdoten. In diesen stellt sich der Erzähler in den Mittelpunkt, prahlt mit seinen vergangenen Taten, und das ist auf Dauer doch ein wenig ermüdend und hat mit dem Leben der Zuhörer wenig bis nichts zu tun.

Dagegen berichten die Erzähler der Abraham- und Mose-Geschichten von ihrer Unterdrückung, ihrem Versagen, ihrer Angst, ihren Zweifeln, ihren existenziellen Nöten, und sie erzählen es so, dass sich die Zuhörer darin wiedererkennen, obwohl sie nicht in Ägypten waren. Und außerdem lassen die Geschichten einen anderen Helden glänzen, einen, der alle angeht: Gott.

Dieser Held, der die Mose-Leute aus größter Gefahr gerettet hat und dadurch für deren Leben entscheidend wichtig geworden ist – ist er wirklich auch unser Gott? werden sich die Abraham-, Isaak- und Jakob-Leute gefragt haben. Meint es dieser noch unbekannte, geheimnisvolle Gott der Väter wirklich gut mit uns?

Die Mose-Leute erzählen so begeistert von ihm, dass sich die Zuhörer davon anstecken lassen. Sie hören, wie Mose auf dem Berg Horeb einen Dornbusch sieht, der brennt, aber sich nicht verzehrt. Aus diesem brennenden Busch gibt sich Gott als der Gott Abrahams zu erkennen und erteilt Mose den Auftrag, sein Volk aus der Sklaverei zu führen in das Land, das Abraham verheißen wurde.

Und während die Hörer der Geschichte lauschen und ins Lagerfeuer blicken, erleben sie, wie der Erzähler brennt, der Funke von ihm auf sie überspringt und sie selbst entzündet, und plötzlich brennen sie alle und gehen in der Überzeugung nach Hause, dass dieser Gott im brennenden Dornbusch auch für ihr Leben entscheidend wichtig sei. Sie sind von den Geschichten infiziert worden, haben sich mit ihnen identifiziert und sind überzeugt: Es ist derselbe Gott, von dem die Abraham-, Isaak-, Jakob- und

Mose-Leute sprechen, unserer. Dieser Gott brannte sich ihnen ein und versah sie alle mit demselben Brandmal.

Oder sie gehen noch nicht nach Hause, weil sie mehr hören wollen, und der Erzähler, jetzt in einer gewissen Verlegenheit, ergänzt seine Geschichte mit Details, die er ein Jahr zuvor noch nicht erwähnte. Oder er erzählt eine völlig neue Geschichte, die er kürzlich irgendwo anders aufgeschnappt und beinahe schon wieder vergessen hat und die er jetzt mit eigenen passenden Vorstellungen und Deutungen anreichert.

Wahrscheinlich hatte der liebe Gott bei der Wahl seines Volkes das Glück, sich ein Volk besonders begabter Erzähler ausgesucht zu haben, vielleicht war es sogar das Kriterium, wonach er ausgewählt hatte – an der Gründung Hollywoods waren zahlreiche Juden beteiligt –, jedenfalls steht die Erzählkunst hoch im Kurs bei den Juden. Das jüdische Volk ist ein geschichtensüchtiges, geschichtsbewusstes und darum geschichtsträchtiges und geschichtsmächtiges Volk.

Ein wichtiger Punkt fehlt aber noch, um zu verstehen, wie es möglich war, dass eine unbedeutende Flüchtlingstruppe mit ihrer kleinen Geschichte große Geschichte machte. Es ist der entscheidende, und er handelt von der sich herausbildenden Gemeinsamkeit am Lagerfeuer.

So verschieden die Menschen auch waren, die da einander ihre Geschichten erzählten, so unterschiedlich ihre Herkunft, ihr Alter, ihre Berufe, ihre Erlebnisse, in einer Erfahrung trafen sich alle, erkannten sich alle wieder: in der Erfahrung, unterdrückt, versklavt gewesen zu sein. Auch diejenigen, die nicht aus Ägypten gekommen waren, wussten, wovon die Mose-Leute sprachen, denn die Abraham-, Isaak- und Jakob-Leute auf den Hügeln hatten zuvor im Tal gelebt, wo sie als Bauern unter der Fuchtel kanaanäischer Stadtkönige standen und von diesen ausgebeutet wurden. Darum sind auch sie abgehauen und in die Berge geflohen, um dort als freie Menschen ihr Glück zu versuchen.

Und so, im Bewusstsein der gemeinsamen Ablehnung eines Lebens in Sklaverei, für das der Name Ägypten stand, erhob sich allmählich eine egalitäre «Tradition des Lagerfeuers» gegen die zentralistische «Tradition der Pyramide» (Martin Buber). So entstand Israel.

Die Sozialordnung Gottes:
Einspruch gegen den natürlichen
Lauf der Welt

Der Exodus ist die zentrale Erzählung Israels. Im Mittelpunkt dieser sich über vierzig Kapitel erstreckenden Geschichte stehen zwei Ereignisse: der Auszug aus Ägypten und der Bund mit Gott am Sinai. Diese beiden Geschichten bilden das Zentrum des Zentrums, sie sind der Anker, an dem das ganze Schiff hängt.

Erzählt werden auch sie natürlich in der Sprache der Mythen, aber diesmal mit einer ungeheuren Bildkraft. Beim ersten Ursprungsmythos – der Berufung Abrahams – fiel auf, wie wenig darin eigentlich passiert. Jetzt aber, in den Exodusgeschichten, dem eigentlichen Gründungsmythos von Juden- und Christentum, donnert's und kracht's.

Im ersten Akt war Gott Mose erschienen, um ihn zu beauftragen, Israel aus Ägypten zu führen. So geschieht es dann auch – und Gott hilft dabei *mit mächtiger Hand und ausgerecktem Arm und mit großem Schrecken, durch Zeichen und Wunder* (5 Mose 26, 8).

Im zweiten Akt will Gott dem ganzen Volk erscheinen, um einen Bund mit ihm zu schließen und dem Volk das *Gesetz* zu überreichen, nach dem es künftig leben soll. Da lassen die Erzähler die Erde beben. Eine sichtbar neue Weltordnung möchte Gott auf der Erde etablieren, und dazu braucht er Menschen, die sich freiwillig dienstverpflichten lassen für dieses Ziel.

Daher genügt es nicht mehr, dass er immer nur mit Mose verhandelt. Jetzt muss Gott dem ganzen Volk erscheinen. Deshalb beauftragt er Mose, das Volk darauf vorzubereiten.

Als Schauplatz des Geschehens hat Gott den Berg Sinai gewählt. Dort, im Niemandsland zwischen Ägypten und Kanaan, außerhalb des Machtbereichs irdischer Könige, soll das Ereignis stattfinden.

Am dritten Tag des dritten Monats nach dem Auszug aus Ägypten ist es so weit. Das Volk versammelt sich am Fuß des Berges Sinai – die erste Gemeindeversammlung der Welt. Gottes Erscheinen kündigt sich an mit Donnern und Blitzen. Eine dicke Wolke senkt sich auf den Berg, und zu hören ist der Ton einer starken Posaune. Rauch steigt auf. Feuer dringt durch die Wolke. *Der Posaune Ton ward immer stärker.* (2 Mose 19, 18) Der Berg zittert, die Erde bebt. Oben, am Gipfel, ist Gott angekommen.

Gott ruft Mose. Der steigt hinauf.

Als Mose wieder hinabsteigt zu seinem Volk, mit zwei Tafeln in der Hand, ist die Welt eine andere. Zu Recht müssen jetzt die Herrscher zittern, denn was Mose da in seinen Händen hält, diese zwei Tafeln, von Gott selbst geschrieben, stürzt die Welt um.

Bisher galt überall auf der Welt das Rudel- und Urhordenprinzip. Es hatte sich als für das Überleben vorteilhaft erwiesen, eine Hierarchie auszubilden, mit einem Rudelführer an der Spitze und einem Underdog und Sündenbock am unteren Ende. Rudelführer wird, wer die größte Beute macht.

Nach diesem natürlichen Prinzip haben auch die ersten menschlichen Urhorden funktioniert, und später, als man sesshaft geworden war, Ackerbau und Viehzucht betrieb, Lesen und Schreiben lernte, wurde das Prinzip nicht abgeschafft, sondern fortentwickelt, verbessert, kultiviert und perfektioniert. Priester verliehen jetzt dem Prinzip die religiöse Weihe. So bildeten sich ab etwa dem fünften Jahrtausend vor Christus die ersten Hochkulturen in Mesopotamien, Ägypten, Indien und China. Aus ihnen entstanden die ersten Weltreiche. Sie wurden wieder zerstört und gingen unter, wenn in der Nachbarschaft ein besserer Rudelführer heranwuchs, der sich beim Beutemachen raffinierterer Herrschaftstechniken bediente, klügerer Taktik, intelligenterer Strategien und modernerer Waffen.

Nachdem Gott diesem gegenseitigen Sich-Bekriegen und Er-obern und Vernichten ein paar Jahrtausende lang zugeschaut hatte, sagte er: Ich will mir ein Volk erwählen, das der Welt zeigt, dass es eine intelligentere Lösung gibt.

Diese Lösung trug Mose mit seinen zwei Tafeln vom Berg herunter. Man muss, um heute noch ermessen zu können, was das damals bedeutet hat und selbst heute noch bedeutet, die bi-blischen Texte frei in unsere Sprache übersetzen. Und in dieser Sprache hat Mose den ehemaligen Sklaven sinngemäß gesagt: Ihr seid freie Wesen. Ihr könnt wählen, ob ihr eurer inneren Natur gehorchen wollt, ob ihr euch von euren Genen und euren Wünschen nach Geld, Macht und Sex versklaven lassen wollt, oder ob ihr dem Pharao in euch den Gehorsam aufkündigt. Ihr seid in der Lage, euch frei zwischen zwei grundverschiedenen Prinzipien zu entscheiden. Ihr könnt dem Ruf der Urhorde und euren Trieben folgen oder euch aus freiem Entschluss an andere Ziele binden, an Gerechtigkeit beispielsweise, Gleichheit oder Achtung und Respekt vor dem anderen. In dieser Wahlfreiheit liegt der Unterschied zwischen Mensch und Tier. Und die Mög-lichkeit von Würde. Jetzt entscheidet.

Und Israel entschied sich. Gegen den Zwang der Natur. Für die Freiheit Gottes. Zum ersten Mal in der Geschichte gab es Freiheitskämpfer, die nicht deshalb rebellierten, damit sie sich nach erfolgreicher Rebellion selber zu Herren über die anderen aufschwingen konnten, sondern damit dieses ewige übereinan-der Herrschenwollen ein für alle Mal aufhört. Dies ist gemeint, wenn vom *Gesetz,* der *Thora,* die Rede ist.

Wir haben uns angewöhnt, unter Gesetz die Zehn Gebote zu verstehen und die vielen Rechts- und Kultvorschriften, aus de-nen das Alte Testament besteht. Wir vermögen in diesen Geboten kaum etwas anderes zu erkennen als die israelische Variante des auch in anderen Völkern gemachten Versuchs, die Regeln für das Zusammenleben der Menschen auf eine vernünftige Basis zu stellen.

Das ist zunächst auch so. Und doch ist es darüber hinaus noch ganz anders.

Was uns heute als Israels Gesetz in der Bibel vorliegt, ist natürlich nicht im zwölften Jahrhundert vor Christus gleich nach der Flucht aus Ägypten Mose von Gott am Berg Sinai auf zwei Tafeln überreicht worden. Das Gesetz ist auch kein Produkt der Flüchtlinge, das sie in der Wüste und danach fertig konzipiert haben. Diese ganze Sinai-Geschichte ist schon wieder Mythos, eine spätere Konstruktion. Tatsächlich ist die Tora in einem langen, über Jahrhunderte sich erstreckenden Prozess aus zuerst mündlichen Überlieferungen entstanden und dann zwischen dem zehnten und vierten vorchristlichen Jahrhundert schriftlich fixiert worden.

Und natürlich hat Israel dabei nicht bei null angefangen. Schon in den ersten mündlichen Überlieferungen stecken außerisraelische Einflüsse, Erfahrungen der anderen Völker, Weisheiten älterer Kulturen. Das junge Israel bedient sich aus dem Vorhandenen, prüft es, übernimmt, was es für gut hält, scheidet aus, was es nicht brauchen kann, ergänzt den Rest durch immer mehr Eigenes, lässt sich dabei traumwandlerisch sicher von den Ägypten- und Wüstenerfahrungen leiten und formt daraus sein spezifisch israelisches Gesetz, das sich am Ende dann doch signifikant von den Regeln der anderen unterscheidet.

Und in diesem Unterschied liegt die Pointe, um derentwillen man vielleicht doch lieber Christ als Buddhist oder Hinduist ist. Am Ende wird da nämlich in Stein gemeißelt: Die Herrschaft von Menschen über Menschen muss aufhören. Gott soll über alle herrschen, nur er allein. Er allein soll verehrt werden, kein König, kein Priester, kein Götze soll ihm Konkurrenz machen dürfen. Alle sind gleich. Es darf keine Armen geben. Gerechtigkeit soll herrschen. Dieser Gedanke ist so neu und unerhört, und so folgenreich, dass der Bundesschluss unter Donner, Rauch, Blitz und einem vulkanischen Beben tatsächlich das angemessene Bild für diesen Vorgang ist.

Die neue Ordnung, an der das Volk seit dem Zug durch die Wüste arbeitet, schält sich im Lauf der Zeit immer mehr als Gegenmodell zu Ägypten und den kanaanäischen Königsdiktaturen heraus. Es entsteht, zumindest als Idealvorstellung, eine neue Welt, in der gilt: Hier herrscht kein Despot, sondern Gott. Wir haben keinen König, brauchen keinen König, keinen Staat und keinen Führer, weil Gott unser Führer ist. Wir leben als freie Stämme friedlich zusammen, helfen und unterstützen uns gegenseitig bei Unwetter, Gefahr und Katastrophen und beschließen gemeinsam, was zu beschließen ist.

Eine Art Eidgenossenschaft entsteht, und alles, was sich dieses Volk als neue Regel setzt, läuft in der Begründung stets auf die Erinnerung an Ägypten hinaus nach dem Schema: In Ägypten war es so, und darum machen wir in Israel das Gegenteil. Und da es überall auf der Welt so zuging wie in Ägypten, entstand jetzt in Israel tatsächlich eine Gegenwelt. Seitdem gibt es zwei Welten, die große alte und eine kleine neue. Aber so klein sie auch angefangen hat, so groß waren ihre Folgen.

Dass Israels Herkunft von ganz unten sich unvergesslich ins kollektive Gedächtnis eingräbt und zum Mittelpunkt seines regelmäßig wiederholten Urbekenntnisses wird, versteht sich keineswegs von selbst. Das ist erstaunlich, denn andere hätten Ägypten spätestens in der vierten Generation vergessen. Die Juden dagegen erinnern sich noch heute daran, die Christen auch, und diese Erinnerung strukturierte die neue Welt.

Ich bin Jahwe, dein Gott, der dich aus Ägypten herausgeführt hat aus dem Sklavenstaat (5 Mose 5, 6), so werden die Zehn Gebote eingeleitet, und schon dadurch bekommen diese Gebote einen anderen Charakter und haben eine andere Intention als ähnliche Gebote in anderen Kulturen.

«Wenn dich morgen dein Sohn fragt: Warum haltet ihr euch an die Sat-
zungen, Gesetze und Rechtsbestimmungen, unter die der Herr, unser Gott,
euch gestellt hat?», dann sollst du deinem Sohn antworten: «Wir waren
Sklaven des Pharao in Ägypten, und es war der Herr, der uns mit starker
Hand aus Ägypten geführt hat.» (5 Mose 6, 20–21) So, sagt Gott, sollt
ihr eure Kinder lehren, und diese sollen es ihren Kindern weitersagen. Und so wird es seit drei Jahrtausenden gemacht bis auf
den heutigen Tag.

Das einst versklavte Volk hatte erkannt: Die Herrschaft der
Starken über die Schwachen ist eine Folge der natürlichen Ungleichheit zwischen den Menschen. Es wird immer Menschen
geben, die intelligenter, fleißiger, größer, schöner als die anderen sind und ihren Platz an der Sonne haben, während die
anderen im Dunkeln stehen. Aber vor Gott sind alle gleich. Daraus leitet sich die unerhörte, zu allen Zeiten als widernatürlich
diffamierte Forderung ab: Für jeden muss es einen Platz an der
Sonne geben. Die Behauptung, der Platz reiche nicht für alle,
wird als propagandistische Lüge derer entlarvt, die möglichst
viel davon für sich allein beanspruchen.

In Ägypten fühlten sie sich wehrlos, schwach und fremd. Dort
hatten sie erfahren, dass sich die Menschheit in zwei Klassen
teilt: in jene, die die Peitsche schwingt, und in jene, über die
sie geschwungen wird. Treten oder Getretenwerden, Gewinnen
oder Verlieren, Hammer oder Amboss sein – gegen diese scheinbar natürliche Ordnung der Welt setzte Israel sein großes «Hier
nicht!» Darum gilt jetzt das Gesetz: *Den Fremdling sollst du nicht*
bedrängen noch bedrücken; denn ihr seid auch Fremdlinge gewesen im
Land Ägypten. (2 Mose 22, 20) Und: *Ihr sollt keine Witwen und Wai-*
sen bedrücken. (2 Mose 22, 21) Wenn ein Schuldner dem Gläubiger
das einzige Obergewand als Pfand gegeben hatte, so musste der
Gläubiger das Pfand vor Sonnenuntergang wieder zurückbringen, damit der Schuldner in der Nacht nicht friere. Tags darauf
durfte das Gewand vom Gläubiger wieder zurückgefordert werden, bis zum nächsten Sonnenuntergang.

Es darf keine Armen, keine Unterdrückten und keine Benachteiligten mehr geben in der neuen Welt, die jetzt entsteht. Der Wüste, wo der Normalzustand herrscht, will dieses Volk eine Oase abtrotzen, deren Regel der Ausnahmezustand sein wird.

Dazu erfand Israel das «Sabbatjahr», ein sensationelles Instrument der Sozialpolitik. Alle sieben Jahre musste den Schuldnern die Schuld erlassen und die Verteilung des Ackerlandes neu verlost werden. Danach konnte das Monopoly von neuem beginnen, aber nach sieben Jahren erhielt der Verarmte zurück, was er an den Reichen verloren hatte. So bekämpfte Israel die Macht des Schicksals.

Wer heute die Praktizierung dieser Methode vorschlüge, liefe Gefahr, in die Psychiatrie eingeliefert zu werden. Man stelle sich nur einmal vor, jemand würde fordern, am Starnberger See sollten alle sieben Jahre die Seegrundstücke neu verteilt werden. Oder wenigstens, die Erben sollten den Platz am Ufer der Allgemeinheit zurückgeben.

Was damals vor 3000 Jahren Gesetz war, gilt heute unter Marktscholastikern, Bankern, Topmanagern und sogenannten Realpolitikern als lächerliche Sozialromantik. Dieser gutgemeinte religiöse Schmonzes sei die sicherste Garantie für Misserfolg, höhnen die Realisten dieser Welt und haben sich das verächtliche Wort «Gutmensch» ausgedacht, um damit jede utopische Vorstellung von einer anderen Welt niederzuknüppeln und die Menschheit auf ewig ans Diktat ihrer Gene und ihrer Herkunft aus der steinzeitlichen Urhorde zu ketten.

Aber was ist Erfolg? Ist nicht «Überleben» der Erfolg schlechthin? Warum, so fragte der Schriftsteller Walker Percy, wundern sich unsere Erfolgstypen eigentlich nicht, dass sie an der New Yorker Börse, an den großen Handelsplätzen dieser Welt, in den Medien und in der Kultur zwar vielen Juden begegnen, aber keinem einzigen Hethiter, Philister, Assyrer oder Babylonier?[14] Warum hat von den vielen Kulturen der mächtigen Herrenvölker, von denen Israel einst umgeben war, die jüdische als einzige bis heute überlebt? Etwa, weil sie sich weltfremder Sozial-romantik ergab?

In der altisraelischen Sozialordnung steckt ein Überlebens-code. Wenn die Menschheit auf diesem Planeten ohne größere Katastrophen überleben will, wird sie diesen Code nicht ignorie-ren können.

Aus ihrem früheren Leben in Ägypten kannten die israeli-schen Rebellen die bewunderungswürdigen Kulturleistungen der alten Völker, sie kannten aber auch den Preis: Es war ihr Schweiß, ihr Blut, ihre Gesundheit, ihr Leben, das für den Bau dieser großartigen Kultur verbraucht wurde.

Kultur war immer nur möglich auf der Basis einer ausgebeute-ten, selber von Kultur ausgeschlossenen Masse. Noch Friedrich Nietzsche hielt das für eine Art Naturgesetz. Kultur ist für ihn an Aristokraten gebunden, die über freie Zeit, Muße, Geld und Macht verfügen. Kultur erfordert Bildung und Geschmack. Die-ner, Lakaien, Sklaven haben das nicht, und darum brauche man sie mit sozialen Wohltaten nicht behelligen, meinte Nietzsche.

Schon jene ehemaligen Sklaven haben, als sie sich ihrer Fes-seln entledigten, darüber nachgedacht, ob das stimmt. Und ihre Antwort war der Sabbat: *Sechs Tage sollst du arbeiten und alle deine Werke tun. Aber am siebenten Tag ist der Sabbat des Herrn, deines Gottes. Da sollst du keine Arbeit tun, auch nicht dein Sohn, deine Tochter, dein Knecht, deine Magd, dein Rind, dein Esel, all dein Vieh, auch nicht der Fremdling.* Und wieder geht es nicht ohne die stereotype Erinne-rung: *Denn du sollst daran denken, dass auch du Knecht in Ägyptenland warst und der Herr, dein Gott, dich von dort herausgeführt hat mit mäch-tiger Hand und ausgerecktem Arm.* (5 Mose 5, 13–15)

Sechs Tage in der Woche arbeitete Israel. Ganz Israel. Es gab keine Oberschicht, die der Arbeit enthoben war. Sechs Tage in der Woche gehörte ganz Israel zur Unterschicht. Aber am sieb-ten Tag gehörte ganz Israel zur Oberschicht, war jeder und jede ein Herr und eine Herrin, sogar der Knecht und die Magd, ja sogar die Tiere.

Am Sabbat erinnerte sich ganz Israel seiner Geschichte. Man erzählte einander, las in alten Texten, versammelte sich öffentlich. Keiner wurde ausgeschlossen. Bildung für alle war nie ein erklärtes Ziel, sondern eine Nebenwirkung der gemeinsamen Sabbatheiligung. Durch sie lernte das ganze Volk, dass es sich Voraussetzungen verdankt, die es selbst nicht geschaffen hat und selbst niemals schaffen kann.

Darum stehen der Sabbat und der Sonntag stellvertretend für alles Humane, alles Soziale, alles Recht, das der von Natur aus barbarischen Wirklichkeit seit dem Exodus abgetrotzt wurde und immer wieder neu abgetrotzt werden muss. Im jüdischen Sabbat und im christlichen Sonntag steckt der Überlebenscode.

Die aus dem Machtbereich der kanaanäischen Stadtkönige geflohenen Gruppen, die als unterdrückte Bauern unter der Knute der Zinsknechtschaft gelebt hatten, lassen diese Erfahrung in ein Zinsverbot einfließen: *Wenn dein Bruder verarmt neben dir und sich nicht mehr halten kann, so sollst du ihm Hilfe leisten, er sei ein Fremdling oder Beisasse, damit er bei dir leben kann. Du sollst ihm dein Geld nicht auf Zins geben noch deine Nahrungsmittel um einen Wucherpreis.* (5 Mose 29, 10–11)

Sogar das Recht auf Unverletzlichkeit der Wohnung war bei diesem eigenwilligen Volk schon eingeführt, und zwar schärfer als wir es kennen. Gerichtsvollzieher hätten in Israel keine Chance gehabt, ins Haus zu kommen: *Wenn du deinem Nächsten irgendein Darlehen gewährst, so sollst du nicht in sein Haus gehen, um ihm ein Pfand abzunehmen, sondern draußen stehen bleiben. Der, dem du borgst, soll das Pfand zu dir herausbringen.*

Durch manche Vorschriften der Tora schimmert noch heute eine unüberbietbare Menschlichkeit: Ein Mann, der gerade erst geheiratet hat, darf nicht zum Wehrdienst eingezogen werden, weil der Dienst an seiner Familie wichtiger ist und er seine Frau erfreuen soll.

Dass zu den Opfermahlzeiten die Armen, Fremden, Witwen und Waisen eingeladen werden mussten, war eine unerhörte

Neuerung, deren Bedeutung wir satten Wohlstandsbürger gar nicht mehr richtig ermessen können. Sogar die bessergestellten Handwerker und Bauern konnten sich gebratenes und gekochtes Fleisch nur zu besonderen Anlässen leisten, die ärmeren überhaupt nicht. Aber bei den Schlachtopfern, bei denen ein kleinerer Teil verbrannt und der größere Teil gegessen wurde, kamen die Armen in den Genuss von Fleisch und machten dadurch die Erfahrung, dass Gott tatsächlich alle satt macht und die Feste zu Ehren Gottes mit Lust und Freude verbunden sind.

Der Sinn des Sabbats lag nicht nur im Ausruhen, nicht nur in der Erinnerung an die Befreiung aus Ägypten und nicht nur in der regelmäßigen Selbstvergewisserung Israels als Volk Gottes, sondern vor allem in dessen Alleinverehrung. *Du sollst dich nicht vor anderen Göttern niederwerfen und dich nicht verpflichten, ihnen zu dienen.* (2 Mose 20, 5) Das ist das erste Gebot, die zentrale Dienstvorschrift des Volkes Gottes, um die herum die Tora wuchs.

Das ist nicht bloß ideell oder spirituell gemeint, sondern ganz materialistisch. Den Gegensatz zwischen Sonntagsreden und Alltagshandeln gibt es hier nicht. Was am Sabbat gesagt wird, muss werktags gemacht werden. Eine zweigeteilte Wirklichkeit, wie sie bei uns heute üblich ist – zu Hause in der Familie und in der Freizeit bin ich Christ und diene Gott, draußen in der Welt und im Job stehe ich unter einem anderen Gesetz, bin Profi und Heide und diene meinem renditeorientierten Unternehmen –, war in Israel undenkbar. Man kann nicht zwei Herren gleichzeitig dienen. Weil das nicht sein darf, muss auch das Unternehmen dienstverpflichtet und Gott unterstellt werden, und dieses wäre dann etwas völlig anderes als der Betrieb, den wir Marktwirtschaft oder Kapitalismus nennen und dem zu dienen die meisten von uns verpflichtet sind.

Ein Leben unter Gott darf keinen Bereich der Wirklichkeit aussparen. Es geht ganz materiell und diesseitig zur Sache. Der Bund mit Gott ist keine Angelegenheit des bloß Geistigen, Innerlichen, das sich ins Jenseits hinüberspiritualisiert oder sich in Herz und Gewissen hinein verflüchtigt. Vielmehr muss dieser Bund sich in der Welt in materiell wahrnehmbaren Strukturen manifestieren. Darum werden Leben und Alltag von der Tora im Großen wie im Kleinen geregelt. Die Steuern, die Gerichtsbarkeit, das Erbrecht, die soziale Fürsorge und die kommunale Organisation sind ebenso ein Thema wie die Behandlung des Viehs, der Bau von Dachterrassen, die Rasur, der Haarschnitt, die Zubereitung von Speisen, das gerechte Wiegen oder eine Verordnung über Vogelnester. Israel muss wissen, was von morgens bis abends zu tun ist, um das große Ziel zu erreichen, und eben dafür gibt es die Tora, das Gesetz.

Es ist kaum vorstellbar, dass dieses Gesetz so entstanden ist, wie es in der Bibel erzählt wird. Es ist nicht sehr wahrscheinlich, dass Mose von einem Berg heruntergekommen ist, mit zwei Tafeln in der Hand, und dem Volk gesagt hat: Hier steht das Gesetz Gottes, und jetzt will er von euch wissen, ob ihr es annehmt. Es ist nicht einmal gewiss, ob Mose überhaupt jemals wirklich existiert hat.

Daher ist es eigentlich auch ausgeschlossen, dass ein ganzes Volk sagt: Wir sind ein demokratischer und sozialer Rechtsstaat. Und doch steht genau dies im Grundgesetz der Bundesrepublik Deutschland und in zahlreichen anderen Verfassungen demokratischer Länder. Es hat eine Weile gedauert, bis die Sinaigesetze bei uns angekommen sind und ihnen Geltung verschafft wurde. Aber jetzt existieren sie wirklich, obwohl wir nicht genau sagen können, wie es dazu gekommen ist.

Könnte es nicht doch daran liegen, dass ein Gott seine Hand im Spiel gehabt hat?

DIE KÖNIGE:
ISRAEL UND DER GRIFF
NACH DER WELTLICHEN MACHT

Von Gott auserwählt zu sein ist kein Privileg, sondern eine Last. In diesem Auserwähltsein steckt eigentlich eine permanente Überforderung. Und darum berichtet die Bibel von den immer wiederkehrenden Versuchen Einzelner, von Gruppen oder des ganzen Volkes, dem fremden fordernden Willen Gottes auszuweichen, ihm zu entkommen, ihn zu ignorieren oder sich ihm einfach zu widersetzen.

Warum, so wurde in Israel gestöhnt, lässt Gott uns nicht so sein wie die anderen Völker? Die leben doch auch, und oft sogar besser als wir. Warum müssen wir so kompromisslos die Götter der anderen verwerfen? Diese tolerieren unseren Gott schließlich auch, wir aber lehnen deren Götter ab. Können wir ihnen verübeln, dass sie uns hassen? Warum lassen wir die Pluralität der Meinungen nicht gelten und pflegen eine tolerante Kompromissbereitschaft? Was soll daran schlecht sein?

So fragt Israel, obwohl es doch die Antwort kennt. Wer einmal verstanden hat, dass zwei mal zwei vier ist, kann zwar widerstrebend hinnehmen, dass andere sagen, es sei drei, fünf oder sieben, kann aber selber nicht mehr zurück und zustimmend sagen: Die anderen haben auch alle irgendwie recht, und niemand weiß ja um die tatsächliche Wahrheit.

Nein, Israel kennt die Wahrheit. Israel weiß, dass die Erde

Erde ist und nicht zugleich auch noch die Göttin Gaia. Israel weiß, dass Sonne, Mond und Sterne nicht, wie die anderen glauben, Götter sind, sondern Lampen, die ihr Gott in den Himmel gehängt hat. Die anderen empfinden die Herabwürdigung der Götter zu bloßen Lampen als Blasphemie, gotteslästerlich, verabscheuungswürdig, doch Israel kann nicht anders als zu sagen: Es ist aber so. Es sind Lampen, keine Götter. Und wenn Israel um des lieben Friedens willen konzedierte, diese Lampen könnten vielleicht auch Götter sein, weiß es, dass es seinen Gott, den einzigen und wahren, verriete, und der Friede, der damit erreicht würde, ein fauler Friede wäre.

Israel weiß auch, dass die Klassengesellschaft ein Ergebnis des Glaubens an falsche Götter ist. Also muss eine egalitäre Gemeinschaft, die sich treu bleiben will, dem Gott treu bleiben, der diese Gemeinschaft gestiftet hat.

Es gibt kein Zurück mehr. Mit der Unterscheidung zwischen dem einzigen, wahren Gott und den vielen falschen Göttern ist die Unterscheidung zwischen Wahr und Falsch in der Welt. Und damit auch der Streit darüber, was wahr und falsch sei. Und damit der Unfrieden. Diese Entwicklung ist nun nicht mehr rückgängig zu machen.

Um trotzdem mit den anderen in Frieden leben zu können, ist es daher jetzt umso wichtiger, ganz auf seinen Gott zu hören. Nur, wenn Israel alle Sinne auf Empfang stellt, mit gespannter Aufmerksamkeit verfolgt, was sein Gott will, und entsprechend handelt, wird es in Frieden leben mit den anderen. Wenn nicht, ist Krieg programmiert. Die Verantwortung für Krieg und Frieden liegt nun bei Israel. Noch eine Last mehr.

Wie lange hält man das durch, als kleines, machtloses Volk inmitten großer, mächtiger Völker völlig anders zu leben als diese? Jedes Volk hat einen König, nur das kleine Israel sagt: Brauchen wir nicht, denn wir haben Gott. Alle anderen wohnen in einem Staat, nur das kleine Israel sagt: Brauchen wir nicht, wir leben als freie Stämme solidarisch und hierarchiefrei zusammen. Jedes Amt, jede damit verbundene Herrschaft ist von Übel. Haben unsere Väter etwa Ägypten unter Lebensgefahr verlassen, damit wir jetzt wieder leben wie die Ägypter?

Ungefähr zweihundert Jahre haben die freien Stämme dieses bewusst gewählte alternative Leben durchgehalten, dann erschallte unüberhörbar durch ganz Israel der Ruf: *Ein König soll über uns herrschen! Wir wollen sein wie alle Völker.* (1 Samuel 8, 19–20) Wie konnte es dazu kommen?

Jene zwei Jahrhunderte, in denen Israel der Welt sein selbstbewusstes *Hier nicht* entgegenschleuderte, hätte man gerne als die große, die heroische Zeit beschrieben, die bestimmt war von der jungen Liebe zwischen Gott und seinem Volk. Aber die Juden sind ein gnadenlos selbstkritisches, wahrhaftiges Volk. Sie erkannten schnell: Diese Flitterwochen-Vergangenheit, die man sich gern zum Vorbild genommen hätte für die Gegenwart und Zukunft, gab es nicht. Es hat in dieser jungen Ehe schon früh gekriselt. Bereits vor dem Königtum haben diese Krisen begonnen, in der scheinbar unschuldigen Zeit der zwölf Stämme.

Zum Beispiel gab es den Widerspruch zwischen Verheißung und Erfüllung. Man war im Gelobten Land, aber von Milch und Honig keine Spur. Die fruchtbaren Ebenen Kanaans waren Israel verschlossen. Da hielten die diversen Stadtkönige ihren Daumen drauf. Das Land oben in den Bergen war karg. Es reichte zum Überleben. Ein Leben in Fülle war es nicht. Und man war nicht sicher. Immer wieder musste man sich fremder Angreifer erwehren, die einem das Wenige abnehmen wollten, das man sich hart erarbeitet hatte.

Da kann man gut verstehen, dass einigen Zweifel kamen an der noch jungen und kleinen Erzählung von einem Volk und seinem Gott. Wenn die Geschichte stimmt, werden einige gedacht haben, warum rettet Gott uns dann nicht aus der Hand unserer Feinde, so, wie er uns damals vor den Ägyptern gerettet hat? Und warum gibt er uns nur diese kargen Berge statt der fruchtbaren Ebenen?

Die Versuchung, an diesem Gott zu zweifeln und sein Glück doch mit den Göttern der anderen zu probieren, ist groß. Darunter leidet der Zusammenhalt. Die einen glauben weiter, die anderen zweifeln, einige wenden sich ganz ab. Und wenn dann ein Stamm angegriffen wird, und er ruft die anderen zur Hilfe, denken diese: Schon wieder? Wo ist unser Gott? Und dann bleibt man daheim. Die Solidarität der Stämme ließ stark zu wünschen übrig, wobei sich kaum sagen lässt, was Ursache und was Folge ist. Kommt die mangelnde Solidarität vom mangelnden Glauben, oder dieser von der ausbleibenden Solidarität? Vermutlich ist es ein sich selbst verstärkender Regelkreis.

Bei Angriffen wählten die kämpfenden Stämme Heerbannführer, und diese hießen Richter, weshalb jene zweihundert Jahre, während denen Israel sein revolutionäres Experiment riskierte, als die *Richterzeit* bezeichnet werden. Das Buch der Richter, das davon erzählt, kennt keine Aktion, bei der sich alle Stämme beteiligt hätten.

Bei einem Kampf gegen kanaanäische Könige, an dem nur sechs Stämme teilnahmen, berichtet das Richterbuch (Kapitel 5, 13–18) anklagend: Während die Stämme Efraim, Benjamin, Sebulon, Manasse, Issachar und Naftali kämpften, hielt man im Stamme Ruben gewichtige Beratungen ab, blieb zwischen den Hürden sitzen und hörte dem Blöken seiner Schafe zu. Gilead blieb jenseits des Jordans, Dan auf fremden Schiffen, und Ascher saß still am Ufer des Meeres. Sie folgten ihren eigenen Interessen. Jeder ging seiner Wege. Schlimmer noch: Sie beteten die Baale an, die Götter der Heiden, und gingen Mischehen ein. Deshalb, so die spätere Deutung, ist Israel immer wieder von seinen Feinden überfallen und oft geschlagen worden. Gott hatte sich abgewandt.

Die Stämme selbst haben das zu jener Zeit vermutlich anders gesehen. Vor allem als sie den militärischen Druck des neuen Volkes der Philister zu spüren bekamen, denen sie technisch, materiell, aber auch organisatorisch unterlegen waren, dachten sie: Wir brauchen staatliche Strukturen, wir müssen uns professionalisieren und uns so ähnlich organisieren wie die anderen Völker, um uns der Philister zu erwehren. Deshalb wollten sie einen König.

Vermutlich hat es unter den zwölf Stämmen in der Königsfrage Auseinandersetzungen gegeben wie zwischen Realos und Fundis. Die Fundis erkannten sofort, was ein König bedeutet: das Ende der egalitären Gesellschaft und Verrat am Willen Gottes. Er sollte doch der König Israels sein.

Die Realos wandten ein: Wenn wir uns nicht bald etwas gegen die Philister einfallen lassen, wird es uns demnächst nicht mehr geben. Dann wird Gott gar kein Volk mehr haben. Die Alternative lautet nicht: ein Volk mit einem Gottkönig oder ein Volk mit einem Menschenkönig, sondern Gott ohne Volk oder Gott mit einem Volk, das einen Menschenkönig hat. Die Realos haben sich durchgesetzt.

Es ist interessant zu lesen, wie das Volk dann seinen König bekam. Der Richter Samuel, der dem Volk einen König verschaffen soll, bringt die Sache vor Gott, und dieser sagt: *Gehorche der Stimme des Volks in allem, was sie zu dir gesagt haben; denn sie haben nicht dich, sondern mich verworfen, dass ich nicht soll König über sie sein. Sie tun dir, wie sie immer getan haben von dem Tage an, da ich sie aus Ägypten führte, bis auf diesen Tag, und sie mich verlassen und andern Göttern gedient haben. So gehorche nun ihrer Stimme.* (1 Samuel 8, 7–9)

Gott hat seine heranwachsenden Kinder nicht mehr im Griff und lässt sie wie ein Vater widerwillig gewähren. Er scheint resigniert zu haben. Wenn man diese Stelle liest, fragt man sich, wie das Dogma vom allmächtigen Gott überhaupt entstehen konnte, wo er sich doch von Anfang an, schon im Paradies, an den Willen der Menschen gebunden hat. Wie kann ein Gott allmächtig sein, dem der freie Wille des Menschen heilig ist? Gott hätte bei der Erschaffung des Menschen diesem ja ein Gen einpflanzen können, das ihn derart programmiert, dass er stets so handelt, wie Gott will. Mit diesem Gen lebte der Mensch noch heute im Paradies.

Aber Gott dachte offenbar anders: Ein Paradies, in dem der Mensch nur als eine auf das Gute programmierte Maschine lebt, ist kein Paradies. Zum Paradies gehört die Freiheit, ja oder nein zu sagen zu Gottes Willen. Und mit seinem Nein hat der Mensch es sich eben vermasselt. Seitdem wirbt Gott um dessen Ja. Sagt ihm: Ich bin nicht allmächtig, bin immer nur so mächtig, wie ihr es zulasst. Wenn ihr alle nein sagt, vermag ich gar nichts. Wenn ihr alle ja sagt, vermag ich alles. Aber freiwillig muss es geschehen.

Heute überlegen einige Philosophen und Gentechniker, ob man die Menschen durch einen genetischen Eingriff aufs Gute programmieren soll, um alle an das Ja zu ketten und damit das Paradies herbeizuzwingen. Es wäre die Abschaffung der Freiheit. Der Weg ins Paradies wäre endgültig verbaut, der Mensch lebte für immer in der Hölle des Guten. Und er wäre nicht mehr Mensch, sondern Automat.

Damals, als sein Volk einen menschlichen König begehrte, mag Gott gedacht haben: Lass sie, sie werden schon noch merken, was sie davon haben. Sie werden daraus lernen, sich korrigieren, und dann werde ich wieder mit ihnen weiterarbeiten können.

Darauf wartet Gott jetzt seit 3000 Jahren. Ob er damals geahnt hat, dass es so lange dauern würde? Andererseits: Vor Gott sind 1000 Jahre wie ein Tag. Wahrscheinlich ist er also noch voller Optimismus, und er hat ja auch die Zügel nie ganz aus der Hand gegeben. Israel bekam zwar seinen Willen, also einen König, aber Gott behielt sich das Recht vor, ihn auszusuchen, und seine Wahl fiel auf Saul, einen Mann aus wohlhabendem Hause aus dem Stamm Benjamin.

Wir erfahren nicht, was Saul für das Amt des Königs qualifiziert. Es heißt von ihm nur: *der war ein junger, schöner Mann, und war kein schönerer unter den Kindern Israel, eines Hauptes länger denn alles Volk.* (1 Samuel 9, 2) Groß, jung, schön und aus wohlhabendem Hause, heute würde man die Reihe noch durch die Eigenschaft «telegen» ergänzen – offenbar wusste man damals schon sehr genau, worauf es bei einem Herrscher ankommt. Das Volk ist jedenfalls zufrieden, und Samuel salbt Saul zum König.

Er fängt auch gut an, besiegt die Ammoniter und danach sogar die gefürchteten Philister. Allerdings kann er sie nicht dauerhaft abwehren. Dann erkrankt er, verfällt in tiefe Depression, wird misstrauisch, launisch, unbeliebt – sein Stern sinkt. *Gott wendete sich von ihm ab* (1 Samuel 16, 14 und 1 Samuel 18, 12), heißt es lapidar in der Bibel.

Das ist die Stunde eines jungen Helden namens David. Sein Stern geht auf und steigt, als er mit einer Steinschleuder den schwer bewaffneten Philisterriesen Goliath erschlägt. Im Volk macht nun der Spruch die Runde: Saul hat Tausend erschlagen, David aber Zehntausend. In dem Maß, in dem Sauls Ansehen im Land sinkt, steigt Davids Ansehen, sodass schließlich er zum König gesalbt wird. Und seltsam, mit Davids Aufstieg verschwinden die königskritischen Stellen aus den Texten, geraten die Jahre unter David und Salomo zu den glücklichsten Israels, werden zur Glanzzeit glorifiziert, deren Wiederkehr von späteren Generationen umso heißer ersehnt wurde, je weiter sie zurücklag.

Die Realos haben sich durchgesetzt, und sie schreiben jetzt Geschichte aus der Siegerperspektive, schildern David als den König, der Gott diente, von Gott geliebt wurde, und unter dessen Herrschaft das Land wuchs, blühte und gedieh. Davids Name leuchtet bis heute als Stern am Himmel der Juden wie auch der Christen. Der Stern auf Davids Schild prangt auf der Flagge des heutigen Staates Israel, und das Neue Testament der Christen beginnt mit den Worten: *Das ist das Buch von der Geschichte Jesu Christi, des Sohnes Davids* ... Die ganze Weltgeschichte wird in der Bibel entlang der Linie Adam–Noah–Abraham–Mose–David erzählt, und der nächste große Spross in dieser Linie sollte der Messias sein. Die Juden warten noch auf ihn, für die Christen war er schon da, aber für beide stammt er aus dem Geschlecht Davids.

Dass die Zeit unter David und Salomo nicht ganz so glanzvoll gewesen ist, davon berichtet die königskritische Untergrundliteratur der Unterlegenen. Spätere Generationen haben sie wieder in die Texte der Sieger eingefügt, sodass wir auch die Gegenseite hören.

Als das Volk dem Richter und Propheten Samuel sagt, dass es einen König wolle, beschreibt dieser die Konsequenzen, die das hat, und was der König tun wird: *Eure Söhne wird er nehmen und sie seinen Kriegswagen und seiner Reiterei zuteilen … Eure Töchter wird er nehmen und sie zu Salbenmischerinnen, Köchinnen und Bäckerinnen machen. … Auch eure besten Äcker, eure Weinberge und eure Ölbäume wird er nehmen und seinen Knechten geben; dazu wird er den Zehnten von eurer Saat und von euren Weinbergen nehmen und ihn seinen Kämmerern und Knechten geben. Und er wird eure Knechte und eure Mägde und eure schönsten Jünglinge und eure Esel nehmen und sein Geschäft damit ausrichten.* (1 Samuel 8, 11–16)

Und genauso kommt es. David baut sich ein Berufsheer auf, erobert Jerusalem und umliegende Länder und schafft sich parallel dazu einen Beamten- und Machtapparat, der den alten egalitären Zwölfstämmebund in einen hierarchisch gegliederten Territorialstaat verwandelt.

Sein Sohn Salomo, der den Tempel baut, geht noch einen Schritt weiter. Er ist nicht mehr nur der oberste weltliche Herrscher Israels, sondern ernennt sich auch zu dessen oberstem geistlichen Herrscher und Jahwe zum Staatsgott. Israel ist jetzt eine Theokratie, wie Ägypten es war. Und Israel wird eine Klassengesellschaft, wie Ägypten es war. Es gibt jetzt auch hier Fronarbeiter und Zinsknechtschaft, Arme und Reiche. Israel, das Volk Gottes, ist im Normalzustand angekommen, lebt nicht mehr wesentlich anders als die anderen Völker.

Auch der davidische Königshof unterscheidet sich kaum von anderen Herrscherhäusern. David, der Dichter der Psalmen und

Diener Gottes, ist ein Abenteurer und Frauenheld und ein Soldat. An seinen Händen klebt Blut. Sauls Truppen trachten ihm nach dem Leben. Er flieht ins Ausland, verdingt sich bei den Philistern, unternimmt Raubzüge in deren Auftrag und muss, damit er nicht auffliegt, brutal alle töten, die ihn verraten könnten.

David ist ein Machtpolitiker. Es geht an seinem Königshof zu wie in allen Zentren der Macht und des Geldes. Wie dort gehandelt wird, wird schonungslos beschrieben.

Bekannt ist die Geschichte des Hauptmanns Uria, der eine schöne Frau hat. David sieht sie eines Tages von weitem, begehrt sie, weshalb er Uria an die Front schickt und dafür sorgt, dass er ins gefährlichste Getümmel geschickt wird, um dort umzukommen. Nach dem Tod des Hauptmanns holt David dessen Frau an seinen Hof und zeugt mit ihr ein Kind.

Tamar, das Kind einer seiner Nebenfrauen, wird von einem seiner Söhne vergewaltigt und danach von diesem Sohn weggejagt. David erfährt es und unternimmt nichts. Weder stellt er den Vergewaltiger zur Rede noch kümmert er sich um Tamar. Sein Sohn Absalom, Tamars Bruder, sagt seiner geschändeten, zutiefst über ihr Leid und ihre Verletzungen klagenden Schwester, sie solle sich nicht so haben und schweigen. Zwei Jahre später ermordet Absalom den Vergewaltiger. Man weiß nicht, ob aus Rache oder politischem Kalkül, aber vermutlich ist es Letzteres, denn Absalom will König werden, noch zu Lebzeiten seines Vaters. David weint, als er von dem Brudermord hört, aber unternimmt nichts. Absalom flieht, kommt nach ein paar Jahren wieder zurück ins Vaterhaus, und alle schweigen, tun so, als ob nichts gewesen wäre.

Auch das zählt also zur Bilanz des leuchtenden Sterns David: Einer Tochter wurde von einem Familienmitglied das Leben verpfuscht. Ein Sohn wurde von dessen Bruder ermordet. Der Mörder bereitet später einen Aufstand gegen seinen Vater vor, der muss zeitweise vor ihm fliehen und dann seine Truppen auf ihn hetzen, und dabei kommt der Sohn um.

Salomo tritt Davids Nachfolge an. Er wird gerühmt für seine Weisheit, seine Gerechtigkeit und, was seltsam ist, auch für seinen Reichtum, seine Herrlichkeit und die königliche Prachtentfaltung. Auch er hat es mit den Frauen, sogar mit den heidnischen, und er baut Gott zwar einen eindrucksvollen Tempel, aber für sich selbst einen noch eindrucksvolleren Palast. 60 Ellen lang, 20 Ellen breit und 30 Ellen hoch ist der Tempel, und die Bauzeit beträgt sieben Jahre. Aber für den königlichen Palast sind 13 Jahre nötig, und er misst 100 Ellen in der Länge, 50 Ellen in der Breite und 30 Ellen in der Höhe. Zwanzig Jahre lang wird im Reich gebaut, werden neue Städte gegründet, Altäre errichtet, und all das geschieht angeblich nur zur Ehre Gottes.

Schon zwei Jahrhunderte nach dem Auszug aus Ägypten ist es in Israel zum Bündnis zwischen Thron und Altar gekommen, und sogar zu deren Verschmelzung in der Person des Königs Salomo. Alles, was diesem Bündnis vorausging, zählt jetzt nicht mehr. Die großen revolutionär-fortschrittlichen Ideen des Anfangs werden nur noch verbal hochgehalten, im Kult beschworen, zu religiösen Riten verharmlost, als Brauchtum gepflegt. Die gesellschaftliche Sprengkraft ist weg, die Bombe wurde entschärft. Außerhalb des Tempels geht nun alles seinen weltlichen Gang. Der Wille von Volk und König wird zum «Gott will es» umgelogen.

Ein Jahrtausend später dauert es kaum länger, bis es zum christlichen Bündnis von Thron und Altar kommt. Und abermals verrät dieses Bündnis alles, was ihm vorausgegangen war. Auch die Botschaft des Jesus wird entschärft, relativiert, mystifiziert, in Dogmen gesperrt, zu Sakramenten vergeistigt, und das von Jesus geforderte weltverändernde Handeln durch symbolisches Handeln ersetzt.

Hätte es auch anders gehen können? Wer die Frage bejaht, muss sagen, wie es denn hätte anders gehen können. Die zwölf Stämme in den Bergen hätten solidarischer sein können, gewiss. Wenn einer von ihnen angegriffen wurde, hätten alle elf anderen dem bedrohten Stamm zu Hilfe eilen müssen. Aber hätte das genügt, um das Berufsheer der mächtigen Philister auf Dauer abzuwehren? Haben Laien eine Chance gegen die Profis?

Vielleicht hätte ein einiges, genau auf seinen Gott hörendes Volk den Philistern trotzen können. Vielleicht aber auch nicht. Niemand vermag das heute zu sagen. Vielleicht wären die zwölf Stämme ohne David und dessen geschickte Machtpolitik irgendwann von den stärkeren Völkern ausradiert worden, und wir wüssten heute nichts von Mose und den ägyptischen Flüchtlingen. Vielleicht benötigte Gott die Machtpolitiker David und Salomo und deren Staatskirche, um dauerhafte Strukturen zu schaffen, in denen die Geschichte von den ägyptischen Sklaven durch die Jahrhunderte bewahrt werden konnte. Vielleicht musste die Geschichte so verlaufen, damit spätere Generationen daraus lernen.

Vielleicht ist es aber auch einfach nur so, dass am Realitätsprinzip der stärkste Glaube zerschellt. Friedliche Ackerbauern und Viehzüchter haben nun einmal keine Chance gegen gut ausgebildete, erfahrene und bestens ausgerüstete Soldaten. Wer gegen Profis bestehen will, muss sich selber professionalisieren.

Wer anders als ein König hätte solch eine Professionalisierung organisieren und bezahlen können? Es ist schwer, vielleicht unmöglich, darauf eine Antwort zu geben.

Man muss, um gerecht zu sein, auch sagen: Erst jetzt, unter David und Salomo, gehört dem Volk das verheißene Land Kanaan. Jetzt kann es sich in den fruchtbaren Ebenen niederlassen. Und nach dem stets prekären Chaos-Leben im Zwölfstämmebund in den Bergen genießt das Volk nun das sichere Leben in einem geordneten Land, in dem es tatsächlich Milch und Honig gibt. Nicht im Überfluss und nicht für alle, aber doch mehr als früher in den Bergen. Und: Dieser Staat kann es sich nun leisten, ein paar Menschen zu bezahlen, die nichts anderes tun, als die bisherige Geschichte zu erforschen, die im Volk zirkulierenden Erzählungen zu sammeln, zu sichten und aufzuschreiben. Unter

David und Salomo beginnt die israelische Literatur, und beide Könige tragen durch eigene Werke – Psalmen, Sprüche, Weisheitsschriften – dazu bei.

Bei genauerem Hinsehen fällt jedoch auf: Trotz des Königtums und der Angleichung Israels an die heidnischen Völker gibt es noch einen unterscheidenden Rest, der darauf hinweist, dass die Tradition der ägyptischen Flüchtlinge offenbar nicht mehr aus der Welt zu schaffen ist. Auch im größten Verrat, gerade im größten Verrat, macht sich diese Tradition als Stachel im Fleisch bemerkbar, wirkt widerständig schmerzend, die Kreise der Verräter störend, entlarvend, korrigierend und manchmal sogar das Blatt wendend auf den Gang der Dinge ein.

Die Tradition des Lagerfeuers hat Maßstäbe gesetzt, die auch in der Königszeit und danach von allen offiziell anerkannt werden. Wer dagegen verstoßen will, muss es heimlich tun, unter heuchlerischer Akzeptanz der nach wie vor gültigen Gesetze oder durch geschickt verlogene Interpretationen, die das eigene Fehlverhalten mit den herrschenden Normen in Einklang bringen. Aber ignorieren, angreifen, gar abschaffen kann man die Gesetze nicht mehr. Sie werden auch nicht, wie man meinen könnte, im Lauf der Zeit abgeschliffen und reduziert, sondern im Gegenteil immer weiter ausgebaut. Die Arbeit am Gesetz wird fortgeführt in Israel, mit oder ohne König.

Die Geschichte, die am besten illustriert, was bleibend anders ist in Israel, ist die Geschichte von Davids schändlichem Verhalten gegenüber seinem Hauptmann Uria. Ein mutiger Mann, Nathan, geht zu König David, hält ihm vor, was er getan hat und sagt ihm ins Gesicht, dass er ein Schuft sei. Nathan erinnert David an die in Israel gültigen Gesetze, an denen sich auch ein König messen lassen muss.

Schon die Tatsache, dass Davids Schuftigkeit berichtet wird, zeigt, dass es in Israel anders zugeht als im Rest der Welt. Üblich war zu allen Zeiten die Hofberichterstattung, die grenzenlose Lobhudelei auf den Herrscher. Königliche Zensoren achteten streng darauf, dass der Glanz ihres Herrschers durch kein kritisches Wörtchen getrübt wurde. Israel aber kennt kein Erbarmen mit seinen größten Gestalten. Jedes Versagen wird unverblümt ausgesprochen.

Auch das Verhalten von König David fällt aus der Reihe. In jedem anderen Land der damaligen Zeit wäre Nathan geköpft worden, denn so spricht man nicht mit seinem König. David aber, der König von Israel, sieht ein, dass Nathan recht hat, und bereut seine Tat. David wird sogar bestraft dafür: Das Kind, das Urias Frau Bath-Seba David geboren hat, muss sterben.

Aber Gott verzeiht auch. Bath-Seba bekommt ein zweites Kind von David: Salomo. Auf Wunsch Davids kümmert sich Nathan um Salomos Erziehung. Er wird der nächste König.

Gott und sein Volk leben jetzt in einer Art Kompromissverhältnis miteinander. Das Volk macht nicht, was Gott will. Aber es wendet sich nicht völlig ab von ihm, bemüht sich, seinen Willen zu berücksichtigen. Und auch Gott wendet sich nicht völlig ab von seinem Volk, sondern versucht, die Entscheidungen seines Volkes zu beeinflussen. Im folgenden Text kommt dieses Arrangement gut zur Geltung:

Kommst du in das Land, das der Herr, dein Gott, dir gibt, hast du es erobert und besiedelt und denkst: Auch ich will einen König über mich setzen wie alle Völker rings um mich herum, dann bestelle über dich nur den als König, den der Herr, dein Gott, auserwählt! Nur aus deinen Stammesbrüdern darfst du jemand über dich als König setzen; einen Ausländer, der nicht dein Stammesbruder ist, darfst du nicht über dich setzen. Er darf sich aber nicht viele Rosse halten, die Leute nicht mehr nach Ägypten zurücksenden, um sich viele Rosse zu verschaffen. Denn der Herr hat euch verheißen: Ihr sollt fürderhin nicht mehr auf diesem Weg zurückkehren. Auch soll er sich nicht viele Frauen nehmen, dass sein Herz nicht abtrünnig werde; auch Silber und Gold häufe er nicht in zu großer Menge an! Wenn er seinen königlichen Thron bestiegen hat, verfertige er sich eine Abschrift dieses Gesetzes nach dem Buche, das sich bei den levitischen Priestern befindet! Dieses Gesetz sei bei ihm, er lese darin alle Tage seines Lebens, auf dass er lerne, den Herrn, seinen Gott, zu fürchten und alle Worte dieses Gesetzes und die Satzungen zu halten und zu befolgen. Sein Herz erhebe sich nicht stolz über seine Stammesbrüder; er weiche nicht von der Vorschrift nach rechts oder links ab, damit er lange an der Herrschaft bleibe, er und seine Söhne, in Israels Mitte. Möchten sie nur immer so gesinnt sein, dass sie mich fürchten und alle meine Gebote halten, damit es ihnen und ihren Nachkommen wohlergehe für und für! (5 Mose 17, 14 – 20)

Gott versucht, die Macht zu zivilisieren. Und genau das geschieht in Israel durch dessen Jahrhunderte während Arbeit am Gesetz. So entsteht in diesem kleinen Land im Lauf der Zeit eine weltverändernde Kraft. Und aus der anfänglich kleinen Erzählung wird eine große.

DIE PROPHETEN:
ERSTE SOZIALKRITIK

Nach Salomos Tod wird dessen Sohn Rehabeam König. Er kann das Reich nicht zusammenhalten. Die Stämme im Norden fühlten sich schon unter David und Salomo nicht so richtig zum Reich gehörig. Aber unter den starken Königen David und Salomo kuschten sie noch.

Dem Sohn jedoch kündigen sie jetzt die Gefolgschaft auf, fordern Erleichterungen bei den Steuern und Entlastung von der Fron. Der junge König hört nicht auf seine Ältesten, die ihm Konzilianz nahelegen, sondern auf seine jungen Freunde, die zu kompromissloser Härte raten. Und da kommt es zum Aufstand gegen den König. Sein Unterhändler wird gesteinigt, und das Nordreich kündigt Rehabeam die Gefolgschaft. Kurze Zeit später, 929 vor Christus, wählt es sich Jerobeam zum König, der unter Salomo nach Ägypten fliehen musste und nun zurückgekehrt war. Jetzt gibt es im Süden das Königreich Juda mit seinem Herrscher Rehabeam in Jerusalem und im Norden das Königreich Israel mit Jerobeam an der Spitze in Sichem.

Israel entwickelt sich wirtschaftlich sehr erfolgreich. Besonders um das Jahr 800 unter der Regierung Jerobeams II. blüht die Wirtschaft. Große Viehherden, Weinberge, Olivenhaine und der Handel mit den anderen Ländern lassen in Israel eine reiche Oberschicht entstehen. Das Nordreich Israel ist um diese Zeit wohlhabender, entwickelter und dichter besiedelt als das

Südreich Juda. Doch politisch kommt Israel nicht zur Ruhe. Der Versuch, dort ebenfalls eine Königsdynastie zu etablieren, misslingt. Von den insgesamt neunzehn Königen werden acht ermordet. Rivalitäten bestimmen den Fortgang der Geschichte in Israel, während in der Nachbarschaft eine neue Großmacht aufsteigt: Assyrien.

Juda mit seiner Hauptstadt Jerusalem, dem Tempel und der Davids-Dynastie erwies sich als stabiler, wenn schon lange nicht als wirtschaftlich so erfolgreich wie Israel. Aber auch hier dominieren Kämpfe um Macht, Einfluss, Posten und Pfründe die Entwicklung. In beiden Staaten gibt es Arme, Fronarbeiter und unterdrückte Gruppen. Beide Staaten sind Klassengesellschaften, aber in Israel tritt das früher und deutlicher hervor als in Juda, und von Juda aus betrachtet sieht man die Entwicklung im rivalisierenden Land schärfer und kritischer.

Wahrscheinlich deshalb geht der Judäer Amos im Jahr 750 nach Israel, um dort zu sagen, was er wahrnimmt: den Widerspruch zwischen Wort und Tat. Einerseits wird der Gott Abrahams, Isaaks und Jakobs verehrt, wie es sein soll, werden vorschriftsmäßig Opfer gebracht und die Fasten- und Speisegebote eingehalten, andererseits hat diese gläubige Verehrung Gottes keine Konsequenzen im Alltag Israels. Israel ist eine Klassengesellschaft. Und Amos spricht es aus.

Damit hat Gott sich nun wieder etwas Neues einfallen lassen. Er schickt seinem Volk jetzt eine ganze Reihe von Einzelnen, die ohne Rücksicht auf König, Klerus und Volk – und auch ohne Rücksicht auf sich selbst, denn natürlich werden sie gehasst – einfach die Wahrheit sagen, die herrschenden Zustände beschreiben, sie kritisieren, die Verantwortlichen beim Namen nennen und prognostizieren, was geschehen wird, wenn alles einfach immer so weitergeht. Diese Menschen werden im Alten Testament *Propheten* genannt, und Amos ist der erste in einer längeren Reihe.

An dieser Reihe fällt auf: Es sind durchweg Außenseiter, keine

Funktionäre des Staates oder des Kultes, keine Hofbeamten und keine Tempeldiener, sondern meistens handfeste Leute aus dem Volk mit normalen Berufen. Solcher Leute bedient sich Gott, um jene verkrusteten Strukturen aufzubrechen, die überall dort entstehen, wo über längere Zeiten professionelle Seilschaften herrschen, die sich abschotten und sich immer wieder aus sich selbst rekrutieren.

Wir verstehen heute unter Prophet eine Art Wahrsager, ein Orakel, welches die Zukunft vorhersagt. Tatsächlich aber haben die Propheten Israels vor allem Zeitdiagnosen geliefert, Missstände benannt, politische Zusammenhänge durchschaut und daraus ihre Schlüsse für die Zukunft gezogen nach dem Motto: Fehlverhalten richtet sich selbst. Zwar können Einzelne ein Leben lang gegen alles, was Recht ist, verstoßen, ohne dass ihnen etwas passiert, und auch ein ganzes Volk kann eine Zeit lang alle Gesetze missachten, ohne dass etwas geschieht, aber niemals können alle dauerhaft alle Regeln brechen, ohne dass dies Konsequenzen hat.

Es gab auch Berufspropheten in Juda und Israel, die für ihre Prophetenworte bezahlt wurden. Aber diese sind nicht gemeint, wenn die Bibel von Propheten spricht. Sie versteht darunter durchweg von Gott Berufene, die aus eigener Vollmacht redeten. Diese Berufenen waren Strukturenknacker, Sand im Getriebe des gut geschmierten Apparates der professionellen Seilschaften. Sie waren geistig und materiell unabhängig vom Staat und vom Klerus.

Amos, zum Beispiel, sagt von sich: *Ich bin kein Prophet und keines Propheten Sohn, sondern ein Hirt bin ich und züchte Maulbeerfeigen! Aber der Herr hat mich von den Schafen weggenommen und zu mir gesagt: Geh, weissage meinem Volk Israel!* (Amos 7, 14–15)

Der Viehzüchter Amos sieht die Korruption und die soziale Ungerechtigkeit im Land. Er sieht Menschen in tiefster Armut leben, während die Reichen sich auf *elfenbeinverzierten Polsterbetten* räkeln, das zarte *Fleisch von Lämmern und Mastkälbern essen* und *den Wein kübelweise trinken* (Amos 6, 3–6). Er spricht auch aus, dass dieser Reichtum nicht in jedem Fall ehrlich erworben wurde, sondern durch Betrug – Fälschung der Waage, Verringerung des Maßes, Beimischung von Spreu unter den Weizen – zustande gekommen ist.

Und Amos sagt, was der Gott Abrahams davon hält: *Ich hasse, ich verachte eure Feste und mag eure Festversammlungen nicht riechen! Wenn ihr mir gleich euer Brandopfer und Speisopfer darbringt, so habe ich kein Wohlgefallen daran, und eure Dankopfer von Mastkälbern schaue ich gar nicht an. Tue nur weg von mir das Geplärr deiner Lieder, und dein Harfenspiel mag ich gar nicht hören! Es soll aber das Recht daherfluten wie Wasser und die Gerechtigkeit wie ein unversiegbarer Strom!* (Amos 5, 21–24)

Ähnlich liest man beim Propheten Hosea: *Denn an Liebe habe ich Wohlgefallen und nicht am Opfer, an der Gotteserkenntnis mehr als an Brandopfern.* (Hosea 6, 6) Und beim Propheten Joel: *Zerreißt eure Herzen und nicht eure Kleider und kehrt zurück zum Herrn, eurem Gott.* (Joel 2, 13)

Recht und Gerechtigkeit will Gott, sagen die Propheten, nicht das fruchtlose Gedöns der Heuchler und Frömmler. Auf Inhalte kommt es Gott an, nicht auf leere Formen und Formeln. Fromme Gebete, schöne Feste, ergreifende Riten, feierliche Opfer, eindrucksvolle Inszenierungen, bunte Gewänder – das alles ist nichts wert, wenn ihm keine Realität entspricht. Die Tatsache, dass es Arme gibt im Land, Schuldsklaven und Unterdrückte, macht den ganzen Kult zur Farce. Gott wird daher diesem Treiben nicht endlos zuschauen. Wenn das Volk nicht umkehrt, wenn seine Führung sich nicht auf seine egalitäre Exodustradition besinnt, wird Gott handeln und Israel seinen Feinden ausliefern.

Kaum zwei Jahrzehnte später, 733 vor Christus, kommen die Assyrer und erobern einen Großteil Israels, im Jahr 722 den Rest. Die Oberschicht wird nach Mesopotamien deportiert, vollständig unterworfen und ins assyrische Großreich eingegliedert.

Gleichzeitig bemächtigt sich eine assyrische Oberschicht des ehemaligen Landes Israel, bricht die Widerstandskraft der dort Verbliebenen und fördert deren Vermischung mit anderen Völkern. Israel verschwindet aus der Geschichte. Übrig bleibt Juda, das im Spiel der Großmächte geschickter taktiert und daher vom Schicksal Israels – zunächst – verschont wird.

Israel hat seinen eigenen Untergang herbeigeführt, urteilen spätere Propheten. Das gleiche Schicksal wird Juda blühen, wenn es nicht umkehrt, wenn es sich nicht auf seine Exodustradition besinnt. Gott, der sein Volk aus der Sklaverei geführt hat, kann es auch wieder in die Sklaverei zurückbringen.

Amos ist der erste «Schriftprophet» Israels. Er selbst oder seine Anhänger haben seine Worte aufgeschrieben. Seine Art von prophetischer Kritik hört in Juda nun nicht mehr auf – bis sich die Unheilsprophezeiungen erfüllen und auch Juda von der Landkarte verschwindet.

Aber was bis zum heutigen Tag bleiben wird, ist die Sozial- und Gesellschaftskritik. Und auch das freie Wort, das schonungslose Aussprechen von Wahrheit, ohne Rücksicht auf mächtige Interessen, ist jetzt in der Welt. Natürlich ist es immer von Zensur bedroht. Immerzu wird versucht, das freie Wort zu unterdrücken, seine Urheber zu verfolgen, wegzusperren, umzubringen, und es gelingt auch immer wieder, aber stets nur für eine gewisse Zeit. Danach kehrt es wieder zurück und verschafft sich neues Gehör. Man kann noch immer die Kämpfer der Freiheit umbringen, aber nicht mehr die Freiheit selbst. Man kann die Kritiker umbringen und die Verkünder der Wahrheit, aber Kritik und Wahrheit lassen sich nicht mehr aus der Welt schaffen.

Im babylonischen Exil:
Das endgültige Bekenntnis
zum Monotheismus

Um das Jahr 600 vor Christus ändern sich die politischen Macht-verhältnisse im judäischen Umfeld. Die Assyrer steigen ab, Ägypten zerfällt, Babylon mit seinem König Nebukadnezar steigt auf. Er wird Juda ausradieren. Und wird eben damit zur Initialzündung für die Entstehung der jüdischen Weltreligion.

Im Jahr 597 überfällt der König von Babylon raubend und plündernd das Land, nimmt Jerusalem ein, deportiert den König, den Adel, die Priester, Handwerker und die Soldaten. Über die Restbevölkerung setzt er einen judäischen Vasallen, Zedekia, ein, der jedoch eine Verschwörung gegen Nebukadnezar anzettelt, und daraufhin zieht dieser mit seinem Heer 587 vor Christus nach Jerusalem, belagert es und fällt schließlich mordend und brandschatzend in die Stadt ein. Er zerstört den Königspalast und den Tempel, entführt weitere Teile der judäischen Bevölkerung nach Babel, hält Judas letzten König Jojachin gefangen, foltert ihn, blendet Zedekia und tötet dessen Söhne. Vierhundert Jahre judäischer Geschichte enden in Feuer, Tod und Zerstörung.

Normalerweise hätte hier die Geschichte der ehemaligen ägyptischen Sklaven enden müssen. Normalerweise bedeutet eine solche Verheerung eines Landes und des zugehörigen Volkes dessen Untergang. Normalerweise hätte der Auslöschung Israels nun die Auslöschung Judas folgen müssen.

Dass der Tempel, das Sinnzentrum und die Wohnstätte Gottes, zerstört werden konnte, beweist doch: Der darin wohnende Gott konnte sich nicht wehren. Nebukadnezar hat diesen Gott besiegt. Also müssen Nebukadnezars Götter stärker gewesen sein. Also können wir diesen Gott vergessen. Wir sind einem Phantom aufgesessen. Lasst uns Nebukadnezars Götter anbeten – so lautet der Schluss, den das besiegte Volk aus Judas Verwüstung und der Zerstörung des Tempels hätte ziehen müssen.

Aber etwas ganz anderes geschieht. Das Volk, und das ist einmalig in der Weltgeschichte, überlebt seinen eigenen Untergang und geht erneuert daraus hervor. Sowohl die im Land verbliebenen, unter babylonischer Besatzung lebenden Judäer als auch die Exil-Judäer halten fest an ihrem Gott, vermischen sich nicht mit den Babyloniern und anderen Völkern, bleiben zusammen, bewahren sich ihre Identität, üben ihre Religion aus, lesen und überarbeiten ihre alten Texte, und dabei gewinnt ihre Religion im Verlauf zweier Jahrhunderte ihre endgültige Form. Jetzt erst entsteht das Alte Testament in seinen wesentlichen Teilen, wie wir es kennen. Und jetzt erst vollzieht sich die Wende eines ganzen Volkes zum Monotheismus. In den Jahren zwischen 587 und ungefähr 440 vor Christus entsteht die jüdische Weltreligion, wie wir sie noch heute kennen.

Wie konnte aus der babylonischen Vernichtung eine neue Religion entstehen? Warum entging Juda dem Schicksal Israels? Drei wichtige Gründe lassen sich nennen, die nicht zwangsläufig zu diesem Ergebnis führen mussten, aber wichtige Beiträge zu dessen Ermöglichung geleistet haben. Der erste Grund liegt in der Politik des Königs Nebukadnezar. Das in Juda zurückgebliebene Teilvolk wird nicht, wie bei den Assyrern, zwangsvermischt mit anderen Völkern, und die nach Babylon Deportierten dürfen dort zusammenbleiben und Kolonien bilden. Das ist eminent wichtig, denn sowohl daheim in Juda wie in der babylonischen Fremde können sich die beiden Teilvölker gemeinsam an der Frage abarbeiten: Warum ist uns das geschehen? Aus der

Antwort, die man schließlich finden wird, kristallisiert sich die jüdische Religion heraus.

Der zweite Grund liegt drei Jahrzehnte zurück und lieferte eine erste Teilantwort auf diese Frage. Im Jahr 622 lässt König Josia den Tempel renovieren. Bei diesen Arbeiten machen die Handwerker einen sensationellen Fund, den die Priester sofort als alten Gesetzestext identifizieren und dem König vorlesen.

Es ist, so wird heute mit guten Gründen vermutet, eine Vorstufe des uns als Buch *Deuteronomium* (5. Buch Mose) bekannten Teils der Tora, und dieser Fund leitet die monotheistische Wende ein. Der Text ist für den König und seine Priester ein Schock, denn er macht ihnen klar, dass das ganze Volk ständig gegen Gottes Alleinverehrungsanspruch verstoßen hatte. Die Anbetung auch anderer Götter war bis dahin gängige Praxis in Israel. Sogar im Tempel wurde dem Baal und der Göttin Aschera Tribut gezollt, und überall im Land, auf den Bergen, gab es Opfer- und Kultstätten für fremde Götter.

In den alttestamentlichen Texten, die sich auf die Zeit zwischen dem Sinai-Bund und der Zerstörung Israels beziehen, liest man immer wieder von einem *Rückfall* des Volkes in die Vielgötterei. Aber das sind spätere Einfügungen in die alten Texte. Das Volk konnte gar nicht *zurückfallen* in die Vielgötterei, weil es tatsächlich noch gar nicht monotheistisch war.

Erst jetzt, nach dem Verschwinden Israels von der Landkarte und der Konfrontation mit einem Text, der die Alleinverehrung Gottes verlangt, schwenkt das Volk auf den Monotheismus ein, denn nun ahnt Juda, warum Israel untergehen musste. Es könnte die Strafe Gottes gewesen sein für die Vielgötterei, und, so folgert man, wenn sich das jetzt nicht ändert, wird Juda dasselbe Schicksal ereilen wie Israel. Daher wird nun das Nebeneinander von Jahwe-Verehrung und Verehrung der anderen Götter radikal beendet. Alle Götzenbilder und Skulpturen lässt Josia verbrennen und zu Staub zermahlen, die Kult- und Opferstätten zerstören. Der König sorgt dafür, dass der alte Text dem Volk im ganzen Land bekannt gemacht wird, und er verlangt, dass die Judäer feierlich schwören, die Gebote dieses Textes gehorsam zu befolgen.

Eine Art zweiter Bundesschluss findet statt, und diesmal ist es kein Mythos mehr wie der Sinai-Bund. Diesmal findet das Ereignis tatsächlich in Ort und Zeit in der Geschichte statt. Das erste Volk der Weltgeschichte vollzieht die monotheistische Wende. Dauerhaft. Aber noch nicht in letzter Konsequenz.

Ab jetzt wird zwar in Juda nur noch ein Gott verehrt, der Gott Abrahams, Isaaks und Jakobs. Doch der allerletzte Schritt zu einem kompromisslosen Monotheismus steht noch aus, denn die Götter der anderen Völker werden weiterhin als real vorausgesetzt. Ein paar Jahrzehnte lang, vielleicht sogar ein Jahrhundert lang, verharrt das Volk in diesem vorletzten Stadium vor dem reinen Monotheismus. Ab jetzt wird in Juda jedes Jahr das Passahfest gefeiert, die Erinnerung an die Herausführung Israels aus Ägypten durch Mose. Ab jetzt wird in Juda die Sozialordnung Gottes ernst genommen. Die Macht der Sippe, wie sie damals üblich war und außerhalb Judas noch lange üblich sein wird, ist gebrochen. Jetzt hat jeder Einzelne Rechte gegenüber anderen Einzelnen, Sippen und sogar dem König.

Außerdem setzt nun ein tiefes Nachdenken über die bisherige Geschichte ein. Die schon geschehene und gedeutete Geschichte wird unter einem neuen Blickwinkel noch einmal gedeutet. Alle bekannten Geschichten werden unter dem Aspekt erzählt, dass das Volk Israel in der Vergangenheit immer dann gut fuhr, wenn es Gott allein verehrte und dessen Gesetz beachtete, und dass es stets schiefging, wenn es gegen den göttlichen Willen verstieß. Darum liest man jetzt von fast jedem König, egal ob in Juda oder Israel: *Und der König tat, was dem Herrn missfiel.* Die gesamte Königsliteratur wird königskritisch, machtkritisch.

Darum wollte man jetzt tun, was dem Herrn gefällt. Man tat es auch – und erlitt trotzdem das Schicksal Israels. Auch Juda ging unter. Warum? In Juda wurde die Alleinverehrung Gottes ernst genommen, und trotzdem endete auch die judäische Geschichte in einer Katastrophe. Warum? Wozu brauchte es diese Katastrophe?

Diese Frage nahmen die Deportierten mit ins babylonische Exil. Um diese Frage scharten sich die Zurückgebliebenen im zerstörten Juda. Damals verfestigte sich die jüdische Eigenheit, rückblickend vorwärtszuschreiten, das Gesicht dem Vergangenen und den Rücken der Zukunft zugewandt. So wurde die jeweils erreichte Gegenwart deutend in die Vergangenheit eingeordnet.

Rückwärts verstehen, vorwärts leben – in dieser Haltung hat das Volk damals, in der Exilszeit, die Antwort gesucht auf die Frage aller Fragen: Wie konnte geschehen, was geschehen ist? Ein Land voll Milch und Honig war uns verheißen, aus ägyptischer Knechtschaft sind wir befreit worden, und nun sind wir wieder Knechte, ohne Land, ohne König. Auch ohne Gott? Hat er sich abgewandt? War es gar ein falscher Gott, dem wir anhingen? Wenn nicht, wenn es der richtige ist, warum hat er uns dann in diese Katastrophe geführt?

Weil wir immerzu taten, was ihm missfiel?

Ja, sagten die Priester. Unser Schicksal ist selbst verschuldet. Wir haben den Bund mit unserem Gott gebrochen und dafür nun von ihm die Quittung bekommen. Und sie formulierten den Zorn Gottes, seine Enttäuschung, seine Strafe:

Hört des Herrn Wort, ihr Kinder Israel! Denn der Herr hat zu rechten mit den Bewohnern des Landes, weil keine Treue, kein Erbarmen und keine Gotteserkenntnis im Lande ist. Fluchen und Lügen, Morden, Stehlen und Ehebrechen hat überhandgenommen, und Blutschuld reiht sich an Blutschuld. Darob trauert das Land und müssen verschmachten alle, die darin wohnen; die Tiere des Feldes, die Vögel des Himmels und auch die Fische im Meer werden dahingerafft. (Hosea 4, 1–3)

Gott hat uns bestraft, sagten die Priester, aber er hat sich nie von uns abgewandt. Wir haben den Bund mit ihm gebrochen, aber er nicht seinen mit uns. Er ist uns stets treu geblieben und will noch immer seine Geschichte mit uns fortsetzen. Er wartet nur darauf, dass wir umkehren und seinen Willen tun, denn er liebt sein Volk seit ewigen Zeiten und wird es ewig weiterlieben. Und sie beschwören Gottes Liebe, seine Zuneigung, seine unverbrüchliche Treue: *Wie könnte ich dich hergeben, Ephraim, wie könnte ich dich preisgeben, Israel? ... Mein Herz sträubt sich dagegen, mein ganzes Mitleid ist erregt!* (Hosea 11, 8)

Und noch zarter formulieren sie: *Wie ein verlassnes, tiefbetrübtes Weib ruft dich der Herr zurück. Ein Weib der Jugendliebe, kann es denn verworfen werden? Nur einen kleinen Augenblick verließ ich dich; mit starker Liebe hole ich dich wieder ein. In großem Zorn verbarg ich einen Augenblick mein Angesicht vor dir. Ich hege nunmehr dich mit ewiger Zärtlichkeit.* (Jesaja 54, 6–8)

Liebe und Wut, Zuwendung und Abwendung, Zärtlichkeit und Zorn – nach diesem Schema wird nun im Exil die Geschichte eines Volkes mit seinem Gott durchkomponiert. Das Exil und die sich daran anschließende Rückkehr aus dem Exil werden zur produktivsten Phase in der Geschichte der jüdischen Religion. In der Katastrophe des Untergangs kommt es zu einer Neugeburt des Volkes und zu einem neuen Bild von Gott.

Jeremia, Jesaja, die ganze Reihe der Propheten erzählen diese Geschichte weiter, und das Volk findet darin den Sinn seiner Existenz. Ohne König, ohne Staat, ohne Land und ohne Tempel bleiben sie doch ein Volk, denn sie haben Gott und dessen Gesetz, die Thora. Die Thora wird den Juden zur transportablen Heimat und zur sinn- und identitätsstiftenden Instanz, wohin immer das Schicksal sie gerade verschlagen hat.

Ein halbes Jahrhundert nach der Zerstörung des Tempels ändert sich die weltpolitische Lage abermals. Ein neues Reich steigt auf, Persien, und erobert Babylon. Der persische König Kyros «erbt» die jüdischen Exilanten, benötigt diese nicht in Babel und lässt sie in ihre Heimat zurückkehren, erlaubt ihnen überdies, den Tempel wieder aufzubauen. Kyros' Nachfolger Darius stellt angeblich sogar Geld aus der Staatskasse zur Verfügung.

Den persischen Königen steht der Sinn nach Eroberungen. Dafür brauchen sie loyale Untertanen und Ruhe und Frieden im Innern. Wahrscheinlich deshalb verhalten sie sich gegenüber den Juden so großzügig. Im Jahr 516 steht in Jerusalem der zweite Tempel. Unter den toleranten Persern wird das ehemalige Königreich Juda zu einer selbstverwalteten Provinz unter dem Namen Jehud – und seine Bewohner heißen Jehudim, Juden.

Natürlich gibt es Probleme. Die Zurückgebliebenen und die Heimkehrer haben sich auseinanderentwickelt, Konflikte bleiben nicht aus. Teile des Volkes verfallen auch wieder in alte Gewohnheiten. Sie gehen erneut Mischehen ein, und mit den fremden Partnern kehren die alten Götter zurück, bis zwei einflussreiche Gestalten auftauchen und das Volk wieder auf Kurs bringen: Esra und Nehemia.

Um das Jahr 458 schickt der persische König einen im Exil gebliebenen jüdischen Priester namens Esra nach Judäa, stattet ihn mit richterlicher Gewalt aus und erlaubt ihm, weitere ausreisewillige Exilanten mitzunehmen. Esra setzt durch, dass keine Mischehen mehr eingegangen, die Gesetze eingehalten und dem ganzen Volk die alten Texte vorgelesen werden.

Um das Jahr 445 ernennt der persische König seinen Mundschenk Nehemia zum Statthalter in Jerusalem. Nehemia baut Jerusalem weiter auf und versieht die Stadt mit einer Schutzmauer, aber vor allem verhilft er der jüdischen Sozialordnung zu neuer Geltung. Er prangert jene an, die Zinsen nehmen, sorgt dafür, dass den Armen ihr Land zurückgegeben wird und überwacht das Verbot der Mischehen.

Vordergründig sieht es so aus, als ob die Rückkehrer aus dem Exil wieder an die Zeit vor der Zerstörung des Tempels anknüpfen. Tatsächlich aber haben das nachexilische Volk und sein Glaube einen tiefgreifenden Wandel durchgemacht. Vor dem Exil haben sie zwar die Wende zur Alleinverehrung ihres Gottes vollzogen, aber da war ihnen das Entscheidende noch nicht klar. Vor dem Exil dachten sie: Der Untergang Israels war die Strafe für dessen Vielgötterei. Darum beten wir jetzt nur noch zu unserem Gott, dann werden wir dem Schicksal Israels entgehen. Das war offensichtlich falsch. Auch Juda ging unter.

Diese Katastrophe war wohl die notwendige Bedingung für den radikal neuen Gedanken, auf den das Volk dann nach dem Exil, vielleicht auch schon während des Exils gekommen sein musste: Wenn unser Gott Nebukadnezar als Werkzeug benutzen kann, um uns zu strafen, dann muss er auch Herr über Babylon sein. Und zuvor schon musste er Herr über die Assyrer gewesen sein, und noch früher, als er uns aus Ägypten holte, auch Herr über Ägypten.

Nun war es nur noch ein kleiner, aber alles entscheidender Schritt zur letzten, die Welt provozierenden und erschütternden Erkenntnis: Dann gibt es überhaupt nur einen Gott, unseren. Er ist der Herr über die Welt und die Geschichte, und dann muss er auch deren Schöpfer sein.

Hier haben wir den dritten und ausschlaggebenden Grund für das seltsame Phänomen, dass ein Volk seinen eigenen Untergang überlebt: die Absage an die Götter der anderen und die Hinwendung des Volkes zum Monotheismus in seiner reinsten Form. Von den Anfängen Israels bis zum babylonischen Exil hatte das Volk mit der Existenz mehrerer miteinander rivalisierender Götter gerechnet. Jetzt kommt dem Volk zu Bewusstsein: Die Götter der anderen existieren überhaupt nicht.

Genau das wird dem Volk nun richtiggehend eingehämmert. Das Buch Jesaja, besonders in den Kapiteln 40 bis 48, stellt Jahwe, den Gott Abrahams, Isaaks und Jakobs, als den einzigen absoluten Weltenherrscher vor, als König über alle Völker und Lenker der Geschichte. Allein im Kapitel 45 wird es innerhalb von vier Versen dreimal hintereinander der ganzen Welt eingebläut: *Ich bin der Herr und sonst ist keiner! … Außer mir ist keiner. … denn ich bin Gott und keiner sonst!* (Jesaja 45, 18–22)

Diese Wende zum radikalen Monotheismus war einer der größten und folgenschwersten Durchbrüche in der Geistes- und

Weltgeschichte. Sie bleibt für immer verbunden mit dem Untergang eines ganzen Volkes und dessen Wiedergeburt als neues Volk Israel, dem erwählten Volk Gottes.

Ob sich die führenden Köpfe, die da in Judäa oder Babylon den endgültigen Schritt zum Monotheismus gemacht haben, der Tragweite und Folgenschwere ihres Gedankens bewusst waren? Dass man noch zweieinhalbtausend Jahre später davon reden wird, und erst recht, dass dieser Gedanke die Gestaltung der Welt und deren Geschichte nun zweieinhalb Jahrtausende lang wesentlich beeinflussen wird, das haben sich die Schöpfer dieser Idee wohl nicht träumen lassen. Aber die Größe ihres Gedankens, das Ungeheuerliche daran muss ihnen bewusst gewesen sein, das merkt man den Texten, die sie danach schrieben, noch heute an.

Götter heißen jetzt nicht länger Götter, sondern Götzen. Diesen bringt man nicht mehr, wie früher, Respekt entgegen, sondern Hohn und Spott und Polemik. Geradezu lustvoll geben die jüdischen Monotheisten die Götzenfiguren aus Holz oder Ton der Lächerlichkeit preis. Die Götzen werden als tote Gegenstände entlarvt, als menschliche Machwerke, die so nutzlos sind, dass man sie getrost in den Jordan werfen kann. Ganz aufklärerisch unterscheiden die jüdischen Monotheisten nun zwischen Glauben und Aberglauben, wahr und falsch, und sie ergehen sich darin, mit fast blasphemischer Häme über die Wirkungslosigkeit und Armseligkeit der selbstgeschnitzten Götter zu lästern.

Der Schmied hat einen Meißel und arbeitet in der Glut und bildet es mit Hämmern und fertigt es mit der Kraft seines Armes; er leidet Hunger, bis er kraftlos wird, und trinkt kein Wasser, bis er ermattet ist. Der Schnitzer spannt die Richtschnur aus, er zeichnet es mit dem Stift, bearbeitet es mit Schnitzmessern und zeichnet es vor mit dem Zirkel; und er macht es einem Mannsbild gleich, wie die Schönheit eines Menschen, dass es in einem Hause wohne. Er fällt sich Zedern und nimmt eine Steineiche oder eine Eiche und wählt sie aus unter den Bäumen des Waldes. Er pflanzt eine Esche, und der Regen macht sie groß. Die dienen dem Menschen als

Brennstoff; und er nimmt davon und wärmt sich damit; er heizt ein, um damit Brot zu backen; davon macht er auch einen Gott und verehrt ihn; er verfertigt sich ein Bild und kniet davor! Den einen Teil verbrennt er im Feuer, bei dem andern isst er Fleisch, brät einen Braten und sättigt sich; er wärmt sich und spricht: «Ha, ha, ich habe mich erwärmt, ich spüre das Feuer!» Aus dem Rest aber macht er einen Gott, sein Götzenbild. Er kniet vor demselben, verehrt es und fleht zu ihm und spricht: «Errette mich, denn du bist mein Gott!» (Jesaja 44, 12−17)

Das geschieht nicht, um die anderen Völker zu demütigen, vielmehr schüttelt hier ein ganzes Volk seine heidnischen Ängste und die schwere Last einer langen Vergangenheit ab. Immer musste man sich vor den Göttern fürchten, ihnen Tribut zollen, ihnen opfern. Nie war man vor ihren Launen und Missgestimmtheiten sicher. Stets musste man gewärtigen, mit der Befriedigung des einen Gottes den Groll und die Eifersucht eines anderen heraufzubeschwören. Ständig musste man sich fragen: Sind es die richtigen Götter, denen ich diene?

Das ist jetzt vorbei. Ein großes Aufatmen durchzieht Israel. Man hat das Joch einer bedrückenden Angstreligion abgeworfen. Jetzt, da man weiß, dass es nur einen Gott gibt, dass dieser den Menschen zugewandt ist, kann man sich frei durch die Welt bewegen, getrost in die Zukunft blicken, sich die Erde untertan machen, *denn die Satzungen der Heiden sind nichtig. Denn ein Holz ist's, das man im Walde gehauen und das der Künstler mit dem Beile zurichtet. Er ziert es mit Silber und Gold und befestigt es mit Hämmern und Nägeln, damit es nicht wackelt. Gedrechselten Palmbäumen gleich sind solche Götzen; sie können nicht reden; man muss sie tragen, denn sie können nicht gehen. Fürchtet euch nicht vor ihnen, denn sie können nicht schaden, und Gutes zu tun steht nicht in ihrer Macht.* (Jeremia 10, 3−6)

Jetzt kann man auch den Schöpfungsmythen der anderen eine moderne Version entgegensetzen, mit aufklärerischer Prosa statt abgestandener Mythologie. Knapp und nüchtern wird gesagt, was zu sagen ist.

Und es sind unerhörte Dinge, die in dem nun entstehenden

zweiten Schöpfungsbericht zu lesen sind, der später von den Priestern an den Anfang der Bibel gestellt wird: Mensch und Welt sind nicht das Ergebnis gewaltiger Zeugungsorgien und bluttriefender Götterausschweifungen, sondern die Schöpfung eines einzigen Gottes. Er, dem niemand dreinreden kann, erschafft die Welt nach seinem Plan. Er muss nicht zeugen und gebären oder, wie der altägyptische Gott Re-Atum-Chepri, masturbieren oder spucken, um aus sich selbst weitere Götter zu generieren. Der neue Gott ist ein wirklicher Souverän, der durchs Wort regiert. Was er will, spricht er aus. Was er ausspricht, geschieht.

Kein kosmisches Drama entfaltet sich, keine Göttersippen trachten einander nach dem Leben. Drachen, Halbgötter, Dämonen oder Kopfgeburten sind nicht mehr nötig, um die Erzählung in Gang zu halten. Götter, Sphinxe, Zentauren, Stürme, Donner, Blitz: das ganze mythologische Personal samt zugehörigem Fundus ist wie altes Gerümpel auf dem Müllhaufen der Geschichte gelandet.

Dass Kronos seinem Vater Uranos die Geschlechtsteile abschneidet, diese ins Meer wirft und dem Gemisch aus Meer, Blut und Sperma Aphrodite entsteigt, ist zwar eine schöne Geschichte, aber mit der Realität hat sie nichts zu tun. Sie taugt zur Unterhaltung, nicht zur Erklärung der Welt, denn Himmel und Erde, Sonne, Mond und Sterne, Wasser und Meer, die Naturgewalten und die Schicksalsmächte – in den alten Mythen stets heilig und unantastbar, weil identisch mit den jeweiligen Göttern, die eifersüchtig wie Ressortleiter ihr jeweiliges Revier hüten – sind entgöttlicht und entweiht. Die Erde ist die Erde und nicht zugleich auch noch die Göttin Gaia, vor der man sich fürchten muss. Die Sonne ist die Sonne und nicht zugleich auch noch der Sonnengott Re, den man anbeten muss. Die Sterne sind keine Götter, denen man opfern muss, sondern Lampen, die einem gefälligst zu leuchten haben. Himmel und Erde sind für die Menschen da, nicht umgekehrt.

Welt und Natur sind weltlich, sagt der biblische Schöpfungstext. Göttlich ist allein Gott. Die Nutzung der Natur für menschliche Zwecke ist freigegeben, der Grundstein für die planmäßige Erforschung der Welt gelegt. Ihre Beherrschung kann beginnen und ist kein Frevel, sondern göttliches Gebot. Und der Mensch hat eine von Gott verliehene und darum unantastbare Würde.

Eine Revolution hat stattgefunden.

Juden und Griechen:
Welt im Umbruch

Revolutionen ereigneten sich fast zeitgleich auch an anderen Orten.

Am 28. Mai des Jahres 585 vor Christus kämpften in Griechenland die Lydier gegen die Meder. Die Lydier siegten. Aber nicht ein Feldherr und auch kein Gott hatte die Schlacht gewonnen, sondern ein Mathematiker: Thales von Milet. An jenem 28. Mai gab es in Griechenland eine totale Sonnenfinsternis, und Thales hatte sie schon lange vorausgesagt, nein: vorausberechnet, denn es handelte sich bei seinem Geschäft um Wissenschaft, nicht um Orakelei.

Dank der Berechnungen des Thales waren die Lydier auf die Sonnenfinsternis vorbereitet. Die Meder dagegen ließen die Waffen fallen, als sie sahen, wie sich mitten am Tag die Sonne verdunkelte. Sie glaubten an einen Fluch der Götter. Die Lydier wussten es besser. In Lydien hatten die Götter ausgedient. Dort war eine neue Zeit angebrochen, die sich in einem veränderten Verhältnis der Griechen zur Wirklichkeit ausdrückte. Die Berechnungen des Thales von Milet waren ein Ausdruck dieses veränderten Verhältnisses.

Ziemlich genau zur selben Zeit hatte sich auch das Verhältnis der Juden zur Wirklichkeit geändert, jedoch in einer von den Griechen ganz verschiedenen Weise. Die Unterschiede und Gemeinsamkeiten lassen sich am Beispiel des ersten Satzes der Bibel erläutern, der möglicherweise von einem jüdischen Priester in Babylon just in dem Moment geschrieben wurde, als in Griechenland ein Mathematiker über den Ausgang einer Schlacht entschied. Dieser erste Satz des Alten Testaments und zugleich des biblischen Schöpfungsberichts lautet: *Am Anfang schuf Gott Himmel und Erde.* (1 Mose 1)

Nimmt man von jedem der sieben Worte des hebräischen Urtextes den ersten Buchstaben und addiert deren entsprechende Zahlenwerte (nach dem Schema a=1, b=2 usw.), erhält man die Summe 22. Das ist die Zahl der Buchstaben des hebräischen Alphabets, und man kann sicher sein, dass dies kein Zufall, sondern von den Autoren so gewollt ist.

Solchen Zusammenhängen zwischen Buchstabe und Zahl begegnet man oft im hebräischen Urtext. Zahlen waren den Juden, wie vielen anderen Kulturen der damaligen Zeit auch, etwas Mythisches, die göttliche Ordnung Symbolisierendes. Die Schöpfung galt den Juden daher als wohlgeordnetes Sprachwerk. Gott schuf die Welt durch sein Wort. Daher konnten die Juden schreiben: *Und Gott sprach, es werde Licht, und es ward Licht.* (1 Mose 3)

Die Griechen entmythologisierten die Zahl und bereiteten damit der Mathematik und der Wissenschaft den Weg. Die Juden blieben der Zahlenmythologie verhaftet, aber entmythologisierten Himmel und Erde und bereiteten der Aufklärung den Weg. Mit ihrem Schöpfungsbericht kam wirklich ein neues Licht in die Welt, der Himmel klärte sich, auf der Erde wurde es heller, der Götterhimmel leerte sich, Erde und Kosmos wurden entheiligt. Die Welt wurde profan und stand ihrer Nutzung und Erforschung durch den Menschen zur Verfügung.

Zeitgleich und unabhängig voneinander versuchten Juden und Griechen, sich ein neues Bild von Gott und der Welt zu machen. Nicht nur in Griechenland und Juda wurden derlei Anstrengungen unternommen. In mehreren der damals existierenden Kulturen traten plötzlich an ganz verschiedenen Orten einzelne Menschen auf, die sich unabhängig voneinander ein paar grundlegende Fragen stellten, Antworten versuchten und daraus erstmals in der Menschheitsgeschichte große, geschlossene philosophische Systeme entwickelten.

In China waren es Konfuzius (551–479 v. Chr.) und Laotse (6. Jhdt. v. Chr.), die die großen Richtungen der chinesischen Philosophie vorgaben. In Indien lebte und lehrte Buddha (ca. 450–370 v. Chr.), und zwischen dem siebten und zweiten Jahrhundert vor Christus entstanden dort mit den Upanischaden die philosophischen Schriften des Brahmaismus. In Griechenland dichtete Homer (8. Jhdt. v. Chr.), und zwischen dem sechsten und vierten Jahrhundert philosophierten dort Parmenides, Pythagoras, Thales, Sokrates, Platon und Aristoteles.

In Judäa traten die Propheten auf und kritisierten König, Volk und Klerus dafür, dass sie das von Gott gegebene Gesetz verwässerten, falsch auslegten, umgingen oder schlicht ignorierten. Die zentralen Texte der jüdischen Bibel entstanden. Der fortschrittlichste, aufgeklärteste Schöpfungsbericht der damaligen Zeit wurde geschrieben, und ein ganzes Volk bekehrte sich zum Monotheismus.

In diesen wenigen Jahrhunderten erklomm das menschliche Bewusstsein eine höhere Entwicklungsstufe und legte die Grundlagen für die heutige Welt, weshalb der Philosoph Karl Jaspers diesen Zeitraum als «Achsenzeit» bezeichnete. Seine Wortschöpfung wird heute vielfältig kritisiert, weil es auch vor und nach diesen berühmten drei bis sechs Jahrhunderten geistige Durchbrüche und erwähnenswerte Kulturen gab. Außerdem hat Zarathustra, den Jaspers noch in seine Zeugenschar einreiht, neueren Erkenntnissen zufolge vermutlich nicht im sechsten Jahrhundert gelebt, sondern schon viel früher, um das Jahr 1000 oder sogar bereits um 1800 vor Christus.

Trotz dieser Kritik fällt die Häufung geistiger Durchbrüche in dem genannten Zeitraum derart auf, dass er für immer interessant bleibt und sogar noch interessanter wird, wenn man das Blickfeld auf Griechen und Juden beschränkt. Was sich dort in beiden Kulturen zwischen dem achten und zweiten vorchristlichen Jahrhundert entwickelte, bestimmt noch heute das Geschehen in Europa, in der gesamten westlichen Hemisphäre, und letztlich auch im Rest der Welt.

In beiden Kulturen wird der althergebrachte Götterglaube verabschiedet. Beide Kulturen unterscheiden jetzt streng zwischen Wahr und Falsch, Gut und Böse, Schön und Hässlich. Aber die Ergebnisse dieses Nachdenkens und Unterscheidens fallen so verschieden aus, dass man sich größere Gegensätze kaum vorstellen kann.

Die Griechen entmythologisieren ihren Götterhimmel und lassen ihn auf einen abstrakten, unpersönlichen Logos zusammenschnurren, den es durch die Anstrengung des Geistes zu erkennen gelte. Die Juden entmythologisieren die Götterhimmel der anderen und setzen ihnen ihren eigenen Himmel entgegen. Dort thront nur noch ein einziger, ihr Gott, kein Logos, sondern ein persönlicher Gott, der Gott ihrer Väter und aller Völker, ein den Menschen zugewandter Gott und einer, der in die Geschichte eingreift, sich ein Volk erwählt und mit diesem Volk etwas vorhat. Dieser Gott steht der Welt und den Menschen als der ganz Andere gegenüber und kann vom Verstand des Menschen nicht erfasst werden. Der Mensch kann von sich aus nichts tun, um ihn zu erkennen, sondern Gott muss auf den Menschen zugehen und sich ihm zu erkennen geben.

Die Griechen interessieren sich für das Stoffliche, die Natur und die Prinzipien, die in ihr walten. Sie sind Naturwissenschaftler und akzeptieren nicht mehr vorbehaltlos, was alte Autoritäten darüber gesagt haben. Deren Lehren werden jetzt auf Stimmigkeit, Vernunft, Logik und Stringenz überprüft, und was bei dieser Prüfung durchfällt, wird verworfen. Sie erfinden die Wissenschaft.

Die Juden interessieren sich für Geschichte und das Walten ihres Gottes in ihr. Sie sind Historiker und Theologen und blicken auf die Welt mit der Distanz und den Augen Gottes. Was vor dessen Augen nicht bestehen kann, wird verworfen. Sie erfinden die Theologie und die theologisch gedeutete Geschichte, die nun einen Anfang und ein Ende hat und ein Ziel. Der heidnische Glaube an die ewige Wiederkehr des Gleichen wird verworfen.

Die Griechen grenzen sich ab von den anderen durch ihre gemeinsame, hochdifferenzierte Sprache. Die anderen, das sind die mit der primitiven Sprache, die *bar bar* sagen, die Barbaren. Die Juden grenzen sich ab von den anderen durch ihre gemeinsame, hochkomplizierte Geschichte und ihre exklusive Beziehung zum einzigen Gott. Die anderen, das sind die Heiden, die primitive Götzen anbeten, an falsche Götter glauben und darum falsch leben.

Bei den Griechen beginnt das Nachdenken mit dem Staunen darüber, dass da überhaupt etwas ist und nicht etwa nichts. Bei den Juden beginnt das Nachdenken mit dem Staunen darüber, dass sie nichts sind, Sklaven, aber vom höchsten Wesen, Gott, aus größter Gefahr gerettet und erwählt wurden, und dass dies keine bloße Götterlaune war.

In Griechenland treten Dichter und Denker auf den Plan, in Israel Priester und Propheten. Die Griechen schwelgen in Bildern, Formen, Farben und erfreuen sich an Skulpturen, in Israel herrscht Bilderverbot. Die Griechen lieben das Theater, die Tragödie, die Komödie und nehmen das Leben eher von der leichten und heiteren Seite. In Israel erzählt man sich Geschichten von Abraham und Isaak, der geopfert werden soll, Geschichten von tödlichem Ernst und radikaler Unbedingtheit.

Griechenland schätzt die Beredsamkeit, erfreut sich an der guten Rede, an der Form des Vortrags und seiner Art der Darbietung. Israel wurde von einem Mann geführt, der eine schwere Zunge hatte, Mose. Ihn interessierte nicht sophistische Beredsamkeit, sondern Gerechtigkeit.

Die Griechen entwickeln eine hohe Sinnlichkeit, haben Lust an der Erotik. Homosexualität und Knabenliebe sind gesellschaftlich akzeptiert. Israel ist prüde, Homosexualität dort ein Frevel.

In Griechenland genießen Wissen, Vernunft und Glückseligkeit die höchste Wertschätzung. In Israel sind es Glaube, Wahrheit und das Gesetz. Den Griechen geht es um das Gute, Wahre, Schöne, den Juden um Freiheit, Gleichheit, Brüderlichkeit. Griechenland entdeckt das Individuum, Israel entdeckt sich als Volk. Der Grieche sagt *Ich*. Die Juden sagen *Wir*.

Beide verabschieden sich von der Despotenherrschaft und probieren es erstmals in der Geschichte mit Demokratie. Aber in Griechenland ist es eine Demokratie der freien Herren, die auf der Voraussetzung der Sklaverei beruht. In Israel gibt es keine Sklaven mehr. Schärfer noch: Nicht einmal mehr Arme und Unterdrückte darf es geben, und das steht in jenem Gesetz, das Mose von Gott selbst auf dem Sinai erhalten hat. Auf diesem göttlichen Gesetz gründet jener Bund, den Gott unter Donner, Rauch und Blitz und einem vulkanischen Beben mit seinem Volk in der Wüste geschlossen hat.

Vollendet und auch beachtet wird dieses Gesetz aber erst nach zwei Katastrophen, dem Untergang Israels und dem Untergang Judas. Danach existieren die Juden ohne eigenen Staat an zwei verschiedenen Orten in der Welt: In einem «Zuhause», das ihnen nicht mehr gehört, und in der Fremde. «Zuhause», in der angestammten Heimat um den Tempel in Jerusalem, geraten sie im Lauf der weiteren Jahrhunderte unter wechselnde Fremdherrschaften, die ihnen mal mehr und mal weniger Freiheit und Autonomie gewähren. Draußen, in der Diaspora, in Ägypten, im Persischen Reich, später auch im hellenistischen Reich Alexanders des Großen und schließlich im Römischen Reich bilden sie kleine Gemeinden, arrangieren sich mit ihren jeweiligen Gastländern und leben dort, soweit das jeweilige Gastland es zulässt, als Parallelgesellschaft.

Auf diese Weise gelingt dem kleinen Volk das Wunder, sich durch die Jahrhunderte seine Identität zu bewahren. Es gelingt, weil sich seine Mitglieder um die zwei verbliebenen «Sinnmitten» scharen: den Tempel und die Thora. Letztere wird um das Jahr 400 zum Abschluss gebracht. Danach entstehen noch das Buch Hiob, die Chronik, das Zwölfprophetenbuch, die Bücher Esra, Nehemia, Tobit und Ester sowie der Psalter, Hoheslied, Sprüche, Weisheit und das Buch Daniel.[15] Geschlossen wird der jüdische Kanon erst um 100 nach Christus, aber die für die Juden zentral wichtigen Texte bestehen seit ungefähr der Mitte des sechsten Jahrhunderts vor Christus. Diese Texte werden eifrig studiert. Das Volk lebt aus der Schrift.

Aber auch der Tempel spielt eine herausragende Rolle, nicht nur für die Juden in Jehud (auch Judäa genannt), sondern ebenso für die Juden in der Diaspora. Beide Teile des Volkes bringen das Geld auf für den Unterhalt des Tempels, die Opfer und die Bezahlung der Priester. An Festtagen wallfahren regelmäßig Mitglieder aus der Diaspora nach Jerusalem, um dort gemeinsam mit den anderen zu feiern. Die Priester übernehmen auch halbstaatliche, politische Funktionen für die Verwaltung der Provinz und in der Rechtsprechung.

Diese zweigeteilte Tempelgemeinde existiert bis zum Jahr 70 nach Christus, dem Jahr, in dem der Tempel zerstört wird. Bewaffnete jüdische Freischärler, die sich von der römischen Fremdherrschaft befreien wollen und überzeugt sind, dass ihr Gott ihnen zu Hilfe kommen werde, liefern sich schon seit Jahren Gefechte mit den Römern, fügen diesen auch empfindliche Verluste zu, sodass sich Kaiser Nero genötigt sieht, seine Truppen in der Unruheprovinz zu verstärken. Er betraut Vespasian mit dem Kommando, der nach Neros Selbstmord Kaiser wird und nun seinen Sohn Titus nach Judäa schickt, um dort den Aufständischen zu zeigen, wer Herr ist im Haus.

Mit vier Legionen belagert Titus Jerusalem von April bis August des Jahres 70. Im September rückt er ein, brennt fast die gesamte Stadt nieder, zerstört den Tempel, macht dem Widerstand der Rebellen ein Ende. Beim Triumphzug durch Rom stellt

Titus den aus dem Tempel geraubten siebenarmigen Leuchter zur Schau. Die Tempelsteuer, welche die Juden aus aller Welt nach Jerusalem geschickt hatten, fließt jetzt nach Rom und wird für den Kult des Jupiter Capitolinus verwendet.

Eine der beiden Sinnmitten des Volkes Gottes ist für immer dahin. Einen dritten Tempel wird es nicht mehr geben. Das Volk Gottes hat jetzt nur noch seine Thora-Rollen, die Schrift.

Obwohl der Verlust des Tempels als katastrophal empfunden wird, stellt sich im weiteren Verlauf der Geschichte heraus: Es geht auch ohne. Die Juden brauchen den Tempel gar nicht. Die Schrift genügt. Es ist, als ob Gott seinem Volk zeigen möchte: Je gläubiger ihr mir vertraut, desto weniger braucht ihr zum Überleben.

Die davongekommenen Freischärler des Jahres 70 geben sich nicht geschlagen, gehen in den Untergrund, rekrutieren im Lauf der Zeit neue Anhänger und Mitkämpfer, führen einen über Jahrzehnte sich erstreckenden Guerillakrieg gegen Rom, bis es der Staatsmacht unter Kaiser Hadrian zu bunt wird und dieser im Jahr 135 nach Christus eine endgültige Entscheidung herbeizwingt.

Einen letzten Aufstand unter Führung eines Simon Ben Kosiba, der aramäisch Bar-Kochba genannt wird, schlagen die Römer blutig nieder, und sie beenden die jüdische Selbstverwaltung in Jerusalem und Judäa. Jerusalem wird eine römische Provinzstadt und erhält den Namen Colonia Aelia Capitolina. Den Juden wird unter Androhung der Todesstrafe verboten, die Stadt zu betreten. Nun haben sie auch noch Jerusalem verloren.

Die Stadt selbst nimmt jetzt römische Gesichtszüge an. Auf dem Tempelberg wird ein Heiligtum für Jupiter errichtet, auch einen Venustempel bauen die Römer. Griechen wandern ein. Thermen, Theater und Reitbahnen entstehen – das jüdische Leben in Palästina erlischt. Erst im vierten Jahrhundert nach Christus wird den Juden wieder erlaubt, einmal im Jahr zurückzukehren und dort den Untergang ihrer heiligen Stadt zu beweinen.

Es sei eine «der merkwürdigsten Koinzidenzen der Geschichte, dass der jüdische Tempel genau in dem Moment zerstört wird, als er aus der inneren Entwicklung der Religion heraus überflüssig geworden war», schreibt Jan Assmann in seinem Buch *Religion und kulturelles Gedächtnis*: «Hätte Titus den Tempel nicht zerstört, hätte man ihn schließen müssen – oder es wäre nie zum Judentum und damit auch nie zum Christentum und Islam gekommen. Der Tempel war gewissermaßen überfällig, denn der Kult hatte seinen Tod längst in der Schrift gefunden.» (S. 164)

Ganz so war es aber doch nicht. Das Judentum gründet nicht nur in der Schrift. Mit der Schrift allein hätte es nicht überdauern können. Dazu bedurfte es noch etwas Materiellem, eines Ortes in Raum und Zeit. Dieser Ort war die Synagoge, ein Bethaus, ein Lehrhaus, das schützende Gehäuse für die Thora, und noch viel mehr.

Der älteste schriftliche Beleg für eine jüdische Gebetsstätte stammt aus Ägypten aus der Zeit um das Jahr 230 vor Christus. Die bisher älteste ausgegrabene Synagoge stammt aus der Zeit um 100 vor Christus und steht auf der Insel Delos in der Ägäis.

Wie, wann und unter welchen Umständen die Institution der Synagoge entstanden ist, wissen wir nicht genau. Sehr wahrscheinlich wurde sie in der Diaspora erfunden, als Ersatz für den Tempel. Dieser war in Judäa der zentrale Versammlungsort der jüdischen Gemeinde. In der Diaspora gab es diesen Ort nicht. Aber auch dort musste man zusammenkommen, um zu beten, die Schrift zu lesen und auszulegen, den Nachwuchs zu unterrichten, Streit zu schlichten, das Gemeindeleben zu organisieren.

Um diese Aufgaben herum entstand die Synagoge. Sie wurde zum materiellen Zentrum der jüdischen Gemeinde mit der Schrift in der Mitte. Von hier aus hält man Kontakt zu den anderen Gemeinden auf der Welt. Die Synagoge ist die erste Anlaufstelle für Besucher und Durchreisende aus anderen Gemeinden.

Von hier aus entfaltet sich das jüdische Leben in den nächsten zwei Jahrtausenden.

Die Juden überlebten diese vielen Jahrhunderte dank ihrer transportablen Heimat, der Thora, der Synagoge und ihres einzigartigen Glaubens und der damit verbundenen Geschichte.

Mit einer Verheißung an das Volk Israel hat diese Geschichte begonnen. Mit einer Verheißung an die ganze Welt klingt sie aus: *Und es wird der Herr der Heerscharen auf diesem Berge allen Völkern ein Mahl bereiten, ein fettes Mahl, ein Mahl von alten Weinen, von fetten, markigen Speisen, von alten geläuterten Weinen. Auch wird er auf diesem Berge die Schleierhülle wegnehmen, die alle Völker verhüllt, und die Decke, womit alle Nationen bedeckt sind. Er wird den Tod auf ewig verschlingen. Gott der Herr wird die Tränen von allen Angesichtern abwischen und die Schmach seines Volkes von der ganzen Erde hinwegnehmen.* (Jesaja 9, 5)

Und ein Messias wird kommen und die ganze Welt erlösen: *Denn uns ist ein Kind geboren, ein Sohn ist uns gegeben; und die Herrschaft kommt auf seine Schulter; und man nennt ihn: Wunderbar, Rat, starker Gott, Ewigvater, Friedefürst.* (Jesaja, ebd.)

Dieser Friedefürst wird Jesus sein – für die Christen. Die Juden warten noch auf ihn.

Die Botschaft des Juden Jesus findet Glauben durch die Missionsarbeit des Römers Paulus bei den Heiden in der griechisch-römischen Welt. Jetzt prallen griechisches und jüdisches Denken aufeinander, schlagen Funken, verschmelzen – vermittelt durch den Glauben der Jesus-Anhänger – zu etwas Neuem, und das Neue wird Europa heißen, das christliche Abendland.

Diese Verschmelzung vollzieht sich natürlich nicht sofort, sondern im Verlauf von Jahrhunderten. Die Bibel der Juden, das Alte Testament, ist zu Beginn auch die Bibel der Christen. Erst später fügen sie ihr eigenes Neues Testament hinzu, behalten aber das Alte, und damit das jüdische Denken, bis auf den heutigen Tag bei.

Der Verschmelzungsprozess beginnt, als die Christen spüren,

dass sie auf Skepsis und Ablehnung, ja Abscheu bei den griechischen und römischen Intellektuellen stoßen. Um dem zu begegnen, müssen die Christen beweisen, dass ihr Glaube vernünftig ist und dort, wo er scheinbar jeglichen Prinzipien der Vernunft zu widersprechen scheint und den Griechen als «Torheit» gilt, in Wahrheit einer höheren, einer göttlichen Vernunft entspricht.

Dazu müssen sich die Christen als ebenbürtige Gesprächspartner der intelligenten und gebildeten Heiden erweisen und sich ihnen verständlich machen. Das können sie nur, wenn sie in den Denkkategorien der griechischen Intellektuellen argumentieren, sich also der Sprache und der Kategorien der griechischen Philosophie bedienen und den Logos und ihren Gott in eins setzen. Die Christen beginnen, Jesus mit dem Vokabular der griechischen Philosophen zu verkünden.

Naturgemäß waren dabei erhebliche Widersprüche zu überbrücken oder aus der Welt zu schaffen. Eben diese Aufhebung der Widersprüche zwang zu einer neuen Schärfe des Denkens, welche den ursprünglich einfachen Glauben der ersten Christen auf ein geistiges Niveau hob, das kulturstiftend und geschichtsmächtig werden konnte.

Jesus dürfte von all dem zeit seines Lebens kaum etwas geahnt haben. Die Heiden interessierten ihn nicht. Was er zu sagen hatte, war für die Ohren der Juden bestimmt. Doch weit mehr als die Juden interessierten sich die Heiden dafür.

So entstand aus dem Versuch des Juden Jesus, das Judentum zu reformieren, mehr oder weniger zufällig etwas ganz anderes: eine neue Weltreligion, das Christentum, die Kirche, die sich als neues Volk Gottes verstand und lange Zeit leider auch als das eigentliche und wahre Volk Gottes. Eine erstaunliche, großartige, folgenreiche, tragische, unselige und doch auch segensreiche, glückliche Geschichte.

VOM SIEGESZUG UND VERRAT
DER CHRISTLICHEN BOTSCHAFT:
2000 JAHRE CHRISTENTUM

Warten auf den Messias

Angehörige anderer Kulturen, die erstmals in ihrem Leben eine Kirche betreten, erfassen das Besondere und zugleich Anstößige der christlichen Botschaft wahrscheinlich besser als wir, weil die Fremden noch schockiert, woran wir, die Eingeweihten, uns längst gewöhnt haben: Im Zentrum jeder christlichen Kirche erwartet den Besucher das Bild einer am Kreuz hängenden Leiche. Im Zentrum des christlichen Glaubens steht die als Verbrecher hingerichtete Gottheit. Drum herum relativieren zwar eine Fülle von Bildern, Skulpturen und Symbolen das Grauen dieses Anblicks, indem sie erzählen, dass dieser Tod nicht das letzte Wort sei im christlichen Glauben, aber umso merkwürdiger ist es, dass nicht der auferstandene Gott das Zentrum beherrscht, sondern der tote.

Jeder Kaufmann, jeder Erfolgstrainer, jeder Verkaufspsychologe und jeder Unternehmensberater würde es genau umgekehrt machen, nein, nicht einmal umgekehrt: Den Gekreuzigten würden sie verstecken und nur den Auferstandenen als großen Triumphator in den Mittelpunkt rücken. Das Drumherum würden sie mit Varianten des Triumphs drapieren.

Die Kirche hat dieser Versuchung bis heute widerstanden. Im Zentrum steht der Gekreuzigte. Er hat dem *christlichen Abendland* seinen Namen gegeben. Aus diesem christlichen Abendland entwickelte sich, was heute *westliche Wertegemeinschaft* genannt wird. Innerhalb der Grenzen dieser Gemeinschaft stehen Kathedralen, hängen Kreuze, feiert man den Sonntag und christliche Feiertage und zählt die Jahre seit Christi Geburt. Der Westen lebt scheinbar auf vertrautem Fuß mit seinem Religionsstifter. Daher meinten die Christen zu allen Zeiten, diesen Jesus zu kennen, und auch wir Heutigen meinen das, obwohl die meisten Zeitgenossen, vor allem die jüngeren, kaum noch etwas von ihm wissen.

Das Schockerlebnis, das Kulturfremden angesichts des Gekreuzigten vermutlich in die Glieder fährt, bleibt bei uns aus, weil wir von klein auf daran gewöhnt wurden. Der Kreuzestod jenes Mannes, in dem Gott Mensch wurde, hat sich über zwei Jahrtausende so tief ins kulturelle Gedächtnis der christlichen Welt eingegraben, dass jedes neugeborene Kind in seinen Genen schon eine Art Vorwissen mitbringt, das wie eine Immunisierung gegen das Schockerlebnis wirkt.

Die gesamte westliche Kunst, die Literatur und die Geistesgeschichte haben in der Botschaft vom Kreuz ihre Wurzeln, wobei diese natürlich auch in griechischem und jüdischem Boden gründen. Wer in so eine Kultur hineingeboren wird, atmet deren Luft, saugt die Essenz dieser Kultur mit der Muttermilch ein, und selbst wenn er kognitiv von Jesus gar nichts weiß, weiß er auf geheimnisvoll unbewusste Art doch etwas von ihm und kommt daher nicht auf die Idee, Anstoß zu nehmen an einem Glauben, der doch seinem innersten Wesen nach ungeheuer anstößig ist. Daher besteht das westliche Gefühl, mit diesem Jesus – trotz weit verbreiteter fataler Unwissenheit – vertraut zu sein, auf eine seltsam vertrackte Weise zu Recht, und eben wegen dieser seltsamen Vertrautheit verfehlen wir immerzu, was Jesus und den mit ihm verbundenen Glauben eigentlich ausmacht.

Jedem natürlich empfindenden Menschen widerstrebt es zutiefst, eine Religion anzunehmen, deren Kult sich um die Ikone eines blutigen, am Kreuz hängenden Toten herum aufbaut. Jeder natürlich empfindende Mensch erwartet von einer Religion Leben, Schönheit, Kraft und Glück. Die christliche Religion wartet mit dem Gegenteil auf. Aber wir sind nicht schockiert. Wir halten das Christentum für eine Religion wie jede andere, obwohl der christliche Glaube doch eigentlich das Gegenteil einer Religion ist.

Erst, wenn man verstanden hat, dass sich dieser Glaube allen Erwartungen, die man natürlicherweise an eine Religion heranträgt, schroff verweigert, und erst, wenn man versucht, das durch kulturelle Prägung ausgebliebene Schockerlebnis angesichts des Gekreuzigten nachzuholen, indem man sich bewusst macht, wie widernatürlich, ja geradezu «abartig» der Kern des christlichen Glaubens eigentlich ist, erst dann erhascht man einen Zipfel der abgründigen Lehre dieses Glaubens, und erst dann verschafft man sich die Möglichkeit der Ahnung: Es könnte die Wahrheit sein.

Aber welche Wahrheit? Worin eigentlich besteht sie, die spezifisch christliche Wahrheit?

Die Frage ist hier natürlich nicht erschöpfend und nicht auf einmal zu beantworten. Man kann sich ihr nur schrittweise nähern, und im Verlauf dieser Annäherung wird sich herausstellen, dass wahrscheinlich nicht einmal Jesus selbst die ganze Wahrheit bekannt war. Und weiter wird sich herausstellen: Die ganze Wahrheit bleibt uns verschlossen, denn erstens ist sie zu groß für uns, und zweitens ist sie nichts Statisches, sondern etwas dynamisch sich Entwickelndes. Sie ist noch immer unterwegs zu uns. Aber das, was sich da entwickelt, sich oft genug auch verirrt, verrennt, ins Gegenteil verkehrt, beruht auf ein paar wenigen Kerngedanken, die durch alle Zeiten ihre Gültigkeit behalten. Und nur diesen Essentials wollen wir uns in diesem Buch nähern.

Der Annäherungsversuch soll im Jahr 63 vor Christus beginnen. In jenem Jahr marschieren in Judäa die Römer ein und beenden eine wenige Jahrzehnte dauernde Episode, während der die Juden einmal nicht unter fremder Herrschaft lebten, sondern vom königlichen und hohepriesterlichen Geschlecht der Hasmonäer regiert wurden. Mit dem Jahr 63 kehrt wieder

der sattsam bekannte Normalzustand ein in Judäa: Leben unter fremder Herrschaft, diesmal unter römischer.

Die Juden fragen jetzt allerdings nicht mehr: Wodurch haben wir das verursacht, wofür werden wir von Gott bestraft? Denn ihr Glaube, die Theologie und das Gottesbild haben sich weiterentwickelt. Die einfache Mechanik – wenn wir tun, was Gott gefällt, geht es uns gut, und wenn wir tun, was Gott missfällt, geht es uns schlecht – ist einem realistischeren Gottesbild gewichen, wie es bereits im Buch Hiob aus dem vierten Jahrhundert vor Christus vorgezeichnet war. Dort widerspricht Hiob der einfachen These, dass Gott gute Werke belohne und schlechte bestrafe, und argumentiert:

Warum leben denn die Gottlosen, werden alt, groß und stark? ... Ihre Häuser sind in Frieden, ohne Furcht; die Rute Gottes schlägt sie nicht. ... Sie verbringen in Wohlfahrt ihre Tage ... und doch sprechen sie zu Gott: Hebe dich weg von uns; der Erkenntnis deiner Wege fragen wir nichts nach! Was sollten wir dem Allmächtigen dienen, und was nützt es uns, ihn anzurufen? Der eine stirbt im Vollbesitz seines Glücks, vollkommen ruhig und sorglos; seine Tröge fließen über von Milch, und das Mark seiner Gebeine wird getränkt. Der andere aber stirbt mit betrübter Seele und hat nie Gutes geschmeckt: Gemeinsam liegen sie im Staube, und Gewürm bedeckt sie beide. (Hiob 21, 7–23)

Gott, mit dem Israel auf so vertrautem Fuße lebte, ist dem Volk wieder ein bisschen fremder und rätselhafter geworden, die Wahrheit seines Gottesbildes aber hat sich vertieft. Israel weiß jetzt: Von Gott kommt nicht nur die Strafe für Schuld und Vergehen und der Lohn für Gehorsam gegen Gott, von ihm kommt auch das unverdiente Glück für die Gottlosen, das grundlose Unglück für die Gerechten, ja sogar das Böse kommt von Gott.

Und: Glaube rechnet sich nicht. Zu glauben, man könne den göttlichen Willen beeinflussen durch Opfergaben, Wallfahrten, Prozessionen, Gebete, Beachtung aller religiösen Vorschriften oder durch gute Werke und ein Gott wohlgefälliges Leben, ist

Aberglaube, Götzendienst. Was wahrer und reifer Glaube ist, wird uns in Hiob vorgeführt: Ihm zerbrechen alle Glaubensgewissheiten, er verliert seine liebsten Menschen, seine materielle Lebensgrundlage wird ihm entzogen, und im größten Leid hält er dennoch grundlos an diesem Gott fest und vertraut darauf, dass alles, was geschieht, letztlich im Einklang mit Gottes Willen geschieht und das scheinbar Sinnlose einen für den Menschen verborgenen Sinn hat.

Wahrer Glaube versucht nicht, Gott für die eigenen Zwecke zu instrumentalisieren, sondern sich von Gott für dessen Zwecke instrumentalisieren zu lassen. Der wahrhaft Gläubige versucht nicht, Gott zu dienen, um damit seinem persönlichen Glück auf die Sprünge zu helfen oder seine Familie zu beschützen, und auch nicht, um sich eine Planstelle im Himmel zu sichern; der wahrhaft Gläubige glaubt allein, weil er eine Wahrheit erkannt hat, die persönlichkeitsverwandelnde Wahrheit Gottes. Alles andere folgt wie von selbst aus dieser Verwandlung.

Aber nur wenigen ist solch ein Glaube möglich. Zu tief steckt jedem Menschen noch die natürliche Religion in den Knochen, die Religion als Mittel der Kontingenzbewältigung und Schicksalsbeherrschung. Auch bei den Juden des letzten vorchristlichen Jahrhunderts vermischt sich die natürliche Religion mit der Aufklärung über den wahren Gott. Dieser wahre Gott ist ein Gott der Freiheit, das haben die Juden richtig erkannt. Aber warum befreit dieser Gott dann nicht endlich sein Volk von den ewig wechselnden Tyrannen fremder Völker?

Das ist die große Frage, an der sich die Juden umso leidenschaftlicher abarbeiten, je länger die Fremdherrschaft dauert und je häufiger die Tyrannen wechseln. Unter den Römern steuert diese Auseinandersetzung auf einen Siedepunkt zu. Für viele Juden bedeuten die Römer so etwas wie jenen Tropfen, der ein Fass zum Überlaufen bringt. Unter den Ägyptern gelitten, von den Assyrern erobert und verschleppt, von den Babyloniern überfallen und verschleppt, unter persische Herrschaft geraten, unter griechische und jetzt unter römische – hört dieses Kujo-niertwerden von fremden Mächten denn niemals auf?

Wenn wir nicht selbst etwas dagegen unternehmen, wird es nicht aufhören, sagen Teile der jüdischen Bevölkerung. Sie sind rebellisch geworden. Sie wehren sich, gehen in den Untergrund, machen den Besatzern das Leben schwer. Aus ihnen gehen später die Zeloten hervor, die immer wieder Aufstände gegen die Römer anzetteln, welche immer wieder blutig niedergeschlagen werden. Womit die römische Weltmacht den Juden demonstriert: Ihr habt keine Chance gegen uns, also fügt euch. Und die Juden fragen sich: Soll das denn unser Schicksal für alle Zeiten sein?

In jenen Jahrzehnten wird in Judäa eine neue, relativ junge, aus dem Jahr 150 vor Christus stammende Schrift sehr aufmerksam gelesen: das Buch Daniel. Diese Schrift nimmt die in den Büchern Jeremia, Jesaja und Hesekiel enthaltenen Messias- und Endzeitprophezeiungen auf, steigert sie und gibt ihnen eine apokalyptische Wende. Die Juden rechnen seitdem zunehmend – und viele geradezu ungeduldig – damit, dass ein Weltenrichter vom Himmel steigt, dem Treiben der Völker ein Ende macht, die Gewaltgeschichte der Welt stoppt und den ganzen Kosmos verwandelt.

Die Beschreibungen, wann das sein und wie es dabei im Einzelnen zugehen wird, sind vage und widersprüchlich. Daher entwickeln sich unter den Juden nun sehr verschiedene Endzeit-, Weltgerichts- und Messiaserwartungen. Aber je länger die Römer herrschen, desto mehr verdichtet sich die Spekulation: Sie, die Römer, werden es sein, die der Weltenrichter oder der Messias aus dem Land jagen wird. Und darauf, so sagen viele, gelte es sich vorzubereiten, ja man könne sogar durch eigenes Tun dazu beitragen, diesen Zeitpunkt immer näher an die Gegenwart zu rücken, dem erlösenden Eingreifen Gottes nachhelfen.

Aber wie? Die einen versuchen es durch verschärftes Einhalten der Gesetze und göttlichen Gebote. Die anderen sondern sich ab vom normalen Volk, führen ein klösterlich-asketisches Leben und hoffen, die Endzeit durch Gebet herbeizuführen. Wieder anderen geht alles viel zu langsam, weshalb sie das Reich Gottes durch Gewalt gegen die Römer herbeizwingen möchten. Und natürlich treten allerlei selbsternannte Propheten und Messiasse auf und machen das Volk verrückt.

In diese aufgeheizte Endzeitstimmung wird Jesus hineingeboren. Er wird kaum mehr als dreißig Jahre leben, höchstens drei Jahre Zeit haben, um öffentlich zu verkünden: *Die Zeit ist erfüllt, und das Reich Gottes ist nahe.* (Markus 1, 15) Die große Mehrheit seines Volkes glaubt ihm das so wenig, wie es den anderen Messiassen glaubt. Aber nach seinem Tod glauben ihm die, an die er nie gedacht hat: die Heiden. Durch deren Glauben kommt zwar nicht das Reich Gottes, sondern nur die Kirche. Allerdings: Rom geht tatsächlich unter. Die Herrscher, unter denen die Juden so gelitten hatten, verabschieden sich aus der Weltgeschichte. Aber kein Gott war vom Himmel gestiegen. Der Weltuntergang fiel aus. Stattdessen wächst aus dem Schoß des Judentums eine neue Religion, diese übernimmt das Erbe Roms und treibt die Geschichte weiter. Es ist eine seltsame Geschichte.

Sie beginnt mit einem seltsamen Menschen namens Johannes. *Er hatte ein Kleid von Kamelhaaren und einen ledernen Gürtel um seine Lenden; und seine Speise waren Heuschrecken und wilder Honig* (Matthäus 3, 4). An ihn *erging das Wort Gottes* (Lukas 3, 2). Er war also ein von Gott berufener Prophet. Womit er beauftragt wurde, was der Zweck seiner Berufung war, wird nicht explizit erzählt, aber implizit erfahren wir es aus dem Tun des Johannes, und außerdem ist der Auftrag der Propheten sowieso immer derselbe: Sie sollen das Volk der Juden daran erinnern, wozu es auf der Welt ist und was das für das Leben eines jeden bedeutet.

Johannes ruft diese Erinnerung im kollektiven Gedächtnis seines Volkes wach, indem er sich an den Jordan begibt, an die Grenze zwischen der Wüste und dem fruchtbaren Land, an jene

Stelle, an der das Volk Israel 1200 Jahre zuvor aus der Wüste kommend den Jordan durchquerte, um ins verheißene Land einzuziehen. Dieses in der fernen Vergangenheit liegende Ereignis will Johannes für sein Volk zurückholen in die Gegenwart. An die damals entstandene Tradition will er neu anknüpfen. Darum predigt er an dieser heiligen Stelle des Jordan.

Johannes' Rede und seine Erscheinung müssen eindrucksvoll gewesen sein, und das muss sich herumgesprochen haben im Volk, denn es machen sich tatsächlich viele Menschen auf den Weg zu ihm an den Jordan, um ihm zuzuhören. Das Thema seiner Predigt ist das Thema der damaligen Zeit, die Endzeit, der Gerichtstag Gottes. Doch seine Botschaft dazu ist neu, weicht ab von der bisherigen Lehre.

Die alte Lehre lautete, grob vereinfacht: Jude sein und die religiösen Vorschriften befolgen genügt, um das ewige Heil zu erlangen. Man wird Mitglied des Volkes Gottes durch Geburt.

Die neue Lehre des Johannes lautet: Es genügt nicht. Gott wird bald kommen, alle werden es noch erleben und dann überrascht sein, dass Gott nicht nur über die anderen Völker zu Gericht sitzt, sondern auch über sein eigenes Volk. Dieses hat nicht mehr den einst verheißenen exklusiven Anspruch auf das Reich Gottes, dieser Anspruch ist in den zurückliegenden 1200 Jahren verspielt worden: *Ihr Otterngezücht! Wer hat euch gelehrt, dass ihr dem kommenden Zorngericht entrinnen sollt?* (Matthäus 3, 7)

Der Opferkult im Tempel, die genaue Befolgung der vorgeschriebenen Rituale und Zeremonien, die gewissenhafte Einhaltung von Reinheits- und Speisevorschriften, der rein formale Gehorsam gegen Gott, dieser ganze Glaube nach Vorschrift – das alles ist nur noch hohle Form, inhaltsleere Praxis, zur Sinnlosigkeit erstarrte Religion, denn sie hat keine Frucht hervorgebracht. Die Menschen in Israel betrügen einander, beuten sich gegenseitig aus, teilen nicht, belügen sich und andere. Der eitle Streit der Schriftgelehrten um die Buchstaben der Schrift, die Haarspaltereien der Hohepriester, die Selbstgerechtigkeit der

Pharisäer, der Opportunismus der Sadduzäer und überhaupt alles, was dieses Volk im Alltag tut, steht in keiner Beziehung mehr zu seinem ursprünglichen Zweck. Die Riten, der Kult, die Opfer, die Vorschriften, das alles ist nur noch religiöser Zinnober, dem keine Realität mehr entspricht. Die Realität, wie sie nach Gottes Willen eigentlich sichtbar und erfahrbar gelebt werden sollte, ist in der jüdischen Religionspraxis nur noch symbolisch als Erinnerung vorhanden. Da war doch mal was … Außerhalb des Tempels, in der wirklichen Welt, geschieht das Gegenteil dessen, was in seinem Inneren beschworen wird.

Von der alten Utopie – Freiheit, Gleichheit, Brüderlichkeit, Wohlstand für alle, es darf keinen Armen geben, keine Herrschaft über Menschen, keine Ausbeutung, keine Unterdrückung – war das Volk so weit entfernt wie eh und je. Es gab wenige Reiche und viele Arme. Zu den Reichen gehörten das herodianische Königshaus, die wohlhabenden Priesterfamilien in Jerusalem und wenige Großgrundbesitzer, die ihr Land an arme Kleinbauern verpachteten und diesen einen hohen Anteil am Ertrag abpressten. Zu den vielen Armen gehörten neben den abhängigen Pächtern und Kleinbauern die Winzer, Fischer, Schaf- und Ziegenhirten, kleine Handwerker, schließlich Tagelöhner und Bettler. Besonders verachtet von ihren jüdischen Landsleuten waren die Zöllner, weil sie im Dienst der verhassten römischen Besatzungsmacht standen, für diese Steuern, Abgaben, Zölle eintrieben und einen Teil für sich selbst abzweigten.

Deshalb predigt Johannes am Jordan: Israel hat 1200 Jahre Zeit gehabt, aber diese Zeit nicht genutzt. Darum steht ihm nun Gottes Strafgericht bevor. Die ererbte Zugehörigkeit zum Gottesvolk zählt nicht mehr. Sie muss neu erworben werden. Durch Umkehr und Buße. So in etwa lautet der Inhalt der Bußpredigt Johannes des Täufers. «Täufer» wird er genannt, weil er die Bußwilligen mit dem Kopf ins Wasser des Jordan taucht, um ihre Umkehr durch ein äußeres Zeichen zu besiegeln. Dabei handelt es sich nicht nur um eine Variante der damals üblichen rituellen

Waschungen, sondern um etwas Neues in Israel. Die Taufe hat es vor Johannes nicht gegeben.

Bevor Johannes die Leute tauft, fordert er sie auf, ihre Sünden zu bekennen, zu beichten. Auch das ist neu. Traditionell gab es bis dahin nur allgemein-formelhafte Bekenntnisse. Nun soll jeder Einzelne seine durch Geburt erworbene Zugehörigkeit zum Volk Gottes durch eine eigene Entscheidung erst wirklich herbeiführen und endgültig besiegeln. Damit aber, mit dieser wohlüberlegten Entscheidung, muss auch die Abkehr von seiner bisherigen sündigen Existenz einhergehen und ein bewusster Aufbruch zu einem neuen, von Grund auf veränderten Leben erfolgen.

Das Eintauchen des Kopfes in das Wasser des Jordan versinnbildlicht diesen Vorgang. Johannes benutzt die doppelte Symbolik des Wassers: In der todbringenden Flut soll der alte sündige Mensch sterben. Zugleich aber soll der vom Schmutz der Vergangenheit rein gewaschene Mensch nach dem Auftauchen als wiedergeborener neuer Mensch dem lebenspendenden Wasser entsteigen und unbelastet und frei noch einmal von vorn beginnen können. Luther wird viele Jahrhunderte später sagen: Wir müssen täglich aufs Neue den alten Adam in uns ersäufen.

Irgendwann muss auch Jesus von Johannes gehört und sich zu ihm begeben haben. Auch er lässt sich taufen, und dieser Akt gilt vielen Theologen als historisch besonders gut gesichert, denn für die Evangelisten der späteren Zeit stellte diese Taufe einen heiklen Punkt dar, den sie lieber elegant umschifft, also verschwiegen hätten. Da es aber offenbar fest verbürgt war, dass Jesus sich taufen ließ, konnte man das Faktum nicht unterschlagen.

Zwei Probleme hat diese Tatsache den Evangelisten aufgebürdet. Erstens war Jesus für sie der Größere und Johannes der Kleinere. Wie kann der Rangniedrigere den Ranghöheren taufen? Hätte es nicht umgekehrt sein müssen? Und zweitens war doch der von einer Jungfrau geborene Sohn Gottes ein Mensch ohne Sünde. Was sollte er beichten? Wieso ließ er sich überhaupt taufen? Er hatte eine Umkehr doch gar nicht nötig. Die Evangelisten mussten einen hohen theologischen Aufwand betreiben, um die beiden Probleme zu lösen.

Als Erstes lassen sie sehr geschickt Johannes selbst die Sache thematisieren. Noch bevor Jesus überhaupt bei ihm erscheint, kündigt er dessen Kommen bereits an, auch auf seine Messiaswürde spielt er an, und damit ist es Johannes selbst, der die christliche Hierarchie bestätigt: *Ich taufe euch mit Wasser zur Buße; der aber nach mir kommt, ist stärker als ich, sodass ich nicht gut genug bin, ihm die Schuhe zu tragen; der wird euch im heiligen Geist und mit Feuer taufen.* (Matthäus 3, 11)

Dann tritt das Vorhergesagte ein. Jesus ist da, will sich taufen lassen, und Johannes stellt klar, wie die Rangordnung ist: *Ich habe nötig, von dir getauft zu werden, und du kommst zu mir? Jesus aber antwortete und sprach zu ihm: Lass es jetzt zu; denn also gebührt es uns, alle Gerechtigkeit zu erfüllen! Da ließ er es ihm zu.* (Matthäus 3, 14–15)

Von einem Sündenbekenntnis ist nicht die Rede. Stattdessen bricht der Himmel auf, als Jesus aus dem Wasser steigt, und von dort kommt der Geist Gottes herab wie eine Taube, und eine Stimme spricht: *Dies ist mein lieber Sohn, an dem ich Wohlgefallen habe!* (Matthäus 3, 17)

Damit spielen die Evangelisten auf jene Stelle bei Jesaja an, die das Erscheinen des Messias prophezeit: *Siehe, das ist mein Knecht, auf den ich mich verlassen kann, mein Auserwählter, an welchem meine Seele Wohlgefallen hat. Ich habe meinen Geist auf ihn gelegt; er wird das Recht zu den Völkern hinaustragen.* (Jesaja 42, 1)

Damit könnten die Evangelisten es eigentlich bewenden lassen, denn auf diese Weise haben sie die zwei Probleme im Prinzip gelöst. Aber Matthäus und Lukas genügt das noch nicht. Ihnen ist sehr daran gelegen, Jesu Verwurzelung im Judentum und dessen Gottessohnschaft zu beweisen und damit das Alte Testament fortzuschreiben. Darum beginnt Matthäus sein Evangelium mit einem Stammbaum Jesu, der ihn als Nachkomme von Abraham und David ausweist. Dem folgt, in aller Kürze, die Geburtsgeschichte, und dann kommt schon, im dritten Kapitel, die Episode mit Johannes dem Täufer. Lukas erzählt die Geburtsgeschichte ausführlicher, aber auch er kommt im dritten Kapitel zur Sache, und das heißt zu Johannes und zur Taufe. Und gleich anschließend folgt bei ihm ein Stammbaum Jesu. Diesmal geht er sogar bis auf Adam zurück.

Danach berichten die Evangelisten, dass Jesus für vierzig Tage in die Wüste geht, um zu fasten. Dort begegnet er seinem Versucher, der ihm einen faustischen Pakt vorschlägt und ihm Macht, Besitz, Reichtum und Wohlstand verspricht. Aber Jesus schlägt den Pakt aus, weil er den Preis erkennt, den der Versucher wohlweislich verschweigt. Dieser Preis wäre Jesus selbst gewesen. Seine Seele, seine Persönlichkeit hätte er an den Teufel verkaufen müssen. Doch Jesus hat sich bei seiner Taufe schon einem anderen ausgeliefert, und diese Taufe wirkt wie eine Schutzimpfung. Sie hat ihn immunisiert gegen die Einflüsterungen des Versuchers, darum kann er jetzt mit großer Souveränität sagen: *Weiche von mir, Satan. Denn es steht geschrieben: Du sollst den Herrn, deinen Gott, anbeten und ihm allein dienen!* (Matthäus 4, 10)

Mit seiner Aktion am Jordan, der Grenze zur Wüste, hatte Johannes die Wüstensituation der aus Ägypten geflohenen Israeliten symbolisch in die Gegenwart zurückgeholt, um an den Gründungsmythos zu erinnern. Jesus wiederholt das nun mit seinem Gang in die Wüste. Die vierzig Tage Wüstenaufenthalt erinnern an die vierzig Gründerjahre in der Wüste. Wie damals das Volk Israel sich von allen falschen Göttern lossagte und allen weltlichen Mächten den Gehorsam aufkündigte, um sich an den einzig wahren und wirklichen Gott zu binden, so tut es jetzt auch Jesus in der Wüste. «Back to the roots» lautet die Botschaft von Jesus wie Johannes. Zurück zu den Wurzeln, um noch einmal von vorn zu beginnen, diesmal aber richtig. Und diesmal unter Führung eines Mannes, welcher der Sohn Gottes ist und von diesem selbst zu den Menschen geschickt wurde.

Die Evangelisten sagen damit: Leute, alle mal herhören. Die Bedeutung dieses Jesus kann man gar nicht hoch genug einschätzen. Seine Geburt, seine Taufe, sein Leben und Sterben sind ein weltgeschichtliches Ereignis, ja genau genommen sind sie das größte geschichtliche Ereignis überhaupt.

Wenn man bedenkt, dass dies im ersten Jahrhundert nach Christus geschrieben wurde und dass dieser Christus nur wenige Jahrzehnte zuvor einen schändlichen Tod als hingerichteter Verbrecher erlitten hatte, war das eine sehr kühne These. Aber zwei Jahrtausende später können wir nicht umhin, den Evangelisten zuzugestehen: Sie lagen nicht ganz falsch damit.

Der Jude Jesus und seine Anhänger

Wie es bei Jesu Taufe wirklich zugegangen ist, wissen wir nicht. Das mit der Taube und der göttlichen Stimme aus dem sich öffnenden Himmel ist antike Mythologie. Wahrscheinlich ist Jesus von Johannes einfach getauft worden wie jeder andere auch. Möglicherweise hat der Mensch Jesus sogar ein Sündenbekenntnis abgelegt.

Die Theologen vermuten, dass Johannes für den jungen Jesus eine Art Lehrmeister gewesen ist und Jesus sich zunächst der Täuferbewegung angeschlossen, also eine Zeit lang im Dunstkreis des Johannes gelebt hat. Aber sicher ist das nicht.

Wir wissen überhaupt wenig über das wirkliche Leben des Jesus. Einigermaßen belegt scheint zu sein, dass er in Nazareth in Galiläa aufwuchs, dort möglicherweise von seinem Vater das Zimmermannshandwerk erlernte und eine normale jüdische Erziehung genoss. Aber als erwachsener Mann verlässt er seine Familie und seinen Heimatort, begibt sich an den Jordan, lässt sich von Johannes taufen und schließt sich dessen Täuferbewegung an.

Jesus kannte das harte Los der kleinen Bauern und Handwerker in Galiläa. Sie mussten den sogenannten Zehnten entrichten, das heißt den zehnten Teil ihrer gesamten landwirtschaftlichen Erzeugnisse an die Priesterschaft des Tempels von Jerusalem abgeben. Dazu kamen noch die Pacht an die Grundbesitzer, die Steuer für den Kaiser und die Tempelsteuer. Letztere diente dem unter König Herodes begonnenen Neubau und dem kostspieligen Tempelbetrieb. Dass ein frommer Jude für den Tempel und die Priester aufkam, das ging ja noch, aber sich auch noch für den heidnischen Kaiser im fernen Rom plagen? Das tat weh.

Auch deshalb wuchs die Sehnsucht nach Erlösung von der Fron, nach Erlösung von den Römern, nach einer wunderbaren Rettungstat Gottes, wie damals in Ägypten. Wird dieses Leben unter der Knute fremder Mächte denn irgendwann einmal ein Ende haben? Und wenn ja, wann? Kann der Mensch als Einzelner oder kann das Judentum als Gesamtheit irgendetwas dazu beitragen, dass Gott sich zum Eingreifen entschließt?

Das ist das Thema des Johannes. Es ist das Thema der Priester, der Mönche, der Schriftgelehrten, und es ist das Thema des Volkes. Etwas Neues liegt in der Luft, das spüren alle. Aber worin besteht es, wie ist es zu erkennen?

Das kommende Neue wird auch zum Thema des galiläischen Wanderpredigers Jesus. Als Schüler des Johannes setzt er dessen Buß- und Gerichtspredigt fort, nachdem Johannes von König Herodes Antipas hingerichtet wurde. Die Gründe für diese Hinrichtung kennen wir nicht, aber wortgewaltige Prediger wie Johannes waren immer eine potenzielle Gefahr für opportunistische, mit der Besatzungsmacht kollaborierende Vasallen des römischen Kaisers. Denn solche Redner konnten das Volk aufwiegeln und den etablierten Mächten samt ihren Privilegien gefährlich werden. Die Herrscher und Privilegierten aller Zeiten wollen aber vor allem immer nur eins: Ruhe.

Jesus spricht voller Hochachtung von seinem Lehrer. Seine Botschaft deckt sich mit der des Johannes. *Tut Buße; denn das Himmelreich ist nahe herbeigekommen!* (Matthäus 4, 17) Das unterscheidet sich noch nicht wesentlich von dem, was andere, zum Beispiel die Essener, lehren. Auch diese praktizieren eine Art Umkehr, indem sie in klösterlicher Abgeschiedenheit mit heiligem Eifer versuchen, die 613 religiösen Vorschriften des Judentums besonders gewissenhaft zu befolgen. Jesus' Weg aber ist ein anderer, und in ihm liegt der Keim des Neuen, der sich nun während der nächsten zwei, drei Jahre entfalten wird. Anfänglich ist das kaum zu erkennen, aber aus der Rückschau erschließt sich, dass alles Spätere schon von Beginn an da war, wobei man allerdings nicht genau weiß, ob es sich tatsächlich so verhalten hat oder ob die Evangelisten theologisch konstruktiv nachgeholfen haben.

Nach seiner Taufe und den vierzig Tagen in der Wüste kehrt Jesus in seine Heimat Galiläa zurück, wo er die zwölf Jünger beruft und öffentlich die Botschaft vom Reich Gottes verkündet. Nach damaligem Brauch hatte ein Rabbi fünf Schüler. Jesus beruft zwölf Jünger und dokumentiert damit: Ich bin kein Rabbi. Und ihr, meine Jünger, seid nicht meine Schüler. Rabbinenschüler suchen sich ihre Lehrer selbst aus, wechseln sie auch, um andere Lehrmeinungen zu hören. Die Jünger aber werden berufen, erwählt. Rabbinenschüler bedienen ihre Lehrer, sind wie Hausknechte. Jesus pflegt mit seinen Jüngern die Tischgemeinschaft und versteht sich als Diener seiner Jünger.

Das signalisiert: Es geht hier nicht um die Gründung einer weiteren Schule, nicht um die 1001. Variante des traditionellen Schemas der Thora-Auslegung, sondern um den Ausbruch aus dem Schema, oder deutlicher: um Umsturz. Die üblichen Rangordnungen gelten nicht mehr.

Dieser in der Tischgemeinschaft aufscheinende Umsturz einer scheinbar natürlichen Ordnung fasziniert das niedere Volk, die Frauen, die Knechte und alle, die wenig Ansehen genießen, und wird später im ganzen Römischen Reich die Sklaven und Frauen und das einfache Volk faszinieren. Das erklärt, warum die junge Kirche die Erinnerung an das letzte Abendmahl vor Jesu Tod so intensiv gepflegt, immer mehr ins Zentrum ihrer kultischen Handlungen gerückt und dieses Mahl schließlich in den Rang eines Sakramentes erhoben hat. Es versinnbildlicht die klassenlose Gesellschaft, den einen Leib, der aus vielen Gliedern mit unterschiedlichen Begabungen, aber gleichem Wert besteht. Es symbolisiert das Ende der Herrschaft von Menschen über Menschen. Aus der Abendmahlsgemeinschaft, die sich um den Tisch des Herrn versammelt, wächst eine friedliche Revolution.

Das sagt sich so leicht. Aber nähme die Christenheit das *Abendmahl* beziehungsweise die *Eucharistie* so ernst, wie es einmal gemeint war und wie es von den Urchristen praktiziert wurde, würde sie entweder verzweifeln oder die Welt umstürzen, denn jedes Abendmahl stellt an die Beteiligten das unerhörte Ansinnen, Jesus nachzufolgen und ihr Leben mit den Schwachen und Randständigen zu teilen, mit Aussätzigen, Bettlern und Ausgestoßenen, aber auch mit sogenannten Kapitalisten, Heuschrecken oder etwa Neonazis.

Das Mitglied des Opus Dei soll den Theologen der Befreiung vorbehaltlos annehmen, dieser den reaktionären Evangelikalen, dieser den homosexuellen Liberalen, dieser den islamischen Ayatollah. Das Abendmahl ist die regelmäßig wiederholte Aufforderung an jeden Christen, sich von den Beschränkungen seiner Herkunft frei zu machen, seine Vorurteile gegen andere zu überwinden, seine Berührungsängste abzubauen, alles dranzugeben, was einem bisher als wertvoll und richtig erschien, zugunsten der neuen Familie, deren Oberhaupt Christus ist. Nur dort, wo das geschieht, verwandeln sich die Menschen, die Verhältnisse und die Welt.

Das können die Menschen natürlich nicht aus eigener Kraft, eben deshalb brauchen sie dazu das Kraft spendende Abendmahl. Wo diese Kraft wirkt, bleibt kein Mensch, wie er ist. Der Neonazi wird dann kein Neonazi mehr sein, die Heuschrecke keine Heuschrecke mehr und der reaktionäre Evangelikale kein reaktionärer Evangelikaler mehr.

Längst ist dem Abendmahl der revolutionäre Stachel gezogen worden. Die Theologen haben sich des Abendmahls bemächtigt und es im Verlauf der Kirchengeschichte durch Mystifizierung zu einem Ritual verharmlost, bei dem Brot und Wein unter den magischen Worten des Priesters angeblich eine seltsame Wandlung durchmachen, aber weiterhin nach Brot und Wein schmecken. Das Ergebnis ist, dass die Menschen aus dem Abendmahl so unverwandelt herausgehen wie sie hineingegangen sind. Symbolisch wird im Abendmahl immer wieder neu der Bund mit Gott besiegelt – eine Besiegelung, die niemanden etwas kostet und keinerlei Konsequenz fürs Leben im Alltag hat.

Heute taugt das Abendmahl vor allem als Gegenstand für Heerscharen von Theologen, die eine Flut von Doktorarbeiten über die feinsinnigen Unterschiede zwischen katholischen, lutherischen, calvinistischen und zwinglianischen Abendmahlsverständnissen produzieren. Das normale Kirchenvolk verspürt keinerlei Neigung, sich mit diesen Haarspaltereien auseinanderzusetzen, feiert einfach miteinander Abendmahl, ohne zu fragen, ob die Beteiligten *kultisch rein* sind oder etwa ausgeschlossen werden müssen, weil sie der falschen Konfession angehören. Und damit steht das normale Kirchenvolk jenem Jesus, der keine Berührungsängste gegenüber den als anrüchig empfundenen Mitgliedern der Gesellschaft zeigte, näher als den Klerikern, die darauf bestehen, dass man sich erst über alle dogmatischen Fragen einigen müsse, bevor man zum ökumenischen Abendmahl schreitet. In der Urkirche war's umgekehrt: Aus dem gemeinschaftlichen Leben und der Feier des Abendmahls erwuchs die Einheit des Glaubens.

Dass dieser Jesus mit einem etwas anderen Anspruch auftritt als alle seine Zeitgenossen, Rabbiner und Konkurrenzmessiasse, zeigt auch, dass er nicht fünf Schüler unterrichtet, sondern zwölf Jünger beruft. Natürlich erinnert die Zahl zwölf an die zwölf Gründerstämme Israels. Jesus tritt also mit einem politischen, die Geschichte, das Judentum verändern wollenden Anspruch auf. Aber er agiert nicht als Volkstribun, der durch Rhetorik und Agitation die Masse auf seine Seite zu ziehen versucht und diese zu einem Volksaufstand anstachelt. Vielmehr intimisiert er die Gottesvolk-Idee, setzt mit seinen zwölf Jüngern einen kleinen Anfang, der aber schon einen Anspruch aufs Ganze birgt. Und damit drückt er unausgesprochen aus, wie sich nach seiner Vorstellung die Welt verändern soll: nicht durch Politik, Parteitage, Programme oder Machtkämpfe, sondern durch das gemeinsame Leben einer anfänglich kleinen Lerngemeinschaft, die organisch wächst, das Gelernte bewahrt, weitergibt, durch das gemeinsame Unterwegssein ständig dazulernt, sich dadurch immer wieder selber korrigiert und heilsam auf ihre Umgebung ausstrahlt.

So zumindest war es gedacht. Dass es später nicht so kommt, steht auf einem anderen Blatt. Das wird noch zu besprechen sein, aber man darf darüber nie vergessen, dass die Kirche, das Christentum und alles, was sich daraus entwickelt hat, trotz aller Verfehlungen, die folgten, die Erinnerung an diese Anfänge durch all die Jahrhunderte wach gehalten hat allein dadurch, dass die diese Erinnerung bergenden Texte regelmäßig gelesen werden mussten und müssen bis auf den heutigen Tag.

Es geht eine große Freiheit aus von dem jesuanischen Modell der Weltveränderung, denn es baut ganz auf Freiwilligkeit, verzichtet auf jegliche Machtausübung und auf Gewalt, Lüge, Manipulation und Verschleierung. Es setzt mit viel Zuversicht große Hoffnung in den Menschen, vertraut ganz auf ihn, auf seine Einsicht, seine Vernunft, seinen guten Willen und auf seine Bereitschaft zur Umkehr.

Aber diesen Menschen, auf den Jesus da setzt, gibt es nicht von Natur aus, das weiß Jesus auch selbst. Eben deshalb braucht es die kleine Lerngemeinschaft. Eben deshalb teilt er sein Leben mit seinen Jüngern. Mit ihnen zieht er jetzt durch Galiläa, predigt, lehrt, heilt Kranke, stillt den Sturm, geht auf dem Wasser, verwandelt Wasser in Wein, treibt Dämonen aus, sättigt fünftausend Männer samt ihren Frauen und Kindern mit fünf Broten und zwei Fischen, und er weckt Tote auf.

Er geht keiner geregelten Arbeit nach, lässt sich in die Häuser seiner Anhänger einladen, isst gerne, trinkt gerne, sucht die Gesellschaft derer, die im Volk geringes Ansehen genießen, Frauen, Zöllner, Ehebrecher, Sünder, Kinder. Er setzt sich über Kult- und

Reinheitsvorschriften hinweg, vertreibt die Geldwechsler aus dem Vorhof des Tempels, vergibt Sünden, spricht unangenehme Wahrheiten aus, beruft sich dabei auch auf die alten Lehren, aber legt sie neu aus, vereinfacht sie, radikalisiert sie, spitzt sie zu.

Etwas bahnbrechend Neues hat Jesus trotzdem nicht gewollt. Eigentlich will er nur, wie schon alle Propheten vor ihm und zuletzt Johannes, sein Volk neu versammeln und es an den ursprünglichen und noch immer nicht erfüllten Auftrag Gottes erinnern. Die Vorstellung, dass sich dieses Volk als Gesamtheit jemals dazu verstehen würde, Gottes Plan zu realisieren, hat Jesus offenbar aufgegeben. Wie Johannes denkt auch Jesus: Das bloße Merkmal, Jude zu sein, bietet keine Gewähr dafür, dass sich dieser Jude auch von Gott als Werkzeug in Dienst nehmen lässt. Vielmehr fordert er, dass sich nun jeder Einzelne bewusst für den Dienst Gottes entscheidet.

Daher zieht der ungefähr dreißigjährige Jesus im Land umher und versucht Menschen zu sammeln, die aus freien Stücken ins Werk zu setzen beginnen, was eigentlich seit dem Auszug aus Ägypten längst hätte erledigt sein sollen, den Aufbau einer Kontrastgesellschaft. Jesus sucht Freiwillige. Und er sucht sie ausschließlich unter Juden, denn die allein wissen, wovon er redet. Die Heiden, die noch nie von Abraham, Mose und den Propheten gehört haben, würden Jesus' Botschaft ja gar nicht verstehen.

Obwohl er kein Theologe ist, kein Priester, kein Schriftgelehrter und kein Angehöriger der Oberschicht, predigt er in den Synagogen galiläischer Städte, aber oft auch im Freien, auf einem Berg, am Ufer des Sees Genezareth oder auch in Privathäusern. Und er, der Laie, spricht offenbar besser, verständlicher, wortmächtiger und aufregender als die Profis. Seine Zuhörer *erstaunten über seine Lehre; denn er lehrte sie wie einer, der Vollmacht hat, und nicht wie die Schriftgelehrten* (Markus 1, 22). Die Leute sagten über ihn: *Nie hat ein Mensch so geredet wie dieser Mensch!* (Johannes 7, 46)

Oft war, was er sagte, sehr brisant und provokant, sodass es hieß, das Volk *entsetzte sich ... über seine Lehre* (Matthäus 7, 28).

Noch entsetzter reagierte das Establishment. Es bestand aus Pharisäern, Sadduzäern, Hohepriestern, Schriftgelehrten und reichen Großgrundbesitzern. Daneben gab es noch, als Außenseiter, die Zeloten. Mit allen legte sich Jesus an, was nicht sehr diplomatisch war und letztlich wohl zu seiner Kreuzigung führte.

Das oberste Leitungsgremium war der Sanhedrin, auch Hoher Rat genannt, bestehend aus 71 Mitgliedern, die sich hauptsächlich aus Priestern, jüdischen Ältesten und Schriftgelehrten zusammensetzten. Den Vorsitz hatte der Hohepriester. Er war sowohl religiöses wie weltliches Oberhaupt der Juden.

Sein Amt war erblich und ein Amt auf Lebenszeit, bis die Römer kamen. Sie benannten selbst den Hohepriester und setzten ihn auch wieder ab, wenn sie mit ihm unzufrieden waren. Er blieb aber stets der erste Ansprechpartner der Römer und musste daher über ein entsprechendes diplomatisches Geschick verfügen.

Die Priester und Ältesten rekrutierten sich mehrheitlich aus den Sadduzäern, die wiederum überwiegend den adligen Volksgruppen angehörten. Die Sadduzäer waren die römerfreundlichste Gruppe des Judentums, und das heißt natürlich auch: opportunistisch, geschmeidig, mit einem natürlichen Gefühl für Machtverhältnisse, zugleich aber gebildet, weltläufig, offen gegenüber hellenistischen Einflüssen. Sie profitierten von ihrer Römerfreundlichkeit, waren privilegiert und daher an einer Änderung der Verhältnisse wenig bis gar nicht interessiert. Dass sie dafür im Volk nicht besonders beliebt waren, nahmen sie in Kauf.

Theologisch unterschieden sie sich von der populären Glaubensrichtung der Pharisäer dadurch, dass sie nur die Schrift als autoritative Quelle gelten ließen und die mündliche Überlieferung, aus welcher der Talmud hervorging, ablehnten. Sie glaubten nicht an eine Auferstehung von den Toten, und auch

nicht an die Existenz von Dämonen und Engeln. Im Tempeldienst sahen sie den Schwerpunkt des religiösen Lebens, daher
verschwanden die Sadduzäer zeitgleich mit dem Tempel, als dieser im Jahr 70 zerstört wurde.

Die Pharisäer definierten sich zur Zeit Jesu vor allem als
Opposition zu den Sadduzäern. Sie lehnten deren opportunistische Zusammenarbeit mit der Besatzungsmacht ab, fühlten
sich ihnen deshalb moralisch überlegen. Der von den Sadduzäern beherrschte Tempel war in den Augen der Pharisäer etwas
Zweitrangiges. Erstrangig waren das mosaische Gesetz und die
Propheten, aber auch die mündliche Überlieferung. Eigentlich
waren die Pharisäer gute Sozialdemokraten, und erst infolge
etlicher jüdisch-christlicher Auseinandersetzungen viele Jahrzehnte nach Jesus bekamen sie von den Christen den schlechten
Ruf verpasst, den sie bis heute haben.

Da den Pharisäern die Thora wichtiger war als der Tempel,
kamen sie nach dessen Zerstörung im Jahr 70 besser zurecht als
alle anderen. Sie hatten sich schon längst vom Tempel eman-
zipiert. Ihnen genügte die Synagoge. Sie hatten gelernt, ihren
Alltag unabhängig vom Tempeldienst durch strenge Einhaltung
der jüdischen Vorschriften und das Pochen auf soziale Gerechtigkeit zu heiligen. Sie waren im Volk beliebt, und nach der Zerstörung des Tempels ging aus ihnen das jüdische Rabbinertum
hervor, das im Lauf der Jahrhunderte das europäische Geistesle-
ben ebenso befruchtet hat wie die christlichen Theologen und
Philosophen.

Dass Jesus sterben musste, lag bestimmt nicht an den Pharisäern allein, an ihnen vielleicht noch am wenigsten, denn der
Hohe Rat, der Jesus verurteilte, an Pontius Pilatus auslieferte und
von diesem verlangte, Jesus zu kreuzigen, war nicht von Pharisäern, sondern vom konservativen Adel und den sadduzäischen
Tempelpriestern dominiert. Deren Kreise, deren Geschäfte und
Interessensverflechtungen dürfte Jesus viel empfindlicher gestört haben als die Interessen der Pharisäer. Mit diesen stritt er

nur um theologische Fragen. Und vielleicht neideten die Pharisäer ihm ein bisschen den Erfolg bei den einfachen Leuten, die sie doch als ihre Klientel betrachteten.

Bei den Sadduzäern dagegen und den Mitgliedern des Hohen Rats standen handfeste Macht- und Finanzinteressen auf dem Spiel. So scheiterte Jesus wohl eher aus politischen und wirtschaftlichen denn aus theologischen Gründen. Die hat es zwar gegeben, aber sie wurden vermutlich nach seinem Tod von den christlichen Gemeinden stark aufgebauscht und teilweise neu konstruiert, um sich von den Juden abzugrenzen.

Auch die theologischen Differenzen der Pharisäer mit Jesus waren wohl ursprünglich nicht so schwerwiegend und groß, wie es das Neue Testament suggeriert. Hier wirkt bis heute der Trennungsschmerz zwischen Christen und Juden nach. Jede Trennung schlägt Wunden, hinterlässt Narben, Bitterkeit, Schuldvorwürfe. Es gibt sie im Judentum, und es gibt sie im Christentum. Zu besichtigen sind sie im Neuen Testament und der sich anschließenden Kirchengeschichte.

Viele der Wortgefechte, die sich Jesus mit den damals wichtigen Gruppierungen des Judentums lieferte, waren eigentlich nur ganz normale innerjüdische Differenzen, wie es sie unter Juden schon immer gegeben hatte. Man besaß zwar das Gesetz als für alle verbindliche Grundlage, über die es keinen Streit gab. Aber Streit gab es stets darüber, wie die einzelnen Bestimmungen des Gesetzes für jede Zeit richtig auszulegen und auf konkrete Situationen anzuwenden waren. Jesus mischte sich da ganz selbstverständlich ein und vertrat eine eigene, originäre Position, die sich eben in einigen Punkten markant von den Schriftgelehrtenmeinungen unterschied.

Zu einer neuen Religion hätten diese markanten Abweichungen – soweit sie tatsächlich auf Jesus selbst zurückgehen und nicht schon von den Evangelisten zur Verdeutlichung verschärft wurden – nicht unbedingt führen müssen. Dass es trotzdem dazu kam, hat natürlich mit dem Kreuzestod zu tun, aber noch mehr mit der Tatsache, dass Paulus später die Botschaft von Jesus unter Heiden im griechisch-römischen Sprachraum verbreitete und so weiterentwickelte, dass sie inkompatibel mit dem Judentum wurde. Durch diese Unvereinbarkeit tat sich ein Graben auf, der von der jungen Kirche und noch mehr von den vielen Theologengenerationen der nachfolgenden Jahrhunderte immer weiter aufgerissen wurde.

Heute erscheint uns die Breite und Tiefe des Grabens als künstlich herbeigeführt. In Wahrheit liegen Juden und Christen enger beieinander, als es der Graben suggeriert. In ihm bildete sich im Lauf der Zeit ein antijudaistisches Klischee heraus, das zum Nährboden für den späteren Antisemitismus werden sollte.

Das Klischee besagt: Das Neue Testament war notwendig, um das Alte zu überwinden. Die Christen sind das neue Volk Gottes, mit dem Gott einen neuen Bund geschlossen hat, weil ihn sein altes Volk der Juden so enttäuscht und weil es sich so halsstarrig geweigert hat, Jesus als Messias und Sohn Gottes anzuerkennen und dessen Sühneopfer anzunehmen. Das Klischee besagt weiter, der Gott des Alten Testaments sei ein Gott der Rache und der Furcht, der des Neuen ein Gott der Liebe und der Erlösung. Die jüdische Religion des Alten Testaments sei eine Gesetzesreligion, bei der es nur auf die äußerliche Befolgung aller Vorschriften ankomme. Dagegen bedeute das Neue Testament eine Befreiung vom Zwang dieser Äußerlichkeiten, denn im Christentum komme es vor allem auf das Herz des Menschen an. Außerdem gehe es dem christlichen Gott um jeden Einzelnen, während die kollektivistische jüdische Religion nur die große Masse sehe.

Nichts davon hält einer Nachprüfung stand. Das überwiegend im ersten Jahrhundert entstandene Neue Testament ist nicht in der Absicht geschrieben worden, das Alte zu überwinden. Im Gegenteil. Das Alte Testament, die Bibel der Juden, war auch die Bibel der Urchristen, die in Jesus nicht eine Überwindung oder Überbietung, sondern die Erfüllung der Schrift gesehen haben.

Ähnlich empfindet das heute der emeritierte Erzbischof von Paris, Jean-Marie Kardinal Lustiger, der als Jugendlicher vom Judentum zum Katholizismus konvertierte. Auf die Frage, ob die Lektüre des Neuen Testaments Überraschendes für ihn zutage gefördert habe, antwortete er sinngemäß, er habe darin gefunden, dass Jesus die Erkenntnisse des Judentums zu Ende gedacht habe. Alles sei ihm sehr vertraut erschienen.[16]

Das Judentum zu Ende gedacht – so sahen es wohl auch Paulus, die Evangelisten und die übrigen Apostel. Sie wollten mit ihren Texten, die dann später den Kanon des Neuen Testaments bildeten, nicht das Alte Testament verdrängen und durch ein neues ersetzen, sondern das Alte Testament fortschreiben und mit den neueren Ereignissen ergänzen. Ihre ganze Botschaft lautete: Freut euch, ihr Juden, die Verheißungen eurer Bibel haben sich erfüllt. Der Messias, auf den ihr immer noch wartet, war bereits da, und ihr habt es nur nicht gemerkt, weil ihr falschen Vorstellungen über den Messias verhaftet wart. Alles, was ihr jetzt tun müsst, ist, euch von euren falschen Vorstellungen frei zu machen und euer Bild vom Messias der Realität des wirklichen Messias anzupassen. Die jüdischen Jesus-Anhänger fühlten und bezeichneten sich weiterhin als Juden.

Zwar gab es schon im zweiten Jahrhundert in einigen christlichen Gemeinden Bestrebungen, das Jüdische zu verdrängen und das Alte Testament als im Gegensatz zur Botschaft Jesu stehende Schrift zu verwerfen, aber die Kirche als Ganzes hat diesem Ansinnen widerstanden in dem Bewusstsein, dass sie damit ihr Fundament verlöre. Altes und Neues Testament bilden eine untrennbare Einheit, und das sie Verbindende ist stärker und wichtiger als das Trennende.

Falsch ist auch der Eindruck, Gott habe mit seinem Volk der Juden gebrochen und einen neuen Bund geschlossen mit den Christen. Davon steht kein Wort in der Bibel. Vielmehr hat Gott seine Bundeszusage auf die Heidenvölker erweitert, wie es im Alten Testament verheißen und von den Juden erwartet wurde.

Auch der Gegensatz *jüdischer Gott der Rache* versus *christlicher Gott der Liebe* ist unhaltbar. Das Bild vom Gott der Rache wird bereits im Alten Testament überwunden. Die Gottesliebe, die Nächstenliebe und die Fürsorge für den Feind sind alttestamentliche Kernbestandteile.[17] Der zornige Gott dagegen, der Gott des Gerichts, ist notwendiger Bestandteil der alt- und neutestamentlichen Gottesbilder, notwendig, weil ein Gott, dem man den Zorn abspricht, ein harmloser Gott wäre, wie der Neutestamentler Gerhard Lohfink betont: «Der Zorn Gottes ist der Zorn des Richters, der das Unrecht, das auf Erden geschieht, nicht länger ertragen kann und deshalb richtend und rettend eingreift.»[18] Gott zürnt, weil er liebt, sagt das Alte Testament, und das Neue sagt es auch.

Schwieriger scheint es, den Gegensatz *jüdischer Kollektivismus* versus *christlicher Individualismus* zu widerlegen. Aber es scheint eben nur so. Zwar stimmt es, dass Gott laut Altem Testament ein ganzes Volk als Werkzeug braucht, um in der Welt handeln zu können, aber dem widerspricht das Neue nicht. Auch «Gemeinde» und «Kirche» sind nur verschiedene Wörter für «Volk Gottes». Kollektivistisch geht es daher auch im Christentum zu, aber weder bei den Juden noch bei den Christen geschieht das nach dem Motto: Du bist nichts, dein Volk ist alles. Im Gegenteil. Gott geht es um das Heil jedes Einzelnen, und um das zu erreichen, müssen sich viele Einzelne zu einem größeren Ganzen zusammenschließen, damit sie gemeinsam und organisiert handeln können. Im Übrigen kehrt schon das allererste Kapitel des Alten Testaments den unendlichen Wert des Einzelnen heraus. Im Schöpfungsbericht heißt es, Gott schuf den Menschen nach seinem Bilde. Schon Adam, der erste Mensch, ist Gott so viel wert wie die ganze Menschheit. Eben daraus leitet sich die Würde jedes einzelnen Menschen ab.

Bleibt als letzter Gegensatz der zwischen jüdischer Gesetzesreligion und christlicher Freiheit. Es ist der einzige Gegensatz, der – noch nicht so deutlich bei Jesus, aber schon ausgeprägt bei Paulus – wirklich einen echten jüdisch-christlichen Dissens darstellt und den Keim der Spaltung in sich birgt. Aber der Dissens war ursprünglich kleiner, als er später wurde, denn die Abwertung der rein äußerlichen Vorschriftenbeachtung ist kein christliches Spezifikum. Gegen den Dienst nach Vorschrift haben auch schon die Propheten gewettert. *Denn an Liebe habe ich Wohlgefallen und nicht am Opfer, an der Gotteserkenntnis mehr als an Brandopfern,* heißt es beim Propheten Hosea (6, 6), und das ist beileibe nicht die einzige Stelle, die belegt, dass schon im Alten Testament die bloße Gesetzesreligion nicht hoch im Kurs steht. Bei jedem Propheten findet man Texte, die betonen, dass der Glaube zuvörderst eine Herzensangelegenheit sei und nicht eine Sache religiöser Paragraphenhengste.

Jesus hat also nicht das Alte Testament angegriffen, sondern die davon abweichende Praxis seines Volkes. Das aber, das Leben nach dem Buchstaben statt nach dem Geist des Gesetzes, und den Gegensatz zwischen innerer Gesinnung und äußerem Schein hat in Israel keiner so herausgestellt und so radikal kritisiert wie Jesus. Und kaum einer hat sich über die 615 Vorschriften des jüdischen Lebens und über die Vorstellungen seiner Zeitgenossen über ein Gott wohlgefälliges Leben so souverän hinweggesetzt wie Jesus. Provokant, mit drastischen Worten fertigt er seine schriftgelehrten Kritiker ab, als diese meinen, ihn darauf aufmerksam machen zu müssen, dass seine Jünger ihre Hände nicht waschen, bevor sie Brot essen. Statt klein beizugeben und seine Jünger für deren Verstoß gegen geheiligte Reinheitspraktiken zu rügen, greift er die Beschwerdeführer an: *Ihr Heuchler! Trefflich hat Jesaja von euch geweissagt, wenn er spricht: Dies Volk ehrt mich mit den Lippen, aber ihr Herz ist fern von mir.* (Matthäus 15, 8)

Doch Jesus sieht ein, dass er es dabei nicht belassen kann, denn das Volk versteht ihn nicht, und darum sagt er: *Nicht das, was zum Munde eingeht, verunreinigt den Menschen; sondern was aus dem Munde herauskommt, das verunreinigt den Menschen.* (Matthäus 15, 11)

Natürlich nehmen die Pharisäer daran Anstoß, und die Jünger berichten es Jesus, woraufhin dieser sarkastisch antwortet: *Lasset sie; sie sind blinde Blindenleiter. Wenn aber ein Blinder den andern leitet, werden beide in die Grube fallen.* (Matthäus 15, 14)

Und schließlich erledigt er mit drastischen Worten das religiöse Gewese um koschere und nichtkoschere Speisen: *Merket ihr noch nicht, dass alles, was zum Munde eingeht, in den Bauch kommt und in den Abort geworfen wird? Was aber aus dem Munde herauskommt, das kommt aus dem Herzen, und das verunreinigt den Menschen. Denn aus dem Herzen kommen böse Gedanken, Mord, Ehebruch, Unzucht, Diebstahl, falsche Zeugnisse, Lästerungen. Das ist's, was den Menschen verunreinigt; aber mit ungewaschenen Händen essen, das verunreinigt den Menschen nicht.* (Matthäus 15, 17–20)

Hier hören wir einen Jesus sprechen, der sich weit entfernt von der jüdischen Tradition. Auf diesen Jesus wird sich später Paulus berufen bei seinem Streit mit jenen getauften Juden, die große Probleme damit haben, dass plötzlich getaufte Heiden hinzukommen, die sich nicht beschneiden lassen und sich, angeleitet von Paulus, auch sonst großzügig über jüdische Bräuche und Vorschriften hinwegsetzen. Im Konflikt zwischen getauften Heiden und getauften Juden wuchs der innerchristliche Spaltpilz heran.

Im Lauf der Zeit gerieten die Judenchristen in die Minderheit, weil die neue Lehre bei den Heiden auf viel größere Resonanz stieß als bei den Juden. So konnte es nicht ausbleiben, dass in dem Maß, in dem die Zahl der Heidenchristen wuchs, diese immer mehr den Ton angaben, was sowohl die innerchristlichen Konflikte verschärfte als auch die Konflikte der Christen mit den Juden. Beide stritten erbittert um die Wahrheit, machten sich gegenseitig schlecht, und der christliche Groll auf die Juden schlich sich, vor allem über die Pharisäerbeschimpfung, ins Neue Testament ein, wo er langfristig seine verheerenden Wirkungen gegen die Juden entfalten sollte. Schon im zweiten Jahrhundert gab es in nicht wenigen Gemeinden Bestrebungen, den christlichen Glauben zu «entjudaisieren». Offenbar mangelte es schon damals beiden Gruppen an dem, was doch der gemeinsame Gott von beiden verlangte: Liebe.

Jesusglaube zwischen Mythos und kritischer Rationalität

Gegenüber Abraham und Mose hat die Geschichte von Jesus den Vorzug, dass ihr Held tatsächlich gelebt hat. Die außerbiblischen Quellen, die Jesu Existenz belegen, sind zwar spärlich, aber die meisten Historiker zweifeln heute nicht mehr daran: Jesus gab es wirklich. Von Mose wissen wir das nicht so sicher, noch weniger von Abraham.

Dieser Vorzug trägt aber nicht weit, denn alles andere ist ungewiss. Jesus hat uns keinen einzigen von ihm geschriebenen Satz hinterlassen. Er war ein Mann des gesprochenen Wortes. Geschichten, Parabeln und Gleichnisse hat er erzählt und im alltäglichen Umgang mit seinen Jüngern und Zuhörern manch einprägsamen Satz formuliert. Die Leute hörten ihm zu und sagten das Gehörte weiter.

Soweit wir wissen, hat niemand mitgeschrieben. Nach seinem Tod erzählten seine Zeitgenossen aus dem Gedächtnis, was er sprach und tat, wie er lebte und litt. Irgendwann hat vermutlich jemand seine Kernsätze aufgezeichnet und diese in den christlichen Gemeinden verbreitet. Zwei Jahrzehnte später fing ein Großer an, über ihn zu schreiben, Paulus. Nach weiteren zwei Jahrzehnten entstand das Markus-Evangelium. Der unbekannte Verfasser schöpfte vermutlich aus den aufgeschriebenen Kernsätzen, einer Spruchquelle, und aus ihm zur Verfügung stehenden mündlichen Quellen.

Dann schrieben auch andere: Matthäus, Lukas, Johannes. Sie stützten sich auf Markus, eine Spruchquelle und hatten außerdem noch eigene Stoffe. Seitdem verfügen wir über Schriften in so hoher Zahl, wie bei kaum einer anderen antiken Persönlichkeit. Überdies sind die Dokumente in so geringem zeitlichem Abstand zu Jesu Tod entstanden, dass die Quellenlage eigentlich besser gar nicht sein könnte, und trotzdem ist historisch so gut wie alles umstritten, was diesen Jesus betrifft, denn die vielen Dokumente über ihn haben allesamt denselben Nachteil: Es handelt sich bei ihnen nicht um Geschichtsschreibung, sondern um Geschichtsdeutung, um eine vom Glauben bestimmte Weltsicht. Es handelt sich um das Neue Testament.

Die vier Evangelien, die Briefliteratur der Apostel, die Apostelgeschichte und die Johannes-Offenbarung, insgesamt 27 Schriften in griechischer Sprache, entstanden zwischen 50 und 130 nach Christus, sie wurden allesamt in einer einzigen Absicht geschrieben: Sie sollten Jesus als auferstandenen Christus und Herrn der Welt erweisen. Keiner der meist unbekannten Verfasser stammt aus dem Kreis der Jünger. Keiner hat Jesus persönlich gekannt. Die Autoren zeichnen auf, was sie gehört haben, was sie von anderen gelesen haben, was sie selber denken und glauben, und was sie in ihren Gemeinden erfahren. Es sind Glaubende, die schreiben, und als solche wollen sie ihren Glauben weitersagen, weitergeben und damit bei anderen Glauben erwecken. Und sie wollen der Welt, vor allem aber den Juden, darlegen, dass es sich bei Jesus um jenen Messias, Heilsbringer, Erlöser und Sohn Gottes handelt, dessen Kommen im Alten Testament prophezeit wird. Das ist für die Jesus-Anhänger der damaligen Zeit das größte neuere Ereignis der Weltgeschichte, nein, das größte Ereignis überhaupt, und davon sollen alle Menschen erfahren.

Dafür war es notwendig, möglichst anschaulich vom Leben, Lehren und Sterben Jesu zu berichten und zugleich jede Tat, jede Äußerung und jedes mit Jesus zusammenhängende Ereignis mit Lehren, Sätzen und Ereignissen des Alten Testaments in Beziehung zu bringen. Auf den *Schriftbeweis*, die Kontinuität zum Alten Testament, und auf theologische Stimmigkeit legten die Verfasser mehr Wert als auf historische Genauigkeit.

Um nur ein Beispiel zu nennen: Jesus wurde wahrscheinlich in Nazareth geboren, aber für die Evangelisten musste er in Bethlehem auf die Welt kommen, denn nach einer Prophezeiung des Propheten Micha (5, 1) wird der Messias aus Davids Geschlecht aus Bethlehem stammen. Von einem Kindermord des Herodes im Zusammenhang mit Jesu Geburt ist den Historikern nichts bekannt, aber die Geschichte erinnert an den Kindermord des Pharao vor Israels Auszug aus Ägypten.

Das Neue Testament ist voll von solchen Anspielungen auf, Parallelen und Zusammenhängen mit dem Alten Testament. Sie waren den Evangelisten wichtiger als rein empirische Daten und Fakten. Es ging ihnen um ein Wissen, das schon gedeutet ist und tiefer blickt als bloß empirisches Wissen, das man sowieso nur vom Hörensagen kannte.

Wie schon die Schöpfer des Alten Testaments, so waren also auch die Schöpfer des Neuen Testaments weniger an einer faktengetreuen als vielmehr an einer theologischen Geschichtskonstruktion interessiert. Die Tatsachen hatten sich nach dem Glauben zu richten, und das war die damals übliche, allgemein akzeptierte Haltung unter den antiken Menschen. Niemand nahm daran Anstoß, niemand wäre auf die Idee gekommen, von Betrug oder Priesterschwindel zu reden.

Deshalb, und auch, weil es mehrere waren, die zu unterschiedlichen Zeiten an unterschiedlichen Orten für unterschiedliche Adressaten schrieben, stoßen wir im Neuen Testament auf so viele Unstimmigkeiten und Ungereimtheiten, dass unser Bild von Jesus und seinen Jüngern von Anfang an unscharf und mehrdeutig ist. Der heutige Pluralismus in der Theologie und in den Kirchen ist eine Folge dieser anfänglichen Unschärfe. Sie musste mit wachsendem zeitlichem Abstand zwangsläufig immer mehr zunehmen, und vielleicht bedurfte es dieser Unschärfe von Anfang an, damit sich das Christentum zur Weltreligion entwickeln konnte.

Auf welch sumpfigem Gelände sich die historische Forschung über Jesus bewegt, wird bereits klar, wenn man nach den simpelsten Eckdaten seines Lebens fragt: dem genauen Geburts- und Todesdatum. So fällt nach Matthäus (2, 1) Jesu Geburt in die Regierungszeit des Königs Herodes. Von dem wissen wir, dass er um 4 vor Christus starb. Nach Lukas jedoch ereignete sich die Geburt während der Volkszählung des Kaisers Augustus. Diese konnte frühestens um 6 nach Christus stattgefunden haben, denn der von Lukas genannte römische Präfekt Quirinius (manchmal auch Kyrenius geschrieben) soll die Aktion durchgeführt haben, und Quirinius hatte dieses Amt erst seit 6 nach Christus inne.

Doch damit nicht genug. Denn in der Folge widerspricht sich Lukas selbst. Er schreibt: *Und Jesus war ungefähr dreißig Jahre alt, als er anfing zu lehren* (3, 23). Zuvor aber wurde Jesus von Johannes getauft, und über Johannes heißt es bei Lukas (3, 1), er sei im fünfzehnten Regierungsjahr des Kaisers Tiberius von Gott als Prophet berufen worden und bald darauf Jesus am Jordan begegnet, wo sich Jesus von ihm taufen ließ. Tiberius regierte von 14 bis 37 nach Christus, also musste Johannes um das Jahr 28/29 nach Christus an den Jordan gegangen sein und um diese Zeit oder später Jesus getauft haben. Wenn Jesus damals ungefähr dreißig Jahre alt war, konnte er tatsächlich um das Jahr Null herum geboren worden sein. Allerdings könnte die Zahl dreißig auch symbolisch gemeint sein, weil bei den Juden mit dreißig Jahren das Mannesalter begann. Symbolische Zahlen waren allen antiken Menschen wichtiger als empirische. Es ist also unmöglich, aus den verfügbaren Quellen das tatsächliche Geburtsjahr Jesu abzuleiten.

Dasselbe gilt für das Todesdatum. Gekreuzigt wurde Jesus unter Pontius Pilatus, der zwischen 26 und 36 römischer Statthalter in Judäa war. Aber an welchem Tag in welchem Jahr? Auch hier widersprechen die Evangelien einander oder sind ungenau, und die Daten müssen auf komplizierte Weise von Astronomen kalendarisch aus den Angaben Rüsttag (Vorabend des Sabbat), Sabbat und Pessach nach dem Sederabend berechnet werden, und daraus ergibt sich, dass die Hinrichtung im April der Jahre 30, 31, 33 oder 34 stattgefunden haben muss. Jesus wird also wohl mindestens dreißig und höchstens vierzig Jahre alt gewesen sein, als er am Kreuz starb. Genaueres lässt sich nicht sagen.

Der Versuch, eine Biographie Jesu zu schreiben, scheitert also bereits an Datierungsfragen. Die Probleme, mit denen man bei der Bestimmung von Geburts- und Todesjahr konfrontiert ist, stellen sich bei so gut wie jedem berichteten Detail aus dem Leben Jesu, auch bei den wichtigeren. Trotzdem ist immer wieder probiert worden, aus allen verfügbaren Daten so etwas wie eine Biographie herauszukristallisieren. Aber all diese Versuche liefen auf die Erkenntnis hinaus, dass es nicht geht.

Schon vor rund hundert Jahren war der berühmte Arzt und Theologe Albert Schweitzer in seiner *Geschichte der Leben-Jesu-Forschung* zu dem ernüchternden Ergebnis gekommen: Was immer die Autoren in der Vergangenheit über Jesus geschrieben haben, es hatte wenig mit dem wirklichen Jesus und viel mit den Autoren zu tun. Sie haben ihr jeweiliges Idealbild in Jesus hineinprojiziert. Aufklärer sahen in Jesus einen Aufklärer, Tierfreunde einen Tierfreund, Kinderfreunde einen Kinderfreund, Patrioten einen Patrioten.

Daran hat sich bis heute kaum etwas geändert. Man muss nur einmal die Kirchentage der letzten dreißig Jahre Revue passieren lassen. Immer trug der auf diesen Kirchentagen verkündete Jesus die Gewänder des jeweils regierenden Zeitgeistes, während der wilden 68er Jahre etwa die Baskenmütze Che Guevaras oder den Palästinenserfeudel Arafats, später das T-Shirt der Friedensbewegung mit der Aufschrift «Make Love Not War», danach die lila Latzhose der Feministinnen, den Anti-AKW-Aufkleber der Umweltschützer, den Norweger-Pullover der Ökofreaks, den Umhang eines indischen Meditations-Gurus, die Locken eines Rastafari. Seit die Individualisierung unter den Jugendlichen explosionsartig zunimmt, spaltet sich Jesus in einen Love-Parade-DJ, einen spirituellen Guru, einen coolen Manager, einen Hip-Hopper, einen Rapper und noch vieles mehr, während es den Latzhosen- und Norweger-Pullover-Jesus und all die anderen Jesusse auch weiterhin gibt.

Und diese Kirchentags-Jesusse sind ja nur ein kleiner Ausschnitt aus einer schier unübersehbaren Vielzahl von Jesusbildern. War Jesus nicht ein Weiser, ein Charismatiker, ein Mystiker? War er nicht auch Wunderheiler, Psychotherapeut, Narr, Rebell, Lehrer, Geschichtenerzähler, ein Mensch für andere oder schlicht der neue Mann?

Nicht von ungefähr hat Gott ein Bilderverbot erlassen. Als Mose Gott bat, *lass mich deine Herrlichkeit sehen*, antwortete dieser, *mein Angesicht kannst du nicht sehen, denn kein Mensch wird leben, der mich sieht*. Aber auf einen Kompromiss ließ sich Gott ein. Er schickte Mose in eine Felsenhöhle, um daran vorbeizugehen. Während er das tat, bedeckte er mit seiner Hand Moses Gesicht, *und wenn ich dann meine Hand zurückziehe, so magst du mir hinten nachsehen; aber mein Angesicht soll man nicht sehen.* (2 Mose 33, 18–23)

Den Rücken des verschwindenden Gottes durfte Mose sehen, mehr war selbst für ihn nicht drin. Nicht einmal Mose durfte sich ein Bild von Gott machen. Darum muss jedes Bild, das sich Menschen von Gott machen, notwendigerweise falsch sein. Gott sprengt das menschliche Vorstellungsvermögen. Deshalb, und weil immer die Gefahr besteht, dass aus Bildern Götzen werden, sollen wir ja auch das Bildermachen bleiben lassen. Nicht wir sollen uns ein Bild von Gott machen, sondern er hat sich längst eins von uns gemacht – nach seinem Bilde hat er uns geschaffen.

Doch wer von Gott redet, macht sich zumindest sprachlich Bilder von Gott. Es geht gar nicht anders. Ging nie. Die Bibel ist voll von sprachlichen Gottesbildern. So gut wie jede Geschichte zeichnet ein Bild von Gott. Die Bilder verändern sich im Lauf der Zeit, entwickeln sich, widersprechen einander, müssen daher miteinander verglichen, geprüft, restauriert und neu entworfen werden. Es ist ein fortwährender, dynamischer Prozess, man darf nie vor einem einzigen Bild verharren, muss von Bild zu Bild springen wie im Treibeis von Eisscholle zu Eisscholle, nur so kommt man voran, wenn auch selten oder nie ans Ziel, und niemals zu einem endgültigen, für alle verbindlichen Gottesbild. Immer muss man sich bewusst sein: Jedes Bild ist falsch.

Diese Einsicht öffnet natürlich einem relativistischen Standpunkt Tür und Tor. Wenn es so gut wie gar nichts gibt, was historisch gesichert ist, außer dem dünnen Faktum, dass Jesus wirklich gelebt hat, dann fehlen dem christlichen Glauben wichtige Anhaltspunkte in der Realität, und dann hat im Prinzip jedes Jesus- und Gottesbild seine Berechtigung. Damit wird aber der Glaube zu einer Sache der subjektiven Beliebigkeit. Und damit wird es sinnlos, überhaupt noch irgendwelche Aussagen über Jesus und Gott zu machen.

Oder gibt es einen Ausweg? Gibt es über alle Widersprüche hinweg etwas Gemeinsames, Unbestreitbares, woran wir uns halten können?

Christen glauben laut eigenem Bekenntnis *an Gott, den Vater, den Allmächtigen, den Schöpfer des Himmels und der Erde. Und an Jesus Christus, seinen eingeborenen Sohn, unsern Herrn, empfangen durch den Heiligen Geist, geboren von der Jungfrau Maria, gelitten unter Pontius Pilatus, gekreuzigt, gestorben und begraben, hinabgestiegen in das Reich des Todes, am dritten Tage auferstanden von den Toten, aufgefahren in den Himmel; er sitzt zur Rechten Gottes, des allmächtigen Vaters; von dort wird er kommen, zu richten die Lebenden und die Toten.*

In der katholischen Kirche und in den wichtigsten Varianten der evangelischen Kirchen wird dieses *apostolische Glaubensbekenntnis* an jedem Sonntag von allen Gottesdienstbesuchern gesprochen. Orthodoxe sprechen einen anderen, älteren Text – das *nicäische Glaubensbekenntnis –*, der jedoch mit keinem Wort im Widerspruch zu diesem Bekenntnis steht.

Der Text ist klar. Aber ist er auch wahr? Und: Bedeutet er, was er sagt? Mehr als anderthalb Jahrtausende lang war die Antwort auf diese Frage eindeutig: Jawohl, er ist wahr, und zwar genau in dem Sinn, wie es seine Worte aussagen. Der Text kann buchstäblich so genommen werden, wie er dasteht.

Mehr als anderthalb Jahrtausende lang haben die Christen tatsächlich wortwörtlich geglaubt, dass Maria trotz Empfängnis und Geburt Jungfrau geblieben ist. Sie bezweifelten nicht, dass Jesus auf dem Wasser laufen konnte, Wasser in Wein verwandelt, Kranke geheilt, Dämonen ausgetrieben und Tote auferweckt hat. Sie waren davon überzeugt, dass Jesus drei Tage nach seinem Tod als wiederbelebter Leichnam zu seinen Jüngern zurückgekehrt ist, dem ungläubigen Thomas sogar erlaubt hat, seine Wunden zu berühren, mit den Jüngern gegessen und getrunken hat und nach vierzig Tagen auf einer Wolke in den Himmel getragen wurde. Und weitere zehn Tage später vermeinten seine Anhänger während einer Versammlung, die Anwesenheit und das Wirken des Heiligen Geistes physisch zu verspüren. Seitdem glaubten die Christen an die Dreieinigkeit aus Vater, Sohn und Heiligem Geist.

Viele einfache Menschen glauben das heute immer noch. Für sie ist Gott allmächtig, also ist ihm nichts unmöglich. Gott habe die Naturgesetze gemacht, also könne er sie auch brechen, überwinden, an ihnen vorbei handeln.

Für kompliziertere, gebildete Menschen hingegen, die sich bemühten, mit der Entwicklung der Natur- und Geisteswissenschaften Schritt zu halten, wurden die Glaubenssätze der alten Kirche ab der Aufklärung immer fragwürdiger. Die Kirche hat lange dagegengehalten, die Aufklärung bekämpft, das Wörtlichnehmen der Glaubenssätze verteidigt. Vergeblich. Heute findet man kaum noch einen wissenschaftlichen Theologen, der klipp und klar sagt: Jesus hat damals bei der Hochzeit in Kana wirklich Wasser in Wein verwandelt, auf dem See Genezareth durch sein bloßes Wort den Sturm gestillt, Tote wieder zum Leben erweckt, und selbstverständlich ist Jesus von den Toten auferstanden, und damit basta.

Wissenschaftlich gebildete Theologen wissen viel zu viel, als dass sie es sich erlauben könnten, eine solch einfache Und-da-mit-basta-Theologie zu vertreten. Was sie zu bieten haben, befindet sich auf dem Stand der wissenschaftlichen Erkenntnis, führt aber eben deshalb zu einem schier endlosen Ja-aber-Schwanz, der in den meisten Fällen in das unausgesprochene Eingeständnis mündet: Wir wissen es auch nicht.

Ihrem «Ja, aber ...» folgen sehr viele, sehr schwer verständliche Sätze. Sie handeln von Bildern und Symbolen, von Glaubenssprachen und Mysterien, von Legenden und nachösterlichen Gemeindebildungen, von Vergleichen mit anderen antiken Wundertätern, Gottessöhnen und Jungfrauengeburten, und sie münden in Exkurse über das mythische Weltbild des antiken Menschen, in abstrakte Erörterungen des Unterschieds zwischen dem Glauben an die Auferstehung des Fleisches und dem Glauben an die Unsterblichkeit der Seele.

Gerne fließen auch komplizierte Erkenntnisse aus der schwer zu verstehenden Quantentheorie mit ein, oft verbunden mit der anschaulichen Erzählung vom Arbeitstier der Chaostheorie, dem Schmetterling, dessen Flügelschlag in der Südsee einen Orkan in der Nordsee auslösen kann. Da wird dann die Heisenberg'sche Unschärferelation mit dem deterministischen Chaos zusammengeschirrt, und es fallen Wörter wie Singularität, Diskontinuität, Phasensprung oder dissipative Struktur.

Und dieser ganze ungeheure Aufwand wird betrieben, um den langen Ja-aber-Schwanz mit dem Argument abzuschließen, so hermetisch verschlossen, wie die klassische Physik dachte, ist unsere Welt gar nicht. Dass diese doch irgendwo an einer unbekannten Stelle über ein metaphysisches Hintertürchen verfügt, wird uns durch die moderne, quantenphysikalisch und chaostheoretisch verstandene Naturwissenschaft nahegelegt, zumindest lässt die heutige Wissenschaft die religiöse Frage offen. Daher dürfe unser beschränktes, zeitbedingtes naturwissenschaftliches Weltbild nicht verabsolutiert und könne unmöglich zur Richtschnur über die Wahrheit des christlichen Glaubens erhoben werden. Die ganze Wirklichkeit sei stets größer als jener Teilbereich, der wissenschaftlichen Methoden zugänglich ist. Damit haben die Theologen recht, und deshalb ist der lange Ja-aber-Schwanz leider nötig.

Darüber darf man aber nicht vergessen, was ganz offensichtlich der Fall ist: Auch die meisten Theologen – und viele Bischöfe und Pfarrer in der westlichen Welt – glauben mittlerweile nicht mehr, dass Jesus gezaubert hat. Sie hegen also große Zweifel an der biblischen Darstellung der Geschehnisse nach dem Tod Jesu. Daher verstehen sie den Text des christlichen Glaubensbekenntnisses heute ganz anders, als er jahrhundertelang in der Kirche verstanden wurde. Die Wörter dieses Textes haben ihre frühere Eindeutigkeit verloren, werden inzwischen in einem übertragenen Sinn ausgelegt, schillern nur noch symbolisch, und bei jedem Theologen in anderen Farben. Bei manchem kann sich die Bedeutung der Wörter so weit verflüchtigen, dass er sich, wie Gerd Lüdemann[19], ehrlicherweise gezwungen fühlt zu sagen, Jesus sei in seinem Grab verwest wie jeder andere Tote.

Vor dieser letzten Konsequenz schrecken die meisten Theologen zurück, denn erstens handelt man sich damit nur Ärger mit seiner Kirche und den anderen Kollegen ein, zweitens verstört man die einfachen Gläubigen, drittens befindet man sich nahe bei jenen Religionskritikern, die schon immer behauptet haben, das Ganze sei nichts weiter als ein Priesterschwindel, und viertens hat man als Theologe tatsächlich ein Problem, die Sache so platt auf den Punkt zu bringen wie der Kollege Lüdemann. Also macht man sich so lange so komplizierte Gedanken, bis man sie am Ende möglicherweise selbst nicht mehr versteht, aber sich eben deshalb beruhigt zurücklehnen und sagen kann: Es ist halt ein Mysterium. Geheimnis des Glaubens. Wir werden es nie zu fassen bekommen.

Das ist wenig, gemessen an den vielen intellektuellen Zumutungen, die das Glaubensbekenntnis für uns moderne Menschen bereithält. Aber es ist viel, gemessen an den harten Attacken, die seit der Aufklärung gegen den Glauben geführt werden mit dem Ziel, ihn ein für alle Mal zu erledigen.

Jahrhundertelang haben die scharfsinnigsten Denker unter den Theologen und Philosophen versucht, die Existenz Gottes zu beweisen. Es ist nicht gelungen. Kant hat sogar die Unmöglichkeit von Gottesbeweisen bewiesen. Danach haben sich die scharfsinnigsten Denker unter den Aufklärern und Philosophen bemüht, die Nicht-Existenz Gottes zu beweisen. Auch das misslang. Heute steht es unentschieden. Nun gilt: Die Vernunft kann Gott weder beweisen noch widerlegen. Glaube und Vernunft müssen einander nicht ausschließen, können einander sogar ergänzen.

Sie haben es ja bereits in der Vergangenheit getan. Denn hat nicht das Judentum das kritisch-unterscheidende Denken überhaupt erst eingeführt und in seinen besten Phasen immer auch auf sich selbst angewandt? Die ganze Glaubensgeschichte von Abraham bis heute kann man als einen Jahrtausende währenden Läuterungsprozess des jüdisch-christlichen Glaubens verstehen. Immer wieder mussten bestimmte Gottesbilder aufgrund bestimmter Ereignisse und der Reflexion über diese Ereignisse – oft genug waren es Katastrophen – verworfen und auf ein höheres und meist auch abstrakteres Niveau gehievt werden. Es ist daher nicht nur legitim, sondern nach christlichem Verständnis geradezu gottgewollt, den Glauben an ihn kritisch zu prüfen, ihn von Zeit zu Zeit in Frage zu stellen, zu korrigieren und zu läutern.

Kein Wunder also, dass seit der Aufklärung so wenig übrig geblieben ist vom christlichen Glauben. Aber es wäre ein Irrtum anzunehmen, dieses Wenige sei ein Weniger, ein Fast-Nichts.

Im Gegenteil. Das Wenige kann mehr sein, denn je mehr unhaltbares Zeug aus dem Findling namens Glauben weggehauen wird, desto deutlicher tritt seine eigentliche Gestalt hervor, weil die alten Texte eben nicht nur aus unhaltbaren Tatsachen und Widersprüchen bestehen, sondern auch aus Bildern, Botschaften, Thesen und Sachverhalten, die sich entwickeln, entfalten, dadurch Bestand haben und Identitäten herausbilden. Zu ihnen stoßen wir vor, wenn wir die biblischen Texte vom Schutt der Zeit reinigen, von mythologischem Ballast befreien und aus allen zeitbedingten Vorstellungen herauslösen.

Das Oster- und Pfingstgeschehen: Die Geburt einer neuen Religion aus dem Untergang

Auch wenn man das Neue Testament gründlich entrümpelt und mit aufgeklärt-kritischem Blick liest, bleiben erstaunliche Tatsachen übrig, die einen geradezu wundersam anmuten. Zum Beispiel die Tatsache des Osterglaubens. Denn eigentlich musste Jesus, als er tot am Kreuz hing, als Gescheiterter betrachtet werden.

Sollte bis dato noch irgendjemand Messiashoffnungen an ihn geknüpft haben, so hätten diese Hoffnungen spätestens nach seinem Tod erlöschen müssen. So schändlich kann man nicht sterben, wenn man der Erlöser ist. Wenn Jesus der vom Alten Testament prophezeite Messias gewesen wäre, dann hätte er im letzten Moment vor seinem Tod vom Kreuz herabsteigen, himmlische Heerscharen zu sich rufen und mit diesen die Römer aus dem Land jagen müssen. Hat er nicht getan. Starb einen jämmerlichen Kreuzestod. Wurde hingerichtet wie ein ganz gewöhnlicher Verbrecher.

Die Jünger ahnten es. Schon bei seiner Gefangennahme verzogen sie sich. Nur einer schlich heimlich hinter dem Soldatentrupp her, der Jesus abführte und vor den Hohen Rat brachte: Petrus. Er folgte ihm bis in den Vorhof des Gebäudes, in dem Jesus vernommen und verurteilt wurde. Warum ging Petrus nicht hinein, um als Zeuge für Jesus auszusagen?

Weil er Angst hatte. In jenem Vorhof wird er von einer Magd erkannt als einer, der zu diesem Jesus gehört, gegen den gerade Anklage erhoben wird. Petrus aber streitet es ab. Die Magd beharrt darauf, ihn zu erkennen, macht die Umstehenden auf ihn aufmerksam, und auch sie sagen: Ja, den kennen wir, der gehört zu dieser Jesustruppe. Dreimal streitet Petrus ab, etwas mit dem Angeklagten zu tun zu haben. Und es krähte der Hahn. Von jetzt an war Jesus allein.

War er auch allein, als er am Kreuz starb? Die Evangelien machen darüber sehr unterschiedliche Angaben, die in einem bemerkenswerten Detail auffällig übereinstimmen: Die Jünger sind weg. Nur die Frauen sehen – bei den meisten Evangelisten *aus der Ferne* – wie Jesus stirbt.

Laut Markus sahen *Frauen von ferne zu, unter ihnen auch Maria Magdalena und Maria, des jüngern Jakobus und Joses Mutter, und Salome, die ihm, als er in Galiläa war, nachgefolgt waren und ihm gedient hatten, auch viele andere, die mit ihm nach Jerusalem hinaufgezogen waren* (Markus 15, 40).

Nach Matthäus *waren aber daselbst viele Frauen, die von ferne zusahen, welche Jesus von Galiläa her gefolgt waren und ihm gedient hatten, unter ihnen waren Maria Magdalena, und Maria, die Mutter des Jakobus und Joses, und die Mutter der Söhne des Zebedäus* (Matthäus 27, 55–56).

Lukas zählt auf: *alle seine Bekannten von ferne und die Frauen, die ihm von Galiläa her nachgefolgt waren* (Lukas 23, 49).

Nur bei Johannes stehen vier Menschen so nah am Kreuz, dass Jesus mit ihnen sprechen kann, und zwar drei Frauen, die kurioserweise alle Maria heißen: die Mutter Maria, Maria Magdalena und eine weitere Maria, die als Schwester der Gottesmutter vorgestellt wird. Mit dabei: ein Mann ohne Namen, von dem es heißt, der Jünger, *den Jesus lieb hatte* (Johannes 19, 25–26).

Frauen sind die Letzten, die Jesus sehen. Frauen balsamieren seinen Leichnam. Frauen sind die Ersten, die den Auferstandenen erblicken.

Was immer diese Übereinstimmungen und Unterschiede in den Aufzählungen und die Hervorhebung der Frauen zu bedeuten haben, in dem einen Punkt, in dem die Texte schweigen, tun sie es so laut, dass einem die Ohren klingen. Das Schweigen sagt: Von den Männern, die in besseren Zeiten engstens mit Jesus zusammengearbeitet und sich wichtig gemacht haben, fehlt in der Stunde seines Todes jede Spur. Jesus stirbt, und seine Jünger sind weg.

Wahrscheinlich hatten die Jünger in typisch männlicher Manier immer gedacht: Wenn Jesus der Messias ist und sich demnächst in seiner ganzen Macht und Herrlichkeit allen offenbart, dann wird er der Dirigent sein, und wir, seine engsten Mitarbeiter, werden die erste Geige spielen. Dass sie so berechnend waren, beweisen die vielfältig bezeugten Rangstreitigkeiten, die es unter den Jüngern gegeben hat[20], und ihre sie brennend interessierende Frage, wann es denn nun anfinge mit der Gottesherrschaft, wie es dabei zugehe und welche Rolle sie dabei spielen würden.

Als sie dann hörten, Jesus werde gekreuzigt, wird jeder für sich gedacht haben: Vergiss es. Vorbei. War alles nur ein Irrtum. Hirngespinste. Und daher geht es jetzt nur noch um eines: die eigene Haut retten. Die größtmögliche Distanz wahren zu Jesus, diesem Verlierer. Rückzug aus der Öffentlichkeit. Schwamm drüber. Über die Sache muss Gras wachsen. Und dann kann man irgendwann einmal wieder nach einem neuen, erfolgversprechenderen Messias Ausschau halten. Oder es auch bleiben lassen.

Normalerweise hätte die Sache Jesu damit erledigt sein müssen. Normalerweise hätte dieser Jesus jetzt, wie all die anderen im Lauf der Jahrzehnte von den Römern gekreuzigten Unruhestifter, dem Vergessen anheimfallen müssen.

Ähnlich stand es ein halbes Jahrtausend zuvor, als das Restkönigreich Juda unterging. Auch damals war alles vorbei. Auch damals waren die Nachkommen der ägyptischen Flüchtlinge eigentlich zum Aussterben verurteilt, zum Verschwinden aus der Geschichte. Stattdessen ging es danach erst richtig los. Die Geschichte mit Gott wurde einfach ohne König, ohne Land und ohne Tempel weitergeschrieben, und sogar besser als mit König, Land und Tempel.

Nun wieder dasselbe. Die Römer denken: Kreuzigen wir ihn, dann haben wir einen Unruhestifter weniger. Damit aber fängt die Unruhe erst an. Plötzlich heißt es: Jesus ist auferstanden. Er lebt. Wir haben ihn gesehen. Und dann sehen ihn alle, sprechen mit ihm, nach vierzig Tagen ist Himmelfahrt, nach fünfzig Tagen Pfingsten. Und nach dreihundert Jahren kracht das Römische Reich zusammen und wird von den Christen übernommen.

Was immer damals passiert ist nach der Kreuzigung, eines kann nicht geleugnet werden: Die Jünger, die sich in ihre Löcher verkrochen hatten, die etwas ferner stehenden Anhänger, die davon ausgingen, die Sache sei erledigt, und alle, die einmal an dieser Angelegenheit interessiert gewesen waren und sie nach dem Kreuzestod ad acta gelegt hatten, sind plötzlich wieder da, haben den Mut, sich öffentlich zu diesem Jesus zu bekennen. Sensationeller noch: Sie setzen sein Geschäft fort, verkünden allen seine Botschaft, fürchten weder die Römer noch den Hohen Rat, und von jetzt an nicht einmal mehr den Tod.

Das mit den fünfzig Tagen ist vermutlich sogar eine realistische Angabe. So lange muss es gedauert haben, bis Jesu Anhänger die Kraft gefunden hatten, sich an die Öffentlichkeit zu wagen und Jesus als den lebendigen Sohn Gottes zu verkünden. Ein ungeheurer Sinneswandel musste sie erfasst haben. Ihr Glaube an Jesu Wahrhaftigkeit hatte ihre Zweifel über seinen schändlichen Tod besiegt, und nun tritt das Pfingstwunder ein: *sie wurden alle erfüllt von dem heiligen Geist und fingen an, zu predigen in andern Sprachen, wie der Geist ihnen gab auszusprechen* (Apostelgeschichte 2, 4).

Ihr Gottesbild hatte sich grundlegend geändert in jenen sieben Wochen. Wieder einmal sind große Abstriche daran gemacht worden, große Teile auch ganz weggebrochen, aber was davon übrig blieb, war revolutionär neu und seltsam fremd: ein Verlierer als Sieger. Ein Hingerichteter als Herr über die Welt, geboren als Kind einfacher Leute in einem Kaff am Rande des Römischen Reiches. Ein Gott, der sich menschlichen Wunschvorstellungen verweigert und darum gerade nicht in Begleitung himmlischer Heerscharen vom Himmel herabsteigt, um ein gewaltiges Spektakel zu inszenieren, sondern sich stattdessen zu einem sterblichen Menschen entäußert. Ein Mensch, der liebt, leidet, sich nicht wehrt, gott- und menschenverlassen stirbt und auf das Unzuverlässigste überhaupt baut: das menschliche Herz, die menschliche Bußfertigkeit, die menschliche Umkehrbereitschaft, die menschliche Schwäche.

Die Juden wollten das nicht glauben. Und eigentlich kann man es ihnen nicht verdenken. Ist es nicht eine Zumutung, an einen solchen Gott glauben zu sollen? Gerade in dieser Zumutung liegt aber das stärkste Argument gegen die religionskritische Unterstellung, unsere Gottesbilder seien nur menschliche Projektionen. Das mag für die heidnischen und die überwundenen jüdisch-christlichen Gottesbilder zutreffen. Auf das Bild von der hingerichteten Gottheit trifft es nicht mehr zu. Auf so ein Bild kommt der Mensch von Natur aus nicht.

Die eigentliche Gestalt, die aus all den mythologischen Bildern des Alten und Neuen Testaments hervortritt, ist deshalb die sensationelle Gestalt Jesu als eines Verlierers, der ein Sieger ist. Ein Hingerichteter als Herr über die Welt, ein Gott, der sich zu einem sterblichen Menschen entäußert. Keine andere Religion hat ein so tiefgründiges, befreiendes, erlösendes und letztlich zuversichtliches Gottesbild in die Welt gebracht wie die christliche. Und der, der die ganze Größe dieses Gedankens als Erster erkannt hat, wahrscheinlich besser erkannt hat als die zwölf Jünger, war Paulus, und darum war er letztlich auch der Wirkmächtigere in der Geschichte des Christentums.

PAULUS, DER EIGENTLICHE
KIRCHENGRÜNDER

Was Jesu Feinde mit dessen Kreuzigung für beendet hielten, fing danach erst richtig an. In Jerusalem gründeten die Jünger die erste Gemeinde, und von dieser heißt es: *Alle Gläubigen aber waren beisammen und hatten alles gemeinsam und auch nicht einer sagte, dass etwas von seinen Gütern sein Eigen sei. … Und mit großer Kraft legten die Apostel das Zeugnis ab von der Auferstehung des Herrn Jesus, und große Gnade war auf ihnen allen. Es litt auch niemand unter ihnen Mangel; denn die, welche Besitzer von Äckern oder Häusern waren, verkauften sie und brachten den Erlös des Verkauften und legten ihn den Aposteln zu Füßen; und man teilte einem jeglichen aus, je nachdem einer es bedurfte.* (Apostelgeschichte 2, 42–45)

Die Anhänger Jesu verflochten ihre einzelnen Leben mitein-ander zu einem neuen Ganzen. Sie teilten ihren Alltag mitein-ander, und auch ihre Habe. Jedes einzelne Mitglied änderte sein Leben radikal. Die alten Bindungen, die ausgeübten Berufe, der soziale Status, die Herkunft, das Geschlecht, das alles ließen sie hinter sich. Sie begannen, Ernst zu machen mit dem, was sie verstanden zu haben glaubten, und formierten sich zu einem neuen Volk Gottes. Um den Kreis der Jünger herum, die sich nun *Apostel* (Sendboten, Gesandte) nannten, bildete sich die erste *christliche Urgemeinde*.

Und mit großer Kraft legten die Apostel das Zeugnis ab von der Aufer-stehung des Herrn Jesus (Apostelgeschichte 4, 33) – das dürfte eher untertrieben sein, denn hier handelte es sich um ein Kraftwerk, dessen Leistung sich im Verlauf weniger Jahrhunderte unaufhörlich steigerte und das Energiereserven bildete, die für zweitausend Jahre christliche Geschichte reichten. Noch heute zehrt das Christentum von den damals angelegten Vorräten.

Wir wissen nicht, wie viele Mitglieder die erste Keimzelle dieses Kraftwerks hatte. Zu Beginn waren sie wohl eine kleine unbedeutende Minderheit in Jerusalem, jedoch eine, die stark genug war, um öffentliche Aufmerksamkeit zu erregen, führende Kreise der Stadt kräftig zu ärgern und sofort mit der Obrigkeit in Konflikt zu geraten. Stress mit den Behörden, Zusammenstöße mit dem einen oder anderen Würdenträger, Auseinandersetzungen mit diesem oder jenem erlauchten Gremium, Schikanen, Druck von oben, Verspottung durch Intellektuelle, Einspruch von den Juden, Widerspruch von den Heiden – solche Erfahrungen gehören ab jetzt für die nächsten drei Jahrhunderte zum Alltag der Christen. Immer wieder wurden aus der Jerusalemer Gemeinde einzelne Apostel oder alle zusammen vor den Hohen Rat geladen. Auch Stephanus, ein neues charismatisches Mitglied der Gemeinde, wurde herbeizitiert und sagte den Mitgliedern des Rates mutig ins Gesicht: *Am Körper seid ihr beschnitten, aber euer Herz ist unbeschnitten, und eure Ohren sind verschlossen für Gottes Botschaft! Ständig widersetzt ihr euch dem Geist Gottes.* (Apostelgeschichte 7, 51)

Aufbegehren gegen die Obrigkeit bleibt selten unbestraft. Über Stephanus werden verleumderische Gerüchte gestreut, es kommt zur Anklage, falsche Zeugen sagen gegen ihn aus, und er wird gesteinigt. Er ist der erste christliche Märtyrer. Die Aufsicht über diese vorschriftsmäßige Steinigung hatte ein Mann namens Saulus geführt, ein Mann, von dem die Welt noch hören sollte.

Die Jerusalemer Urgemeinde verkündete Jesus als den Messias. Das allein genügte schon, um für Aufruhr zu sorgen, nicht nur bei den Oberen, sondern auch im normalen Volk. Viele Juden betrachteten das als Verhöhnung ihres Glaubens, denn sie bezogen ihre Vorstellungen über den Messias aus den alten Texten ihrer Propheten. Darin wird das Kommen des Messias spektakulär geschildert. Das Krumme soll gerade werden, das Gerade krumm. Berge sollen zu Tälern werden, Täler sich zu Bergen erheben. Die sich für weise halten, werden als Narren entlarvt, und die Weisheit der Welt zur Torheit gemacht (Jesaja 40, 4).

Weltumstürzendes wurde rund um Jerusalem erwartet, damals, als Kaiser Tiberius in Rom regierte. Aber was kam, war nur ein jüdischer Wanderprediger aus Galiläa, noch dazu einer, der relativ wenig auffiel, Sohn eines Zimmermanns, wohnhaft in Nazareth. Von Rom aus betrachtet, war schon Jerusalem tiefste Provinz. Von Jerusalem aus betrachtet, waren Nazareth und Galiläa tiefe Provinz, und Galiläa war außerdem auch noch ein mit Heiden durchsetztes, also nicht mehr ganz reines Gebiet. Von dort, statt aus dem Himmel, sollte der Messias kommen?

Prediger des anbrechenden Reiches Gottes, Messias-Propheten, Mönche und wandernde Verkünder des nahenden Weltendes gab es damals viele rund um Jerusalem und darüber hinaus. Die meisten haben sich exaltierter benommen als Jesus, waren spektakulärer gekleidet, haben aufsehenerregendere Dinge erzählt und auffälligere Schauplätze für ihr Auftreten gewählt, die Wüste, den Jordan, den Tempel. Jesus hatte eine starke Konkurrenz. Von dieser wissen wir heute nichts mehr. Jesus allein blieb als Messias übrig, ausgerechnet einer, der den schändlichsten Tod starb, den man sich denken konnte, ausgerechnet einer, der dem Bild, das man sich von einem Messias geschnitzt hatte, in keiner Weise entsprach.

Und wir wissen bis heute nicht sicher, ob er sich eigentlich selbst als Messias betrachtet hatte. Die Evangelien bleiben in dieser Frage seltsam unbestimmt, und wo sie dezidiert sagen, Jesus sei sich von Anfang an seiner Messias-Würde bewusst gewesen, habe diese zunächst geheim gehalten und dann aber öffentlich gemacht, wissen wir nicht, ob es wirklich so war oder ob das nachträglich in den Gemeinden erzählt und schließlich von den Evangelisten entsprechend festgeschrieben wurde. Gewiss, der Hohe Rat behauptete gegenüber Pontius Pilatus, Jesus habe sich als Messias bekannt, aber der Hohe Rat wollte Jesus loswerden und brauchte einen Anklagepunkt, der die Todesstrafe rechtfertigte.

Mit Gewissheit können wir daher lediglich sagen: Eigentlich warb Jesus nur um Freiwillige. Mit ihnen wollte er einen neuen Anfang machen bei dem Versuch, Volk Gottes zu werden. Dass er darüber zum Stifter einer neuen Religion wurde, hat er wohl selbst nicht geahnt, auch gar nicht angestrebt. Die Gründung einer christlichen Kirche lag nicht in seiner Absicht.

Auch die Jerusalemer Urgemeinde war sich nicht bewusst, Keimzelle einer neuen Weltreligion zu sein. Deren Mitglieder zählten sich weiter zu den Juden, hielten sich an das jüdische Gesetz, lasen das Alte Testament und verstanden sich nicht als Christen, sondern als eine jüdische Gruppierung unter anderen, von denen es damals viele gegeben hat, die Pharisäer, Sadduzäer, Essener, Zeloten, die Leute in Qumran und das hellenistische Diasporajudentum.

Auf die Idee, ihre Botschaft griechischen Heiden zu verkünden, wären Jesu Anhänger nie gekommen. Er selbst hatte daran auch nie einen Gedanken verschwendet. Die griechische Welt war ihm fremd, genauso fremd wie seinen hinterbliebenen Anhängern. Vertraut war sie nur den hellenistischen Diasporajuden, die zu einem großen Teil gar nicht mehr oder nicht mehr richtig hebräisch oder aramäisch sprachen, sondern griechisch, und das Alte Testament in einer griechischen Übersetzung lasen, der *Septuaginta*. Trotz ihrer Existenz inmitten einer griechischen Umwelt lebten sie getrennt von dieser, orientierten sich am Tempel, solange es ihn noch gab, nach seiner Zerstörung an Jerusalem, solange es dieses noch gab, und als auch Jerusalem zerstört war, betrachteten sie die Thora und die Synagoge als ihre Heimat – genau wie die getauften jüdischen Jesus-Anhänger, die sich von den Heiden fernhielten und ihre Jesusbotschaft fast ausschließlich an die anderen jüdischen Gruppierungen richteten. Diese aber reagierten befremdet, fühlten sich provoziert von der neuen Botschaft. Denn der Glaube der Jesus-Anhänger an den Gekreuzigten als den Messias war für diejenigen Juden, die Weltumstürzendes erwartet hatten, eine unerhörte Verrücktheit, für viele war es Gotteslästerung und darum unter den Juden nicht mehrheitsfähig. Die politisch-religiösen Strukturen des Judentums waren trotz der vielfältig existierenden Gruppen schon längst so verhärtet, dass sie von den wenigen Jesus-Anhängern nicht mehr aufgebrochen werden konnten.

Vermutlich wären diese ersten Christen eine Episode geblieben, als jüdische Sekte in die Geschichte eingegangen und eine Angelegenheit für ein paar Spezialisten der jüdischen Geschichte geworden, wenn nicht plötzlich in Kleinasien ein Mann aufgetreten wäre, der alles wendete, der fanatische Christenverfolger Saulus. Schlagartig, allein, und auf eine für ihn erschütternde Weise, hatte der für das Gesetz und den alten Glauben eifernde Christenhasser plötzlich erkannt, was sich denen, die er verfolgte, im Verlauf vieler Wochen und Monate nur gemeinsam und allmählich erschlossen hatte: dass gerade in der Botschaft vom Kreuz das eigentlich Weltumstürzende liegt, das die Juden erwartet, aber nicht erkannt hatten, und dass dieses Sterben der Gottheit am Kreuz revolutionärer ist als alles, was sich die Propheten des Alten Testaments an Messiashoffnungen und an Schilderungen seines Kommens ausgedacht hatten.

Die Heftigkeit dieser blitzartigen Eingebung hat die ganze Persönlichkeit des Saulus verwandelt, den eifernden Christenhasser zum eigentlichen Sendboten Jesu Christi gewendet. Von seiner neuen Erkenntnis war Saulus so erfüllt, dass er unaufhörlich davon reden und es allen erzählen musste, Juden wie Griechen.

Auf ihn geht das Wort vom *Damaskus-Erlebnis* zurück, denn Saulus war auf dem Weg nach Damaskus, als *ihn plötzlich ein Licht vom Himmel umstrahlte*, er zur Erde fiel und eine Stimme hörte, die zu ihm rief: *Saul, Saul, was verfolgst du mich? Er aber sagte: Wer bist du, Herr? Der aber sprach: Ich bin Jesus, den du verfolgst.* (Apostelgeschichte 9, 3–5)

Als Saulus wieder aufstand und aufblickte, war er blind und musste nach Damaskus geführt werden. Drei Tage lang blieb er blind, aß nicht und trank nicht, bis Ananias, ein Christ, ihm die Hand auflegte. *Und alsbald fiel es von seinen Augen wie Schuppen, und er konnte wieder sehen und stand auf und ließ sich taufen, nahm Speise und stärkte sich.* (Apostelgeschichte 9, 18)

Das Damaskus-Erlebnis samt anschließender Bekehrung wird häufig mit dem Wandel von Saulus zu Paulus in Verbindung gebracht, so, als ob sich Saulus danach in Paulus umbenannt hätte. Tatsächlich aber trug er vermutlich von Anfang an den Doppelnamen Saulus Paulus. Nur Lukas nennt ihn anfänglich Saulus, und später – nicht im Zusammenhang mit Damaskus – führt er beiläufig den Namen Paulus ein und bleibt bei diesem Namen. Paulus selbst nannte sich in seinen Briefen immer nur Paulus.

Paulus also fiel es wie Schuppen von den Augen – er musste intensiv über die Verrücktheit der Christen nachgedacht haben, einen Kreuzestoten als Messias anzubeten, und dabei kam ihm die Erleuchtung, die Erkenntnis der Wahrheit: Ja, genauso verhält es sich, Gott konnte unmöglich den typisch menschlichen Vorstellungen von einem Messias entsprechen. Ein Triumphator, der vom Himmel steigt, wäre nicht der wahre Gott, sondern nur die Bestätigung menschlicher Projektionen. Diese zu bedienen, hätte nur nationalistisches Triumphgeheul unter den Juden hervorgerufen. Sie hätten sich als Sieger gefühlt und alle anderen als Verlierer behandelt, und statt Frieden hätte es neuen Unfrieden gegeben. Gott musste am Kreuz sterben, damit endlich Frieden einkehrt unter den Völkern und die Menschen erkennen, wie der wahre Gott wirklich ist. In Jesus hatte sich Gott erneut offenbart, darum ist der Zimmermannssohn Jesus, der Provinzler aus Nazareth, der Sohn Gottes.

Paulus tut, was Juden schon immer tun: Er deutet die Geschichte. Da war ein Ereignis, die Kreuzigung. Und da war ein zweites Ereignis, die Weigerung seiner Anhänger, sich geschlagen zu geben. Und da waren drittens Menschen, die ihr Leben radikal änderten – wegen dieses Menschen Jesus, dem alle nachsagten, dass er ein besonderes Gottesverhältnis gehabt und Gott außergewöhnlich gut verstanden haben musste. Deshalb war dieser Jesus ein Gottessohn, der Messias.

Paulus interessiert wenig, wie Jesus vor seinem Tod gelebt hat, was er gelehrt, gesagt und getan hat. Er hätte die Chance gehabt, Jesus' Weggefährten Petrus, Jakobus oder Johannes auszufragen über dessen Leben. Wenn er es getan haben sollte, so hat er es nicht aufgeschrieben. Da er ja sonst viel schrieb, muss man schließen: Ob er nun über das Leben Jesu Bescheid wusste oder nicht, es war ihm unwichtig. Paulus interessiert sich nicht für Jesus, sondern für Christus. Wichtig war Paulus allein der Kreuzestod und die Bedeutung, die er ihm beimaß. Für Paulus war dieses Sterben am Kreuz ein weltgeschichtliches Ereignis, weil es Gott war, der da starb.

Diese für ihn sensationelle Tatsache treibt Paulus nun an, sie im ganzen Römischen Reich bekannt zu machen. In Jerusalem und Judäa tun das die Jünger Jesu, dort wird er nicht gebraucht, also reist er im Rest der Welt umher, und immer begibt er sich zunächst in die vielen im ganzen Reich existierenden jüdischen Gemeinden, in die Synagogen, gewinnt dort auch Anhänger, tauft sie, aber macht eine seltsame Erfahrung: Was er zu erzählen hat, stößt bei den angeblich unverständigen Heiden auf offenere Ohren und wird besser begriffen als bei den scheinbar verständigen Juden, die es doch leichter hätten begreifen müssen, weil diese Botschaft eigentlich für sie bestimmt war. Paulus tauft wesentlich mehr Heiden als Juden.

Vermutlich wäre das heute nicht anders, wenn Jesus wiederkäme. Wahrscheinlich fände er bei den der Kirche Fernstehenden, den Ausgetretenen und Ungetauften mehr Gehör und mehr Verständnis als bei den kirchlichen Insidern und Klerikern, die im Ernst gar nicht mehr damit rechnen, dass Jesus wiederkommen könnte, und sich von ihm sehr gestört fühlten, wenn er es dennoch täte. Im Lauf von zwei Jahrtausenden hat sich die christliche Dogmatik wie ein babylonischer Turm so in die Höhe geschraubt, dass zwischen den Klerikern in der Spitze des Turmes und dem gemeinen Volk an der Basis kaum noch eine Verbindung besteht. Die Kleriker hatten auch nie den Versuch unternommen, das Volk mitzunehmen auf ihre Höhe.

Für die Kleriker da oben ist es ein Leichtes, aus ihrer in Jahrtausenden entwickelten Mechanik des Glaubens den Zölibat oder das Verbot der Pille dogmatisch abzuleiten. Unten, am Eingang des Turms, ist das dem davorstehenden Volk nicht mehr zu vermitteln. Oben hängen die Kleriker an ihrem Abendmahlsverständnis, dem Zölibat, dem Pillenverbot, der Nichtzulassung von Frauen ins Priesteramt und an staatlich gewährten Privilegien mit derselben Leidenschaft, wie einst die Juden an der Beschneidung, ihren Speisegeboten, Sabbatregeln, rituellen Waschungen und den diversen Tempeldiensten gehangen haben.

Es bedurfte eines Paulus, um diese geheiligten, traditionsbeladenen, einst identitätsstiftenden jüdischen Gepflogenheiten als das zu entlarven, was heute deren christliche Entsprechungen sind: hohle Form, bloße Äußerlichkeiten, leeres Brauchtum, konsequenzlose Lehre, die für das Leben der Menschen damals so belanglos waren, wie sie es gegenwärtig für die Menschen in dieser Welt sind. Ob christliche Gottesdienste heute in deutscher oder lateinischer Sprache gehalten werden, ist für die weitere Entwicklung in Deutschland vollkommen unerheblich. Ob Kruzifixe in den Klassenzimmern hängen oder ob es einen Gottesbezug in einer noch zu schreibenden europäischen Verfassung gibt, hat auf den Lauf einer von den internationalen Finanzmärkten gesteuerten Welt keinerlei Einfluss. Paulus, wenn er heute wiederkäme, würde sich nicht um die Sonntagsheiligung und die Liturgie kümmern, sondern um die Alltagsheiligung und um eine Umkehr der Getauften. Das Ergebnis wäre ein von Grund auf verändertes Wirtschaftsleben, in dem die Arbeit ihre Würde zurückbekäme und das Kapital wieder zum Dienst am Ganzen verpflichtet würde. In den weltentrückten Dogmatiken unserer Kirchturmgelehrten aber kommt der Alltag der gewöhnlichen Menschen nicht mehr vor.

Christliche Dogmatiken, von Schriftgelehrten am Ende eines langen in Hörsälen und Bibliotheken verbrachten Forscherlebens aufgezeichnet und als mehrbändige Folianten zu den anderen Folianten gestellt, sind heute für einen Normalbürger komplett unverständlich. Sie sind auch nicht für ihn geschrieben, sondern für nachfolgende Theologengenerationen produziert, auf dass diese etwas haben, womit sie sich beschäftigen, die eigene Karriere aufbauen und diese mit einer weiteren Dogmatik krönen können. Dogmatiken sind eine der Theologenzunft gemäße Form der Beschäftigungstherapie. Daher muss wohl, wer heute dem Volk und nicht den Professorenkollegen die Botschaft von Jesus nahebringen will, selbst einer von unten sein, der sich das Eigentliche der christlichen Botschaft nicht im theologischen Oberseminar erarbeitet, sondern es durch sein Leben mitten in der Welt intuitiv erfasst hat, so wie der Fischer Petrus und der Zeltmacher Paulus.

Petrus und Paulus hatten Jesus begriffen, und was sie begriffen hatten, gaben sie weiter. Aber nur das einfache Volk und die dogmatisch unbelasteten Heiden haben die Botschaft verstanden. Zur politisch-religiösen Obrigkeit drang sie nicht mehr durch. 1200 Jahre Dogmengeschichte und theologische Gelehrsamkeit standen dazwischen. Für die Heiden war es leichter. So konnte gerade die fremde Welt des Hellenismus durch die Vermittlung des getauften jüdischen Pharisäers Paulus, der die römische Staatsbürgerschaft besaß und griechisch sprach, zum großen Resonanzboden für die Botschaft des aramäisch sprechenden Juden Jesus werden.

Nach seiner Taufe suchte Paulus sich verschiedene Mitarbeiter, die ihn auf seinen Missionsreisen begleiteten. Die biblischen Quellen (Paulusbriefe und Apostelgeschichte) nennen Barnabas, Erastus, Silas, Timotheus und Titus. In großen Städten, wie Philippi, Korinth, Thessalonich oder Ephesus, ließ er sich eine Zeit lang nieder, predigte und taufte, gründete Gemeinden, und sobald er das Gefühl hatte, dass eine neugegründete Gemeinde sich selbständig organisieren und auch missionieren konnte, brach er auf in die nächste Stadt und hielt von dort Briefkontakt zu den bereits bestehenden Gemeinden. Seinen Beruf des Zeltmachers übte er auch weiterhin aus, um den Gemeinden nicht auf der Tasche zu liegen.

Mehrmals wurde er, wie es sich damals für einen ordentlichen Christen gehörte, ins Gefängnis geworfen, mal in Philippi, mal in Ephesus oder in der Provinz Kleinasien. Fast zwanzig Jahre lang beackerte er die östlichen Regionen des Mittelmeerraums von Antiochien bis Korinth, gründete Gemeinden in ganz Kleinasien, Mazedonien und Griechenland. Auch er verfolgte kaum die Absicht, eine Kirche oder eine neue Religion zu gründen. Er wurde nur umgetrieben von diesem Kreuzesereignis und dessen Bedeutung. Das allein wollte er erzählen.

Aber durch dieses ständige Erzählen und durch die unterschiedlichen Reaktionen der Menschen auf seine Erzählungen wurde Paulus in eine Dauerreflexion gezwungen, die irgendwann dazu führte, dass er Jesus besser verstand, als seine Jünger ihn verstanden hatten, vielleicht sogar besser, als Jesus sich selbst verstanden hatte. Aus diesem Verständnis heraus überwand er die durch die jüdische Tradition angelegte Engführung des christlichen Glaubens. Paulus gab diesem Glauben die Weite, die Tiefe und die Freiheit, die ihn dann vom jüdischen Glauben unterschied, und diese Unterscheidung musste zwangsläufig zur Trennung zwischen Juden und Christen führen.

Für Juden und Judenchristen bestand die Welt weiterhin aus der Zweiteilung: hier das auserwählte Volk Israel, dort der Rest der Welt. Das erschien auf den ersten Blick nicht wesentlich anders als die Sicht Paulus' und der Heidenchristen. Auch sie kannten diese Zweiteilung, aber da gab es einen kleinen Unterschied, der sich im Lauf der Zeit als entscheidender und darum großer Unterschied erwies: Die Zugehörigkeit zum auserwählten Volk Israel, dem Volk Gottes, hängt seit dem Kreuzestod Jesu nicht mehr von der jüdischen Abstammung ab, auch nicht mehr vom Übertritt zum Judentum und der Übernahme aller damit verbundenen Pflichten, sondern allein von der Taufe und dem Glauben an Jesus Christus.

Dieser Glaube, so Paulus, macht frei und bedarf daher nicht mehr des äußeren Zeichens der Beschneidung. Er bedarf nicht der peinlichen Befolgung all der Speise- und Sabbatregeln, die sich jüdische Priester im Lauf von 1200 Jahren ausgedacht hatten. Diese Regeln mögen in der Vergangenheit ihren Sinn und ihre Berechtigung gehabt haben, aber Jesu Auferstehung hat sie überflüssig gemacht. *Denn wir wurden alle in einem Geist zu einem Leibe getauft.* (1 Korinther 12, 13) *Da ist weder Jude noch Grieche, da ist weder Knecht noch Freier, da ist weder Mann noch Weib; denn ihr seid alle einer in Christus Jesus.* (Galater 3, 28)

Darum versammelte Paulus Juden und Griechen in seinen Gemeinden, Männer und Frauen, Sklaven und Freie. Was in den jüdischen Gemeinden streng getrennt war, wurde jetzt vermischt. Was in den jüdischen Gemeinden peinlich genau beachtet wurde, spielte jetzt keine Rolle mehr, denn für Paulus bedeutete der Tod Jesu, dass Gott von nun an jeden Menschen bedingungslos annimmt. Der Mensch muss keine Vorleistung mehr bringen, muss keine Aufnahmebedingungen mehr erfüllen, um die Mitgliedschaft im Volk Gottes zu erlangen. Es gibt jetzt kein anderes Gesetz mehr als das der göttlichen Liebe und Gnade, und diese bekommt man geschenkt durch den Glauben. Genau darauf wird sich anderthalb Jahrtausende später Martin Luther berufen in seinem Kampf gegen eine katholische Kirche, die den Glauben längst schon wieder zu einer Gesetzesreligion instrumentalisiert hatte, um ihre Macht zu erhalten und immer weiter auszudehnen.

Mit der paulinischen Deutung des Kreuzestods Jesu war der Konflikt mit den Juden und den Judenchristen programmiert. Auf einem Apostelkonzil, das vermutlich um das Jahr 48/49 nach Christus stattgefunden hatte, wollte man diesen Konflikt lösen. Es gelang nicht. Es gab nur einen Kompromiss, der sich als nicht tragfähig erweisen sollte. Man einigte sich darauf, dass die Judenchristen sich weiterhin an das jüdische Gesetz halten sollten, während man die Heidenchristen von dieser Pflicht befreite. Aber das führte dazu, dass einige Judenchristen ihre Söhne nicht mehr beschneiden ließen und auch sonst nach Gusto entschieden, an welche Vorschriften sie sich noch halten wollten und an welche nicht. Das trug nicht nur eine große Unruhe in die judenchristlichen Gemeinden hinein, sondern versorgte überdies die Gegner der Jesus-Anhänger mit Munition und lieferte ihnen Anlässe für rufschädigende Äußerungen. Besonders schwierig gestaltete sich das Zusammenleben in den Gemeinden, in denen es Juden- und Heidenchristen gab. Die einen hielten sich an die jüdischen Gepflogenheiten, die anderen nicht. Dadurch brachen die alten Gräben zwischen Juden- und Heidenchristen neu auf, und in der Jerusalemer Gemeinde entstand eine feindselige Stimmung gegen Paulus.

Paulus war sehr daran gelegen, diese Stimmung aus der Welt zu schaffen und die Angelegenheit zu regeln. Es war ihm wichtig, in Frieden mit der Jerusalemer Urgemeinde und allen getauften Juden zu leben. Darum kam er mit einem Geldgeschenk – einer Kollekte, die er in seinen Gemeinden gesammelt hatte – als Versöhnungsgeste noch einmal nach Jerusalem, wo er aber schon bald nach seiner Ankunft verhaftet wurde. Man warf ihm vor, einen Nichtjuden mit in den Tempel gebracht zu haben, ein Vergehen, auf das die Todesstrafe stand.

Da Paulus über die römische Staatsbürgerschaft verfügte, war eine Verurteilung nicht so einfach, weshalb er nach Rom gebracht wurde. Dort verliert sich seine Spur. Nach altkirchlichen Quellen (1. Clemensbrief), für die es aber keine Bestätigung gibt, wurde Paulus irgendwann zwischen 60 und 64 nach Christus unter Nero als Märtyrer durch das Schwert hingerichtet.

Es war einer der vielen erfolglosen Versuche der Staatsmacht, eine ihr nicht genehme Botschaft dadurch aus der Welt zu schaffen, dass man den Botschafter umbringt. Hatte ja in allen anderen Fällen immer funktioniert. Diesmal aber produzierte die Methode das Gegenteil. Jeder tote Botschafter erweckte zehn neue zum Leben. Jeder Märtyrer verschaffte der christlichen Gemeinde hundert neue Mitglieder. Rom düngte den christlichen Glauben mit dem Blut seiner Märtyrer.

DIE URGEMEINDE:
VERSPOTTET, VERFOLGT, ERMORDET
– UND DENNOCH SIEGREICH

Eigentlich hatten sie keine Chance. Während der ersten drei Jahrhunderte, in denen sich die Christen im ganzen Römischen Reich ausbreiteten, wurden sie vom Volk gehasst, von den Gebildeten verachtet, von den Etablierten verhöhnt und von den Mächtigen nicht ernst genommen, aber dennoch verfolgt und geschäftsmäßig hingerichtet. Außerdem waren sie untereinander zerstritten. Die Konflikte zwischen Juden und Judenchristen einerseits und zwischen Judenchristen und Heidenchristen andererseits konnten nicht ausgeräumt werden, schwelten immer weiter und entfremdeten die verschiedenen Gruppen voneinander.

Trotz der raschen Verbreitung ihrer Lehre waren die Christen eine kleine, unbedeutende Minderheit im Römischen Reich, überdies machtlos, friedlich und harmlos. Das Gros ihrer Anhänger kam aus der Unterschicht – Sklaven, Bauern, Handwerker, kaum Vermögende, kaum Gebildete, viele Frauen. Eben deshalb galt der christliche Glaube den gebildeten Heiden als eine Religion für Dumme, Naive, Verführbare, Narren und Sklaven.

Aber innerhalb weniger Jahrhunderte sind diese Narren zur führenden Schicht im Reich aufgestiegen und haben den Fortgang der Weltgeschichte bestimmt. Wie das geschehen konnte, ist bis heute noch nicht restlos geklärt. Warum hat sich das

Christentum durchgesetzt und nicht der Mithraskult, der zu jener Zeit im Römischen Reich viel mächtiger war, einige Kaiser auf seiner Seite hatte und über sehr viele Mitglieder verfügte? Es gibt Hypothesen, von denen die meisten einander additiv verstärken, aber alle zusammen reichen nicht aus, um eine lückenlose Kausalkette von Jesus zur siegreichen Kirche zu bilden. Es bleibt ein unerklärlicher Rest.

«Textilarbeiter, Schuster und Walker, ungebildete und ungesittete Leute, die vor den älteren und verständigen Hausherren kein Wort zu reden wagen, wenn sie aber Kinder und Weiber vor sich bekommen können, so reden sie die wunderlichsten Dinge und stellen ihnen vor, sie sollen sich nicht an den Vater und den Lehrer halten, sondern nur ihnen folgen», schimpfte der Philosoph Celsus über die Christen des zweiten Jahrhunderts. Und Tacitus, sonst bekannt als ein sich um Objektivität bemühender Historiker, verliert angesichts der Christen jede Beherrschung und bezeichnet die wegen «ihrer Abscheulichkeit verachteten Anhänger der neuen Religion» als vom «Hass auf das Menschengeschlecht» beseelt und «der schlimmsten Strafen würdig».[21]

Die gebildeten Heiden vermögen in der neuen Religion nur Aberglaube und Dummheit zu erkennen, und doch scheinen sie sich ihres Urteils nicht ganz sicher zu sein, denn wenn es sich nur um die Angelegenheit einiger Irrer handelte, warum provozierte diese Bagatelle solche Gefühlsausbrüche? Spürten sie, dass von diesen ungebildeten Naivlingen eine seltsame Kraft ausging? Dass sie Sklaven in die Augen blickten, die über eine Haltung verfügten? Dass die Sklaven zwar ihren Herren gehorchten und sich nichts zuschulden kommen ließen, aber erkennbar zu verstehen gaben, dass sie sich nicht mehr als Sklaven fühlten? War es das, was sie so ärgerte?

Die römische Oberschicht hat gelegentlich auch zugegeben, dass die «gottlosen Galiläer» sich auf eine Weise um die Armen kümmerten, an der man sich ein Beispiel nehmen sollte. So empfand es Kaiser Julian in einem Brief an den Oberpriester von Galatien als Schmach, dass die Christen «neben den ihren auch noch die unsrigen ernähren, die unsrigen aber der Hilfe von unserer Seite entbehren müssen». Und nicht nur das. In der «Menschenfreundlichkeit gegen die Fremden, die Vorsorge für die Bestattung der Toten und die vorgebliche Reinheit des Lebenswandels» sah der Kaiser einen Grund für den Erfolg der Christen im Reich und forderte seinen Priester auf, es den Christen gleichzutun. Er empfahl den Bau von Herbergen für Fremde, Zufluchtsstätten für Bettler, Asylen für junge Frauen und die Einrichtung einer Armenspeisung.[22]

Und tatsächlich soll die römische Gemeinde in der Mitte des dritten Jahrhunderts mehr als 1500 Hilfsbedürftige unterstützt haben. Die Gemeinde in Antiochien hat sich um 3000 Witwen und unverheiratete Frauen gekümmert, dazu um eine nicht genannte Zahl an Gefangenen, Kranken, Behinderten, Bettlern und Durchreisenden. Das sprach sich herum im Römischen Reich und verunsicherte die Gegner der Christen.

So herrschte ein seltsames Verhältnis zwischen Christen und Heiden. Letztere wussten lange nicht, wie sie sich zu Ersteren verhalten sollten. Sie schwankten zwischen Gleichgültigkeit und Hass, Toleranz und Verfolgungswut, Interessiertheit und Ignoranz, Achtung und Verachtung, Respekt und Spott. Die Juden, obwohl immer wieder aufsässig, aufrührerisch und gewalttätig, hatten verbriefte Rechte unter den Römern, die Christen nicht. Die Juden waren den Römern als altes Volk bekannt und darum akzeptiert. Die Christen waren etwas Neues.

Die Christen der ersten drei Jahrhunderte waren sich des Skandalons ihres Kreuzeszeichens wohl bewusst. Es überraschte sie nicht, dass sie in der hellenistischen Welt, die das Schöne, Starke und Gesunde anbetete, weithin auf Ablehnung, ja Abscheu stießen und verhöhnt und verspottet wurden, wie schon jener Mann am Kreuz verhöhnt und verspottet wurde, dem johlende Soldaten eine Dornenkrone auf den Kopf gesetzt hatten.

Darum war der Entschluss, sich taufen zu lassen, eine wohlüberlegte Tat. Man wurde nicht *einfach so* Christ, weil es gerade Mode war oder weil man einmal etwas Anderes ausprobieren wollte. Man trat nicht einfach einem neuen Club bei, sondern man *bekehrte* sich zum christlichen Glauben. Man tat *Buße*, kehrte um, diese *Umkehr* wurde besiegelt durch die Taufe, und jeder, der das auf sich nahm, wusste: Ab jetzt werde ich Probleme haben mit meiner Umwelt, meinen Freunden, sogar mit meiner Familie, aber vor allem mit dem römischen Staat, der schon viele Christen den Raubtieren zum Fraß vorgeworfen hat.

Hohe Hürden standen zwischen der normalen Welt und der Welt der Christen, enorme Schwellenängste waren zu überwinden. Wer diese Ängste besiegte und die Hürden nahm, schaffte es nur in dem Bewusstsein, die höhere Wahrheit in der scheinbaren Torheit erkannt zu haben und deshalb ganz entschieden ja sagen zu können zum Skandalon des Kreuzes, zum Anstößigen und Widernatürlichen des christlichen Glaubens. Wer sich dazu durchrang, dessen Weltsicht änderte sich total, und als Folge davon auch sein Leben. Christ zu werden bedeutete für den Einzelnen einen radikalen Bruch mit seiner bisherigen Biographie, mit der Welt, in der er bis dato gelebt hatte, mit allen herkömmlichen Traditionen, oft auch einen Bruch mit der eigenen Familie.

Jeder Christ hatte einen Knick in seinem Lebenslauf, und darum hatten die Christen der ersten Jahrhunderte keine Mühe zu verstehen, was Jesus meinte, als er sagte: *Ihr sollt nicht wähnen, dass ich gekommen sei, Frieden auf die Erde zu bringen. Ich bin nicht gekommen, Frieden zu bringen, sondern das Schwert. Denn ich bin gekommen, den Menschen zu entzweien mit seinem Vater, und die Tochter mit ihrer Mutter, und die Schwiegertochter mit ihrer Schwiegermutter.... Wer Vater oder Mutter mehr liebt als mich, der ist meiner nicht wert; und wer Sohn oder Tochter mehr liebt als mich, der ist meiner nicht wert.* (Matthäus 10, 34–35)

Es ist nicht das Schwert des Kriegers, von dem Jesus hier

spricht, sondern das Schwert der Unterscheidung. Mit seinem Kommen wird der Welt, wie sie ist und schon immer war, eine neue Welt entgegengesetzt, wie sie nach Gottes Willen sein soll – eine Welt, die es zu Jesu Lebzeiten längst hätte geben müssen, denn mit ihrer Errichtung war doch eigentlich das Volk der Juden beauftragt.

Aber es gibt sie nicht, stellt Jesus fest. Seit 1200 Jahren hat dieses Volk sich immer wieder Gottes Willen widersetzt. Und darum will Jesus jetzt endgültig Ernst machen und damit beginnen, Gottes Willen ein für alle Mal zum Durchbruch zu verhelfen. Und von vornherein ist klar: Es wird nicht ohne schwere Konflikte gehen. Der göttliche Wille wird auf den Widerstand des menschlichen Willens stoßen. Überall, bis in die Familien hinein, wird es zum Konflikt kommen zwischen beiden Willen. Das ist gemeint mit der Rede vom Schwert. Dieser Teil der Botschaft wird heute in weiten Teilen der Kirche gern unterschlagen, vergessen und verdrängt zugunsten eines harmlos friedliebenden Allversöhners, der für ein möglichst einträchtiges Zusammenleben der Menschen zu sorgen hat. Heutige Christen sind konfliktscheu bis zur Harmoniesucht.

Der wirkliche Jesus hat das natürliche Harmoniebedürfnis auf gröblichste Weise verletzt. Als ihm während einer Predigtpause zugetragen wurde, seine Mutter und seine Brüder stünden draußen und wollten mit ihm reden, bürstet er den Überbringer dieser Nachricht schroff ab mit der Frage: *Wer ist meine Mutter, und wer sind meine Brüder? Und er streckte seine Hand aus über seine Jünger und sprach: Seht da, meine Mutter und meine Brüder! Denn wer den Willen tut meines Vaters im Himmel, der ist mir Bruder, Schwester und Mutter!* (Matthäus 12, 47–50)

In einem anderen Fall hatte einer, der sich zur Nachfolge berufen fühlte, Jesus um kurzen Aufschub gebeten, weil er erst einer der heiligsten Pflichten der damaligen Zeit nachkommen wollte: der Bestattung seines toten Vaters. Jesus stieß diesen Menschen vor den Kopf mit der Bemerkung: *Lass die Toten ihre*

Toten begraben; du aber gehe hin und verkündige das Reich Gottes. (Lukas 9, 60)

Jesu abwertende Äußerungen über die Familie oder die schockierende Aussage zur heiligen Pflicht der Totenbestattung wurden zu seiner Zeit besser verstanden als heute, denn sie beschrieben den damals noch deutlich empfundenen Bruch zwischen der natürlichen Welt und dem von Jesus verkündeten Reich Gottes. Christen wurden aus der normalen Welt wie mit dem Schwert herausgeschnitten, von dieser unterschieden und in ein anderes Reich versetzt, das nicht von dieser Welt ist.

In diesem anderen Reich zählen natürliche Familienbande nicht mehr. Dort wird man Mitglied einer neuen Familie, die nicht länger durch Blutsverwandtschaft zusammengehalten wird, sondern durch Geistesverwandtschaft, durch den gemeinsamen Glauben und den daraus resultierenden Wunsch, am Reich Gottes mitzubauen. Dort gilt nicht mehr das in der Welt vertraute Oben und Unten. Dort zählt nicht mehr, ob man Herr ist oder Sklave, Mann oder Frau, Weißer oder Schwarzer, Grieche oder Jude, dort zählt nur noch, dass man zu Christus gehört, und wer zu ihm gehört, ist der Welt entrissen. Wie mit einem Schwerthieb wurde die Welt in zwei Reiche gespalten, und darum war die säkulare Welt für den Christen etwas Vorläufiges, Sekundäres, Relatives. Das galt auch für den römischen Staat.

Dieser wusste lange nicht, wie er es mit den Christen halten sollte. Die Christen dagegen wussten von Anfang an ganz genau, wie sie es mit dem Staat halten sollten. Sie hatten ein klares Wort von Jesus: *Gebt dem Kaiser, was des Kaisers ist* (Matthäus 22, 21) – eigentlich ein defensives, unspektakuläres, kaum Konfliktpotenzial bergendes Wort. Die Christen hielten sich auch daran. Sie erkannten die weltliche Macht des Kaisers vorbehaltlos an, beteten sogar für ihn, zahlten Steuern, verfolgten keinerlei aufrührerische Tendenzen, dachten nicht im Traum daran, die römische Ordnungsmacht in Frage zu stellen.

Das Problem war: Die Christen hielten sich ganz genau an das

Wort aus dem Evangelium. Sie gaben dem Kaiser, was des Kaisers war. Aber das, was nicht des Kaisers war, gaben sie ihm nicht. Und damit haben sie dem Kaiser unausgesprochen gesagt: Deine Macht hat Grenzen. Kaiser über uns darfst du sein, Gottkaiser nicht. Du bist zwar die höchste Instanz auf der Welt, aber nicht die letzte. Auch du bist etwas Vorläufiges, Sekundäres, Relatives und kannst darum niemals absoluter Herr über uns sein.

Diese feine, aber scharfe – und wie sich im weiteren Verlauf zeigen sollte, folgenschwere – Abgrenzung wurde von den römischen Behörden und deren Entscheidungsträgern zu Beginn vermutlich gar nicht richtig gesehen, und wenn, dann nicht ernst genommen. Überhaupt wurde die ganze Bewegung der Christen anfangs von der römischen Staatsmacht unterschätzt, eben weil es wenige waren und sich die wenigen überwiegend aus unbedeutenden kleinen Leuten zusammensetzten. So blieben die Christen lange Zeit unterhalb der Wahrnehmungsschwelle der höheren Beamten, der gebildeten Oberschicht und der römischen Intellektuellen. Im Römischen Reich ging alles seinen normalen Gang, und dass es plötzlich überall kleine christliche Gemeinden gab, die sich vorwiegend in Privathäusern trafen, tangierte das römische Establishment so gut wie nicht.

Registriert wurden die Christen von den Behörden zuerst vermutlich vor allem als indirekte Ursache kleinerer Unruhen im Volk und Auslöser von Störungen der öffentlichen Ordnung. Der seltsame Glaube der Christen war den ungebildeten Heiden suspekt. Sie kannten ihn auch meistens nur vom Hörensagen, und über dieses Hörensagen kursierten die wildesten Gerüchte, zum Beispiel der Vorwurf des Kannibalismus, der von einem Missverständnis des Abendmahls herrührte.

Aufgrund solcher Gerüchte und ihres Minderheitenstatus eigneten sich die Christen hervorragend als Sündenböcke für alles. Wo immer die Erde bebte, ein Vulkan spie, eine Feuersbrunst sich ausbreitete oder eine Epidemie wütete, waren es die Christen, die wegen ihrer Anbetung eines fremden Gottes solches

Unheil heraufbeschworen hatten. Und da kam es manchmal zu Übergriffen und gewalttätigen Ausschreitungen.

In solchen Fällen funktionierte der römische Staatsapparat zuverlässig wie eine Maschine. Er griff ein, schützte die Christen vor den Übergriffen, stellte die öffentliche Ordnung wieder her. Aber die damit befassten Statthalter ärgerten sich zugleich über die Christen, da sie ihretwegen zu Polizeieinsätzen gezwungen waren. So etwas liebt der römische Beamte nicht, denn das bedeutet Vernehmungen, Berichte, Papierkrieg, Akten, Urteile, Arbeit, Ärger. Daher genossen die Christen keine Sympathie bei den Behörden.

Noch mehr Verdruss aber bereitete den Behörden die in den Augen eines römischen Staatsbeamten alberne Weigerung der Christen, dem Kaiser und den Göttern ihre Ehrerbietung zu erweisen. Was ist denn schon dabei, den Kaiser zu grüßen, das kostet doch nichts, dachten die römischen Beamten. Die Christen dachten anders. Sie lehnten es rundweg ab, vor den Kaiser- und Götterstatuen die damals üblichen Weihrauch- und Weinopfer darzubringen, wie es für jeden römischen Bürger Pflicht war.

Auch in diesen Fällen funktionierte der Staat wie eine gut geölte Maschine. Auf so eine Majestätsbeleidigung stand nach dem Gesetz die Todesstrafe, und die wurde ohne viel Federlesens exekutiert. Die dafür zuständigen Beamten hatten aber vermutlich nicht das Gefühl, Staatsfeinde hingerichtet zu haben, sondern Verrückte.

Einem der Nachdenklicheren unter den römischen Statthaltern war, nachdem er mehrere Christen zum Tode verurteilt hatte, aufgefallen, dass es keine richtige juristische Grundlage für die Behandlung der Christen gab. Es war ihm auch nicht verborgen geblieben, dass die Christen eigentlich nichts Unrechtes taten und nur vom Spleen der Verweigerung des Kaiserkults besessen waren – ein Spleen, den man ihnen ja möglicherweise noch abgewöhnen konnte.

Bei diesem Statthalter handelte es sich um Plinius den Jüngeren, der um das Jahr 111/112 mehrere an ihn ausgelieferte Christen zum Tode verurteilte und danach in einem Brief an seinen Kaiser Trajan um eindeutige Gesetzesvorschriften bat. Plinius berichtete getreulich nach Rom von den seiner Meinung nach verbotenen, aber ungefährlichen religiösen Praktiken der Christen: nächtliche Zusammenkünfte, bei denen sie Hymnen singen, ihren Christus als Gott verehren, ein Gemeinschaftsmahl in der Morgendämmerung, aber mit gewöhnlichen und harmlosen Speisen (also nichts Kannibalistisches), die unter Eid gegebene Verpflichtung, keine bösen Taten zu begehen (gemeint ist die Taufe), aber eben auch die Verweigerung eines Weihrauch- und Weinopfers vor «deinem Bild und den Götterstatuen».[23]

An sich war Rom, wie jeder polytheistische Staat, tolerant gegenüber den Göttern der unterworfenen Völker. Es herrschte weitgehend Religionsfreiheit im ganzen Reich, solange nur anerkannt wurde, dass einer über allen thronte: der Kaiser. Daher ist verständlich, dass eine Gruppe, die wie die Christen nicht nur alle anderen Götter negierte, sondern auch den Kaiser, in Konflikt geraten musste mit dem Staat. Allerdings haben die Juden sich ebenfalls dem Kaiserkult verweigert. Das wurde toleriert. Warum begegnete der Staat den Christen nicht mit derselben Toleranz?

Diese Frage musste eine Rolle gespielt haben in Plinius' Grübeleien über den seiner Meinung nach «unvernünftigen und maßlosen Aberglauben» der Christen. Er war darüber erbost, und doch war er nicht ganz sicher, wie er damit verfahren sollte. Daher erbat er nun eindeutige Direktiven aus Rom.

Die bekam er auch, und dieses kaiserliche Schreiben diente nun fast 140 Jahre lang als Grundlage für die Behandlung der Christen durch die römische Staatsmacht. Eine aktive Verfolgung der Christen durch den Staat war darin nicht vorgesehen. Auf anonyme Anzeigen sollte nicht reagiert werden. Übergriffe aus der Bevölkerung gegen Christen waren zu unterbinden. Christen aber, die wegen ihres Christseins oder wegen der Verweigerung des Kaiserkults vor Gericht gebracht wurden, waren zum Tode zu verurteilen. Sie sollten allerdings die Chance bekommen, ihrem Glauben abzuschwören. Taten sie es, mussten sie freigelassen werden.[24]

Das klingt relativ tolerant, bedeutete aber, dass Christen zum Freiwild für Denunzianten wurden. Sie mussten noch nicht einmal den Kaiserkult verweigern, um vor Gericht gebracht zu werden. Es genügte schon, dass jemand behauptete, dieser oder jener sei ein Christ, und wenn der Betreffende sich zu seinem Glauben bekannte und ihm nicht abschwor, bedeutete das den Tod.

Es war ein grausamer, schändlicher Tod. Die Christen wurden in den römischen Theatern unter dem Gejohle eines sensationslüsternen Publikums in die Arena gejagt, wo wilde Tiere darauf warteten, sie zu zerfleischen. Kaiser Nero steckte Christen in brennbare Stoffe und führte sie während eines Festes in seinem Garten als lebende Fackeln seinen Gästen vor.

Viele gingen deshalb in den Untergrund, überlebten in den Katakomben, übten ihre Religion in Verstecken und an abgelegenen Orten aus. In jener Zeit entstand der Fisch als geheimes Zeichen, an dem die Christen einander erkannten. Eine Person zeichnete einen Bogen in den Sand, die andere vollendete das Symbol mit dem Gegenbogen und offenbarte sich damit als Bruder oder Schwester.

Man wählte den Fisch, weil das griechische Wort für Fisch, Ichthys, sich aus den Buchstaben für Iēsus, Christós, Theu, hYiós, Sōtér (Jesus, der Gesalbte, Gottes Sohn, Retter) zusammensetzen lässt. Dieses Fischmotiv ist seit dem zweiten Jahrhundert bekannt, und man sieht es noch heute als Graffiti in den Katakomben des Kallixtus in Rom. Auch in Mosaiken in alten Kirchen und Klöstern taucht es auf und erinnert an das Schicksal der frühen Christen.

Die Staatsmacht vollstreckte die Todesstrafe relativ leidenschaftslos. Dahinter standen auf römischer Seite weder Furcht noch Hass, sondern reiner Pragmatismus, der Wunsch nach Aufrechterhaltung der öffentlichen Ordnung. Außerdem dachten die Römer, der unvernünftigen und abergläubischen Sektierer durch Abschreckung Herr zu werden. Zugleich hatte man mit den christlichen Märtyrern ein willkommenes Futter nicht nur für die Raubtiere, sondern auch für das gemeine Volk.

Oft ging das Kalkül der Abschreckung auch auf. Es gab viele Christen, die angesichts der Wahl zwischen Leben und Tod dann doch lieber auf das Leben setzten und ihrem Glauben wieder abschworen. Es gab aber auch sehr viele, die lieber in den Tod gingen. Und damit hatte die Staatsmacht nicht gerechnet.

Da erst dämmerte ihr, dass sie es nicht mit armen Irren zu tun hatte, sondern mit etwas Unheimlichem. «Was ist ein Mensch in der Revolte?», fragt Albert Camus, «ein Mensch, der nein sagt». Diese Christen sagten nein. Diese Christen, so harmlos-friedlich sie sich auch gaben, waren Rebellen. Sie beschieden dem mächtigsten Mann der Welt: Als politische Ordnungsmacht akzeptieren wir dich. Auch als religiöses Oberhaupt der Heiden akzeptieren wir dich noch, obwohl wir wissen, dass du damit bereits deine Grenzen überschreitest. Aber als geistliches Oberhaupt über uns akzeptieren wir dich unter gar keinen Umständen. Unser Herr kannst du nicht sein, denn das ist schon ein anderer. Über unseren Leib magst du verfügen, über unser Herz nicht. Rom soll dir gehören, aber unsere Seele, unser Geist, unsere Liebe und Verehrung gehören einem anderen. Wir müssen nein sagen zu dir, weil wir ja gesagt haben zu einem Mächtigeren.

Und so ließen sie sich vor aller Augen lieber von den wilden Tieren zerreißen, als ihr Ja und ihr Nein zu vertauschen. Dabei beteten sie, vergaben ihren Peinigern, gingen ohne Hass in den Tod. Das unterscheidet sie bis heute von jenen so genannten Helden und Märtyrern, die sich voller Hass mit einem Fluch gegen ihre Feinde in den Tod stürzen und bewusst auch noch andere mit in den Tod reißen. Die christlichen Märtyrer brannten nicht gegen Rom, sondern für Gott.

Rom erschütterte gar nicht einmal so sehr das Verweigern des Opferkults. Das Nein zum Kaiser empörte zwar, aber das Unheimliche für den Kaiser und die ihn stützenden Kreise war die unbeugsame Haltung, die in diesem kompromisslosen Nein zum Vorschein kam. Diese Haltung der christlichen Märtyrer hatte für die Staatsmacht etwas Unbezwingbares und darum etwas die Grundfesten Erschütterndes. Die da lieber in den Tod gingen, als dem Kaiser Tribut zu zollen, haben damit alles bis dahin im Reich Geltende für gleichgültig, ja für ungültig erklärt. Jetzt blickte die Staatsmacht, wenn sie Christen vor sich hatte, nicht mehr auf lächerliche Naivlinge, sondern in einen Abgrund, in ihren eigenen Untergang.

Um ihm zu entgehen, besann sich ein römischer Kaiser auf die Überlebensstrategie der Unterlegenen: Wenn du deinen Feind nicht bezwingen kannst, verbünde dich mit ihm. Genau das tat der Kaiser. Konstantin hieß er. Er bereitete den Weg dafür, dass das Christentum im vierten Jahrhundert zur Staatsreligion wurde. Von da an führte der Weg über die Zwangstaufe zu Jesus, ohne Umkehr, ohne Buße. Und ohne Verstand.

Sein Reich konnte Konstantin damit nicht retten. Aber er ermöglichte etwas Neues: Europa. Errichtet wurde es von jenen Narren und Sklaven, die nun nicht mehr auszurotten waren. Der Rest ist Geschichte.

Die kirchliche Tragödie:
Vom Bündnis von Thron und Altar,
dem Verrat an der eigenen Botschaft und
vom Widerstand gegen diesen Verrat

Es ist eine sonderbare Geschichte. In den Schicksalsjahren zwischen 313 und 380 nach Christus wurde einerseits die Grundlage dafür gelegt, dass sich das Christentum in der Welt durchsetzen, Europa erfinden und sich bis heute erhalten konnte. Andererseits folgten diesen Jahren mehr als anderthalb Jahrtausende, in denen das Christentum Christus immer wieder verraten hat. Diese Ambivalenz kennzeichnet Europa und die westliche Welt bis in die Gegenwart.

Zwischen 313 und 380 bildete sich jenes Bündnis von Thron und Altar, das selbst heute noch nicht überall ganz zerbrochen ist. Meistens profitierte die geistliche Macht mehr von diesem Bündnis als die weltliche. Kaiser und Könige kamen und gingen, der Papst blieb. Kaiserreiche blühten auf und verschwanden, die Kirche blieb. Sie überstand Luther und die Reformation, die Französische Revolution, die Aufklärung, Napoleon und die Säkularisierung. Sie überlebte Hitler und Stalin, und sie wird wohl auch China, Russland und die USA überleben.

Man kann das damit erklären, dass Gott stets seine schützende Hand über die Kirche hält. Man kann es aber auch damit erklären, dass die Kirche schon früh ein sehr modernes Führungsprinzip etablierte.

Kaiser und Könige vererbten ihre Würde an ihre Nachkommen weiter, und man konnte gewiss sein, dass spätestens in der vierten Generation ein Idiot kommen und alles wieder kaputt machen würde, was seine Vorfahren aufgebaut hatten. Das kirchliche Führungspersonal dagegen kannte keine natürliche Erbfolge, keine adlige Inzucht und keine familiären Versorgungsansprüche, sondern musste sich immer von Neuem aus den jeweils Besten rekrutieren. Mit dem Verlust von König- und Kaiserreichen verschwand immer auch das vorhandene Herrschaftswissen. Die neuen Herrscher mussten es sich neu erwerben und an ihre Nachkommen weitergeben.

Das kirchliche Herrschaftswissen ging nie verloren, konnte, wie die kirchlichen Besitztümer, kontinuierlich erweitert und ungestört an die jeweils nachfolgende Kardinalsgeneration weitergereicht werden. Und dank der fast globalen Verbreitung der Kirche flossen in Rom die Informationsströme aus aller Welt zusammen. Das verschaffte den Herren in Rom einen Vorteil, den sie stets zu nutzen wussten und oft, in scheinbarer Demut, gnadenlos ausspielten gegen jene tumben Toren, die sich Kaiser, Fürst oder König nannten.

Von all dem wussten die Christen des vierten Jahrhunderts noch nichts. Als ihnen Roms Kaiser Konstantin im Jahr 313 die volle Gleichberechtigung im Staat gewährte, herrschten nichts als Jubel und Dankbarkeit. Ab sofort waren sie frei von allen Einschränkungen und Repressalien.

Der Gleichstellung folgte wenig später die Bevorzugung. Konstantin verbot seinen heidnischen Beamten, was früher den Christen verboten war: das öffentliche Bekenntnis ihres Glaubens durch Opfergaben. Außerdem besetzte er immer mehr Beamtenstellen mit Christen, denn sie erwiesen sich als gehorsam, dankbar, zuverlässig und tüchtig, und im Jahr 321 führte der Kaiser die Sonntagsfeier per Gesetz ein.

Die Christen fühlten sich nicht als Sieger, sondern als Untertanen Gottes, der ihre Bitten und Gebete um ein Ende der Verfolgung erhört hatte. Dass der mächtigste Mann der Welt nun mit ihnen paktierte, war für sie kein Anlass zu Misstrauen, sondern eine Fügung Gottes. Sie, die über keinerlei politische Erfahrung verfügten, waren noch viel zu naiv, um einen Gedanken an den Verdacht zu verschwenden, der Kaiser könnte sie möglicherweise für seine weltlichen Zwecke benutzen. Im Gegenteil: Der Kaiser war, als Frucht ihrer Gebete, von Gott geschickt. Was er tat, musste gottgewollt sein. Im Übrigen hatten schon Paulus und später Augustinus gelehrt, auch die weltliche Herrschaft unterliege Gottes Führung und habe darum, innerhalb ihrer Grenzen, Anspruch auf Gehorsam.

Der Bevorzugung der Christen folgte die Alleinherrschaft. Im Jahr 380 wurde von Theodosius dem Großen die Religionsfreiheit abgeschafft und das Christentum zur Staatsreligion erhoben. Kaiser und Kirche wurden Komplizen. Heidentum und Häresie galten nun als Staatsverbrechen, und noch vor dem Ende des vierten Jahrhunderts wurden schon die ersten Ketzer hingerichtet. Innerhalb kürzester Zeit war aus der verfolgten Kirche eine verfolgende Kirche geworden.

Sie ist da zu Beginn unschuldig hineingeschlittert. Aber irgendwann hätte sie erkennen müssen, dass ihr Tun immer weniger mit dem übereinstimmt, was Jesus gewollt hat – doch wann hätte die Kirche das erkennen müssen? Im fünften Jahrhundert? Im sechsten, siebten, achten? Das ist schwer zu sagen. Man darf nicht vergessen, dass gerade ein Weltreich unterging in jenen Jahrhunderten. Die Vandalen, Goten, Franken und all die anderen Germanenstämme marodierten durchs Römische Reich, mordeten, zerstörten, raubten, brandschatzten. Chaos und Anarchie machten sich breit, und Kaiser und Kirche brauchten einander, um eine neue Ordnung auf den Trümmern des untergehenden Reiches zu errichten.

Und: Die Christen meinten es gut mit den Menschen. Die Taufe, von Johannes einst praktiziert als äußeres Zeichen für die innere Umkehr, war zwischenzeitlich zu einem geheimnisvollen Vorgang mit magischer Wirkung uminterpretiert und von ihrem Ursprung entfremdet worden. Jetzt war die Taufe ein Mittel zur Rettung der Seelen. Ungetaufte drohten der ewigen Verdammnis anheimzufallen. War es da nicht eine segensreiche Gnadentat, die unwissenden, unmündigen Schäflein durch die Taufe in ihr Glück zu zwingen?

Es ist klar, dass der christliche Glaube in jenen Jahrhunderten der Zwangschristianisierung einem tiefgreifenden Wandel unterworfen wurde. Was einst die Kirche stark gemacht und zu ihrem großen Erfolg beigetragen hatte, der freiwillige Eintritt in die Christengemeinschaft, der damit verbundene Ernst, die tiefe Überzeugung ihrer Mitglieder, das besondere Leben in den Gemeinden, die Radikalität der christlichen Existenz, verschwand jetzt wieder, denn wie konnte man eine ernsthafte Überzeugung von Menschen verlangen, die zur Taufe gezwungen wurden oder sich aus purem Opportunismus taufen ließen?

Plötzlich bestand die Kirche in ihrer Mehrzahl aus Menschen, die innerlich noch gar nicht für das Christentum gewonnen waren. Dadurch wuchs sie zwar schnell zu einer mächtigen, über das ganze Römische Reich verbreiteten Organisation, aber von nun an gingen ihre innere Stärke und Überzeugungskraft genau in dem Maß verloren, in dem ihre äußere Machtentfaltung zunahm.

Von nun an verlor auch die bis dahin entwickelte Lehre vom Heiligen Geist ihre Grundlage. Diese Lehre besagte, dass sich die jeweils richtige Auslegung der Schrift in der Gemeindeversammlung durch die Anwesenheit des Heiligen Geistes vermitteln würde. Die Gemeindeversammlung war die Instanz, in der theologische Streitfragen geklärt, falsche Auslegungen verworfen, fremde Einflüsse ausgeschieden und Fehlentwicklungen korrigiert wurden. Die Christen glaubten, dass sich dort, wo sich die ganze Gemeinde versammelt, um brüderlich miteinander zu streiten, durch das Wirken des Heiligen Geistes die Wahrheit erweisen werde und dass sich auf diese Weise die Einmütigkeit im

Glauben und die Einheit der Christen immer wieder von selbst herstellen werde.

Vielleicht war das ja tatsächlich so während der ersten drei bis vier Jahrhunderte. Dass die junge Kirche damals sehr weise gewesen sein muss, erschließt sich jedem, der beispielsweise die christliche Kanonbildung verfolgt. Schon die Entscheidung, die gesamte jüdische Bibel in den Schriftenkanon mit aufzunehmen, war angesichts der starken Kräfte, die damals den christlichen Glauben *entjudaisieren* wollten, eine reife Leistung. Und wer heute in den Schriften liest, die damals nicht aufgenommen wurden, und sie vergleicht mit denen, die es in den Kanon geschafft haben, kann sich nur wundern über die traumwandlerische Sicherheit, mit der die junge Kirche das Notwendige vom Entbehrlichen unterschieden hatte.

Doch vielleicht ist das Wunder so groß auch wieder nicht, wenn man bedenkt, dass in jener verschworenen Gemeinschaft, welche die Christen darstellten, ein Binnenklima herrschte, das es erleichterte, gemeinsam zu tragfähigen Lösungen zu gelangen. Wer ständig den staatlichen Druck von außen zu spüren bekommt, immer mit einem Bein im Gefängnis steht und seinen Glauben unter Todesgefahr praktiziert, entwickelt ganz von selbst die Fähigkeit, das Unwichtige vom Wichtigen und das Wahre vom Falschen scheiden zu können.

Mit der massenhaften Eingliederung der Zwangsgetauften, dem Wegfall der Gefahr und des äußeren Drucks musste dieses besondere Binnenklima, das als Wirken des Heiligen Geistes empfunden wurde, natürlich zwangsläufig verschwinden. So wurde der Heilige Geist von den nicht wirklich bekehrten Neuchristen aus den Gemeinden hinausgedrängt. Der Geist weht seitdem zwar, wo er will, aber was nützt das, wenn er dabei kaum noch auf Menschen trifft, die dafür empfänglich sind?

Dass sich die innere Kraft des Christentums durch die Zwangsbekehrten verflüchtigte, ist den Beteiligten lange nicht aufgefallen, denn sie hatten alle Hände voll zu tun, um mit den Folgen der germanischen Umtriebe fertig zu werden. Da konnte man nicht ständig mit der Bibel unterm Arm herumlaufen. Im Übrigen leistete man sich Theologen, die das kirchlich-staatliche Handeln schon zu legitimieren wussten.

Die Botschaft des Jesus wurde von den vielen, die dem Namen nach Christen waren, kaum begriffen, von den Mächtigen und Privilegierten oft bewusst falsch verstanden, eingespannt für die eigenen Zwecke und missbraucht für Ziele, die niemals die Ziele von Jesus oder Paulus gewesen waren. Das Bündnis von Thron und Altar war die kirchliche Ursünde, die nun weitere Sünden fort und fort zeugte, die Geschichte der Kirche zu einer Geschichte der Irrungen und Wirrungen machte und die frohe Botschaft von Jesus in ihr Gegenteil verkehrte.

Der Zwangsbekehrung der Heiden folgten Verteufelungen der Kritiker als Abweichler, Irrlehrer und Häretiker. Bald schon brannten die Scheiterhaufen, glühten die Folterinstrumente und versahen zahlreiche Henker und Scharfrichter ihr Handwerk im Auftrag der Kirche. In ihrem Eifer, alles Heidnische auszurotten, machte die Kirche auch nicht halt vor den großen kulturellen Leistungen der Griechen und Römer. Heidnische Tempel und Kultstätten wurden zerstört, und mit ihnen die darin enthaltenen Kunstwerke. Bücher mit heidnischer Philosophie, Dichtung, Literatur gingen in Flammen auf oder wurden weggesperrt.

Kritik, Humor, das Lachen, das Leichte, das Spielerische wurden denunziert, verbannt, bedroht. Heiliger Ernst legte sich über das Land, fanatischer Dogmatismus tyrannisierte Kaiser, Könige und das Volk. Bußpredigten, die Verheißung göttlicher Strafgerichte, das geradezu lustvolle Wühlen der Kleriker in den Sünden der Menschen und die ausführliche Schilderung der Höllenqualen für die Sünder schufen ein Klima der Angst, der Freudlosigkeit und der gnadenlosen Härte.

Es folgten Inquisition, Hexenverbrennungen, Kriege und Kreuzzüge im Namen Gottes, Ausbeutung der Schwachen, Unterdrückung und Manipulation von Wahrheit, Missionierung der Heiden durch Feuer und Schwert, Ausrottung der Indianer im Namen Christi, Imperialismus, Kolonialismus und Versklavung der Schwarzen unter kirchlicher Duldung, Segnung der Kanonen, kirchlich genährter Antisemitismus und das Versagen großer Teile der Amtskirche im Dritten Reich.

Die Geschichte des Christentums ist eine große Geschichte des Scheiterns, des Verrats und des Herumtrampelns auf der eigenen Botschaft. Es ist eine Geschichte der ewigen Vermischung menschlicher Interessen mit denen Gottes, und es ist eine Geschichte der Instrumentalisierung des Glaubens für Macht, Herrschaft und Besitz. Noch zu Beginn der Neuzeit wurde für die Kolonisierung der Welt durch europäische Mächte das heuchlerische Argument bemüht, die Heiden taufen zu wollen, wo es doch in Wahrheit nur um das Gold der Inka ging, um Land, Reichtum und Ausdehnung des Machtbereichs.

Aber zugleich ist die Geschichte des Christentums auch eine große Geschichte des Widerstands gegen diesen Verrat und eine Geschichte des Versuchs, sich in der Nachfolge Jesu mit den Armen, Schwachen und Verfolgten zu solidarisieren. Sie ist eine Geschichte der Kultivierung der Natur und des Menschen. Sie ist eine Geschichte des Fortschritts und der Freiheit, denn immer gab es parallel zur Verstrickung der Kirche in weltliche Händel und Machtgerangel Einzelne und kleine Gruppen, die den in den Schlamm getretenen Jesus aus dem Dreck bargen, ihn wuschen, seine Wunden verbanden und seiner Botschaft neues Gehör verschafften. Immer rief der kirchliche Verstoß gegen die ureigenste Aufgabe Gegenkräfte auf den Plan, die eine Korrektur des Ganzen bewirkten.

Schon im sechsten Jahrhundert gründet Benedikt von Nursia auf dem Monte Cassino ein Kloster und einen Orden, um der Kirche und der Welt zu zeigen, wie die christliche Botschaft eigentlich gedacht war. Von nun an folgen über viele Jahrhunderte hinweg immer weitere neue Ordens- und Klostergründungen, oft im Konflikt mit den Kirchenoberen und den weltlichen Mächten.

Orden und Klöster, einzelne Heilige, Kirchenlehrer und starke christliche Persönlichkeiten erinnern seitdem immer wieder an das, worum es eigentlich geht in der Nachfolge Jesu Christi. Der christliche Glaube, wie er von Mönchen, Nonnen und Heiligen praktiziert wurde, hat die barbarischen Germanen zivilisiert und die von Natur aus zur Despotie neigenden weltlichen Herrscher gebändigt. Das gelebte Christentum der Mönche und Nonnen disziplinierte die kirchlichen Hierarchien, beschämte manch verweltlichten Papst, steckte als Stachel im Fleisch der Bischöfe und Kardinäle.

Klöster strahlten heilsam in ihre Umgebung aus. Mönche und Nonnen lehrten das Volk durch ihr eigenes Beispiel beten und arbeiten. Sie kultivierten das Land, die Natur und die Menschen. Sie brachten den Menschen Fleiß, Disziplin, Sauberkeit und Ordnung bei, aber auch das Lesen und Schreiben und, in Maßen, das selbständige Denken. Körperliche Arbeit, bisher in der ganzen Welt verpönt als eine Sache der Knechte und Sklaven und darum von diesen als Fron empfunden, bekam jetzt eine Würde dadurch, dass auch die Mönche körperlich arbeiteten, und über die gewürdigte Arbeit bekamen die Arbeitenden ihre Würde und einen Anspruch auf Respekt und Achtung. Die heutige wirtschaftliche Prosperität des Westens hat hier eine ihrer Wurzeln.

Darüber hinaus wirkten die Klöster und Kirchen wie eine europaweit institutionalisierte Volkshochschule. Über die kultischen Handlungen der Priester in der Heiligen Messe kamen die einfachen Menschen mit Kunst in Berührung, mit Musik, Gesang, Sprache, und wenn diese auch lateinisch und für sie unverständlich war, so erzählten ihnen die kirchlichen Kunstwerke, die Bilder, Skulpturen und Symbole, was diese fremde, nach Zaubersprüchen klingende Sprache bedeutete. Jedes einigermaßen begabte Kind, das sich dafür empfänglich zeigte, strebte von sich aus danach, mehr darüber zu erfahren und bekam von den kirchlichen Institutionen auch oft genug die Chance dazu, selbst wenn es aus einfachen Verhältnissen stammte. Das ganze europäische Begabungsreservoir wurde auf diese Weise eine Zeit lang ziemlich effizient ausgeschöpft. Die Kirche war die erste in Europa wirkende Kraft der Elitebildung.

Mönche und Nonnen betrieben nicht nur theologische, sondern auch weltliche Studien, sie legten die Fundamente für eine europäische Bildung und Wissenschaft, und als die Kirche ihrer Macht sicher war, durfte auch heidnische Literatur gelesen und in den klösterlichen Schreibstuben kopiert werden. Das Erbe der antiken Kultur Griechenlands und Roms wurde in Klöstern und kirchlichen Bibliotheken gehütet, aufbewahrt und vervielfältigt.

Nicht zuletzt ermöglichten Nonnenklöster vielen Frauen ein von Männern unabhängiges Leben. Frauen bekamen in den Klöstern Zugang zur Bildung. Hinter schützenden Klostermauern konnten Frauen erstmals eine Alternative zum herkömmlichen Rollenmodell leben.

Hinter diesen Klostermauern existierte tatsächlich eine Gegenwelt, die erahnen ließ, was mit *Reich Gottes* eigentlich gemeint sein könnte. Das Mönchsgelübde – die Verpflichtung auf Armut, Gehorsam und Keuschheit – bedeutete die feierliche Lossagung von jenen drei die Menschen beherrschenden Dämonen, welche der ewigen Verkettung menschlicher Tragödien und Katastrophen von Anbeginn den Treibstoff liefern. Mit dem Gelübde der Armut befreiten sich Mönche und Nonnen von der Gier nach Besitz. Das Gehorsamsgelübde bedeutete die Lossagung vom Streben nach Macht, und mit dem Keuschheitsgelübde sollte die dritte der großen Katastrophenursachen bekämpft werden, die Sucht nach rücksichtsloser Triebbefriedigung. Das mönchische Leben war der Versuch, durch Askese die schlechte Natur des Menschen zu überwinden und damit dem Anspruch der Gottebenbildlichkeit gerecht zu werden oder zumindest näherzukommen. Die Gesellschaft der Mönche und Nonnen war eine wirkliche Kontrastgesellschaft, die sich nicht nur äußerlich und innerlich, sondern auch durch ihre sichtbar vorhandenen materiellen Strukturen unübersehbar von der normalen Gesellschaft unterschied.

Klöster, oft auf einen Berg gebaut und darum weithin sichtbar, symbolisierten eine Zeit lang tatsächlich jene vorweggenommene Utopie, wie sie die Offenbarung des Johannes in Anspielung auf eine entsprechende Stelle im Buch Jesaja als goldenes Jerusalem ausmalt: *Und ich sah einen neuen Himmel und eine neue Erde; denn der erste Himmel und die erste Erde sind vergangen, und das Meer ist nicht mehr. Und ich sah die heilige Stadt, das neue Jerusalem, aus dem Himmel herabsteigen von Gott, zubereitet wie eine für ihren Mann geschmückte Braut ...* (In dieser Stadt wird Gott selbst) *unter den Menschen wohnen und abwischen alle Tränen von ihren Augen, und der Tod wird nicht mehr sein, noch Leid noch Geschrei noch Schmerz.* (Offenbarung 21, 1–4)

Es blieb eine schöne Utopie, denn irgendwann verfiel auch die Kraft der Klöster, verluderten selbst dort die Sitten, verlotterte die Kirche als ganze. Schon das Wort «Fürstbischof» zeigt, wie weit sich die klerikale Herrenrasse von jenem Mann entfernt hat, der einmal von sich sagte: *Die Füchse haben Gruben, und die Vögel des Himmels haben Nester; aber des Menschen Sohn hat nicht, wo er sein Haupt hinlegen kann.* (Matthäus 8, 20) Die mittelalterliche Kirche samt ihrer Mönche und Nonnen hatte sich zu einem machtgeilen, geldgierigen, räuberischen, erpresserischen, seine Untertanen bis aufs Blut aussaugenden Unterdrückungsapparat entwickelt, der überwiegend dem Zweck diente, den klerikalen Prunk und die Fress-, Sauf- und Sexorgien der dekadenten Bischöfe, Kardinäle und Päpste im Vatikan zu ermöglichen.

Ein kleiner Mönch aus Wittenberg, der Doktor Martin Luther, fasste 1517 den jämmerlichen Zustand der Kirche in Worte und brachte das morsche Gebäude damit zum Einsturz. Er spaltete die Kirche, aber die Spaltung erwies sich als heilsam. Plötzlich hatte die allein seligmachende Kirche Konkurrenz bekommen. Um dagegen zu bestehen, musste auch sie sich reinigen und reformieren. Geteilt konnten beide Konfessionen bis heute überleben. Ohne Reformation wäre die verrottete Institution an sich selbst zugrunde gegangen.

Das Bündnis von Thron und Altar aber hat auch Luther nicht außer Kraft gesetzt. Im Gegenteil. Seine evangelische Kirche konnte sich überhaupt nur halten, weil sie von zahlreichen Fürsten und Königen unterstützt wurde, und diese Unterstützung erhielt sie nicht in jedem Fall aus Liebe zum christlichen Glauben oder aus Einsicht in die Gedanken der Reformation, sondern aus Hass auf die Römische Kirche, von deren übermächtigem Einfluss sich die Fürsten durch Luthers Reformation befreien konnten – wieder ein Geburtsfehler, der dazu führte, dass das Verhältnis zwischen Kirche und Staat auf evangelischer Seite noch inniger wurde als auf katholischer. Wieder eine verhängnisvolle Mischung von Glaube und Nutzen.

Das immerwährende Bündnis von Thron und Altar verlieh der Kirche Macht, Durchsetzungskraft, dauerhaften Bestand und Gestaltungskraft. Das Bündnis wurde zur Ordnungsmacht im untergehenden Römischen Reich, zur Gründungsinstitution Europas und zugleich zu dessen ordnender und gestaltender Kraft. Ohne diesen Zusammenschluss würde das heutige Europa nicht existieren.

Ob es besser gewesen wäre, wenn es dieses Bündnis nie gegeben hätte, wissen wir nicht. Niemand vermag zu sagen, wie die Geschichte ohne es verlaufen wäre. Vielleicht wäre ganz Europa mittlerweile islamisch. Und vielleicht hätte sich der Islam ganz anders entwickelt und wäre vom heutigen völlig verschieden, aber das alles ist bloße Spekulation. Nur eines lässt sich sagen: Europa ist janusköpfig, und diese Janusköpfigkeit ist eine Folge seiner ambivalenten Geschichte. Fluch und Segen des Bündnisses von Thron und Altar haben sich gleichermaßen ausgewirkt.

Europa hat vermutlich mehr Unglück als Glück über die anderen Völker gebracht. Es war gewalttätig, ausbeuterisch, unterdrückerisch, ruhelos und herrisch. Aber trotz permanenten Verrats hat es die christliche Botschaft durch die Jahrtausende getragen. Die christliche Botschaft ist eine Botschaft der Liebe, des Friedens, der Freiheit, der Gleichheit, der Gerechtigkeit und der Wahrheit. Immer wieder haben sich Opponenten im Namen dieser Botschaft gegen das Bündnis von Thron und Altar gewandt, haben sich verfolgen, foltern, einsperren und verbrennen lassen, um den Worten Jesu gegen Kaiser und Kirche Geltung zu verschaffen, und ihre Opfer waren nicht umsonst. Die Aufklärung ging aus dieser Botschaft hervor, die Befreiung des menschlichen Geistes, der die Befreiung des ganzen Menschen folgte. Die Ideen der Freiheit, Gleichheit und Solidarität sind nun in der Welt und nicht mehr auszurotten; sogar die Diktatoren müssen sich auf sie berufen, um ihrem verbrecherischen Tun den Anschein der Legitimität zu geben.

So bleibt als paradoxes Ergebnis festzuhalten, dass die Kirche in der Geschichte immer wieder ihre eigene Botschaft verriet, aber dass wir dank der Kirche überhaupt Kenntnis haben von dieser Botschaft. So konnte sie ihre heilsamen Wirkungen entfalten, wenn auch oft gegen kirchlichen Widerstand. Vielleicht kommt ja irgendwann der Tag, an dem die ganze Christenheit Ernst macht mit Jesu Vermächtnis. Oder er kommt nicht, die Kirchen verfallen, das Christentum stirbt aus, aber Jesu Botschaft bleibt, und ganz andere machen Ernst mit ihr.

DIE ESSENZ
DER CHRISTLICHEN BOTSCHAFT

SÜNDE UND ERBSÜNDE

Ernst machen mit der christlichen Botschaft – dazu müsste man erst einmal wissen, worin diese Botschaft überhaupt besteht und was ihre Wahrheit ist. Dass dies keinesfalls so klar ist, wie der Papst und andere Glaubensstarke gern behaupten, ist in diesem Buch gezeigt worden. Von Anfang an ist das Bild, das uns die Bibel von der christlichen Wahrheit vermittelt, unscharf, mehrdeutig, schwer zu fassen. Und wer nur noch den Trümmerhaufen sieht, den uns die historisch-kritische Forschung hinterlassen hat, zweifelt vollends an allem, was er einmal für christlich gehalten hat.

Aber man muss nicht verzweifeln. Der theologische Trümmerhaufen fügt sich wie durch Zauberhand zu einem neuen Bild, wenn man den Blick abwendet von den herumliegenden Trümmern und ihn hinwendet zu dem Torso, der übrig geblieben ist. Nur auf den ersten Blick erscheint dieser Torso nichtssagend. Auf den zweiten Blick erkennt man: Das ist kein Torso. Das ist die wahrhaftige Gestalt des Christentums, dessen Konturen, wie von den modernen Theologen behauptet, tatsächlich hervortreten, nachdem man von dem ursprünglichen Gebilde die ganzen im Lauf der Jahrtausende gewachsenen Ablagerungen, zeitbedingten Übermalungen und Wucherungen weggehauen hat.

Wenn man erst einmal den mythologischen Ballast beiseitegeräumt hat, der einem bisher den Blick aufs Eigentliche verstellte, wenn man sich nicht mehr von Wundern, Märchenbildern, Sagen und Legenden blenden lässt, und wenn man das, was dann noch von der Bibellektüre übrig bleibt, zueinander in Beziehung setzt, dann entdeckt man zur eigenen Verblüffung jene tragenden Elemente, die von Anfang an da gewesen sind, sich durch all die Jahrtausende konstant gehalten, aber auch weiterentwickelt haben und in keiner Weise mythisch oder mirakulös sind.

Diese tragenden Elemente zeigen das Schöne, Tröstliche und Zuversichtliche am Christentum, und sie zeigen das Erschreckende, Verstörende und Anstößige. Je nach Temperament sieht der eine vielleicht zuerst das Erschreckende und dann das Schöne, für den zweiten verhält es sich umgekehrt, und der dritte vermag nur eines von beiden zu sehen.

Beginnen wir mit dem Erschreckenden, Anstößigen, Verstörenden. Erschreckend am christlichen Glauben ist das rücksichtslose Aussprechen der Wahrheit über den Menschen und die Welt. Erschreckend ist die Totalkritik an der Welt und an den Menschen. Erschreckend ist das pessimistische Menschenbild, welches kulminiert in der anstößigen, von vielen modernen Menschen als unerträglich empfundenen Beschreibung des Menschen als eines Sünders, der, von der Erbsünde belastet, schon sündhaft zur Welt kommt. Alles in einem rebelliert gegen die anmaßend kränkende Priesterbehauptung, schon der hilflose Säugling sei schuldig und bedürfe erst einmal des christlichen Reinigungsrituals der Taufe, um von Gott angenommen zu werden.

Mit Kopfschütteln nehmen wir zur Kenntnis, dass sich eine internationale Theologenkommission im Auftrag des Vatikan drei Jahre lang beraten musste, um mit jener unsinnigen, jahrhundertelang gültigen Lehre zu brechen, dass ungetauft gestorbene Kinder, auch abgetriebene Kinder, ihr jenseitiges Leben fern von Gott verbringen müssen. Nach dieser Lehre schweben die ungetauften Kinder ohne Schmerz, aber auch ohne Gottesnähe auf ewig im *limbus infantium* oder *puerorum*, einer Art Vorhölle, die nicht mit dem Fegefeuer identisch ist, aus dem man sich immerhin noch durch Läuterung ins Paradies retten kann. Die armen Kinder in der Vorhölle dagegen können nichts tun, um sich daraus zu befreien, sondern müssen für immer an diesem Ort bleiben, aber – so «gnädig» waren die Kirchenlehrer, die sich das ausgedacht hatten, dann doch – wenigstens leiden die Kleinen keine Höllenqualen.

Erst jetzt, zu Beginn des 21. Jahrhunderts, sehen die Theologen des Vatikan nach Abwägung aller Argumente Grund zur Hoffnung, dass «ungetauft gestorbene Kinder gerettet werden».[25] Wirklich gerettet sind sie damit noch nicht ganz. Es handelt sich vorläufig nur um eine Empfehlung der Theologenkommission an die päpstliche Glaubenskongregation, die endgültig darüber befinden wird, aber, wie man hört, vom Papst schon den Wink bekommen hat, wohlwollend zu entscheiden.

Es ist viel Schindluder getrieben worden mit den Wörtchen «Sünde» und «Erbsünde». Während vieler Jahrhunderte sind sie dazu benutzt worden, den Menschen klein zu machen, schuldbewusst, ängstlich und abhängig von priesterlichen Zauberkräften. Dadurch wurde er beherrschbar, gehorsam, bußfertig, duckmäuserisch, freudlos und misstrauisch gegen sich selbst und andere. Die ständige Brandmarkung als Sünder zwang den Christen in die gebückte Haltung. Und die mittelalterliche Kirche hat daraus ein Geschäft gemacht, indem sie ihren Schäflein offerierte, sich von ihren Sünden freizukaufen. Plötzlich waren nicht mehr Buße und Reue die Voraussetzung für die Sündenvergebung, sondern Geld. Ein Mord kostete acht Dukaten, und für Kirchenraub verlangte der Dominikanermönch Johann Tetzel sogar noch einen Dukaten mehr.

Nicht zuletzt wegen dieses Missbrauchs hat die kirchliche Sünden- und Erbsündenlehre die schlechteste Presse, die man sich denken kann. Aber auch prinzipiell wurde der Lehre widersprochen, vor allem von den Aufklärern. Jean-Jacques Rousseau zum Beispiel behauptete, der Mensch sei von Natur aus gut. Dass er dennoch böse wird, liege nicht an seiner sündhaften Natur, sondern an falscher Erziehung sowie ungünstigen Einflüssen von außen. Und Karl Marx lehrte: Böse Verhältnisse zeugen böse Menschen. Also verbessere man die Verhältnisse, und das Ergebnis werden bessere Menschen sein. Auch Nichtmarxisten hängen heute dieser Lehre an. Sogar Pfarrer und Theologen sehen die Sündenlehre kritisch, relativieren sie gerne, schweigen am liebsten davon.

Jedoch: Im Gegensatz zu *limbus infantium*, Zölibat oder Pillenverbot handelt es sich bei der Sündenlehre nicht um ein spätkirchliches Konstrukt, sondern um biblisches Urgestein, um eines jener tragenden Elemente, auf denen das Christentum ruht. Und darum müssen wir die Sache mit der Sünde ernst nehmen.

Schon das dritte Kapitel des ersten Buches der Bibel handelt vom Sündenfall. Das vierte Kapitel erzählt vom Brudermord, die weiteren Kapitel schildern das Anwachsen der Gewalt unter den Menschen, und im siebten Kapitel nimmt Gott wegen der Heillosigkeit der Welt seine Schöpfung zurück und schickt die Sintflut. Danach schließt er einen Bund mit Noah, aber nichts wird wirklich besser.

Vor der Sintflut hieß es, *da aber der Herr sah, dass der Menschen Bosheit groß war auf Erden und alles Dichten und Trachten ihres Herzens nur böse war immerdar, reute es ihn, dass er die Menschen gemacht hatte auf Erden* (1 Mose 6, 5–6). Nach der Sintflut spricht Gott den seltsamen Satz: *Ich will hinfort nicht mehr die Erde verfluchen um der Menschen willen; denn das Dichten und Trachten des menschlichen Herzens ist böse von Jugend auf.* (1 Mose 8, 21)

Gott sieht also schon kommen: Die Sintflut hat nichts genützt. Es wird auf der Welt wieder genauso weitergehen, wie es vorher zugegangen ist. Gott scheint sich jetzt mit der Unveränderlichkeit des Menschen abzufinden.

Aber es scheint nur so. Tatsächlich entwickelt Gott bereits einen Plan, wie er den Menschen doch noch dazu kriegt, sich so zu entwickeln, wie es eigentlich gedacht war. Dazu braucht Gott ein Volk, und das beginnt mit Abraham, setzt sich fort mit

Mose und geht weiter mit den Propheten, aber bei einem dieser Propheten, Jeremia, lesen wir: *Die Kinder Israel und die Kinder Juda haben von Jugend auf nur getan, was böse war in meinen Augen.* (Jeremia 32, 30)

Gottes Plan will nicht gelingen. Darum greift er zum Äußersten, schickt seinen Sohn, opfert ihn, lässt ihn sterben für die Sünden der Welt, um endgültig die entscheidende Wende einzuleiten – und heute wissen wir: Auch das hat nichts genützt. Der Mensch ist offenbar falsch konstruiert, von Natur aus unverbesserlich.

Es gibt viele, die sich gegen dieses pessimistische, misanthropische Menschenbild wehren. Sie verweisen auf die zahlreichen freundlichen, hilfsbereiten, wohltätigen, hochanständigen Menschen, die man doch überall auf der Welt erleben kann und die es zu allen Zeiten gegeben hat.

Die Bibel widerspricht dem nicht. Die Bibel sagt nur: Erziehung kann die Menschen durchaus dazu bringen, sich moralisch richtig zu verhalten – solange sie dieses Verhalten einigermaßen gut mit ihren eigenen Interessen vereinbaren können. Dort aber, wo es um ihre vitalen Interessen geht, zeigen die Menschen ihr wahres Gesicht. Sie zeigen es meist nur unter Ausschluss der Öffentlichkeit. Deshalb neigen wir dazu, uns Illusionen über uns zu machen. Darum gehören Richter, Anwälte, Seelsorger und Psychoanalytiker zu den illusionslosesten Menschen. Sie bekommen dieses Gesicht zu sehen, wenn es um eine Scheidung oder die Verteilung einer Erbschaft geht, um den Kampf gegen Konkurrenten am Arbeitsplatz, im Sport oder in der Wirtschaft. Und ist es nicht so, dass viele Paare sich erst richtig kennenlernen, wenn ihre Beziehung zerrüttetet, gescheitert, am Zerbrechen ist? Auch bei nächtlichen Stromausfällen, bei Zusammenbrüchen der öffentlichen Ordnung, wenn Menschen plündernd und raubend durch die Städte ziehen, und natürlich im Krieg, zeigt sich, was der Mensch ist, wenn der dünne Firnis der Zivilisation von ihm abblättert.

Wir müssen ins Kino gehen, das Theater besuchen oder zu Büchern greifen, wenn wir die Wahrheit über uns erfahren wollen. Wir können aber auch einfach die Bibel lesen. Der Mensch, der ständig an sich selbst scheitert, ist das große Thema der Bibel von Anfang an. In fast jeder Geschichte geht es um die Frage, woher das Böse kommt, warum der Mensch nicht fähig zu sein scheint, sein Leben gelingen zu lassen, warum die Geschichte eine endlose Verkettung von Tragödien und Katastrophen ist, warum es so viele Unglückliche gibt und so wenig Glückliche. Warum ist Gewalt die Regel und Frieden die Ausnahme? Warum sterben wir unerlöst?

Es liegt an der angeborenen Sündhaftigkeit des Menschen, sagt die Bibel. Diese Sündhaftigkeit geht auf die menschliche Ursünde von Adam und Eva zurück, erklärt Paulus, und vererbt sich seither von Generation zu Generation. Paulus hatte noch geglaubt, durch den Tod Jesu sei die ewig sich fortzeugende Sünde Adams endlich wieder aus der Welt. Diesen Gedanken vermittelt er, indem er eine Linie von Adam zu Jesus zieht, und aus diesem ursprünglich optimistischen Gedanken leitet die spätere Kirche die Erbsündenlehre ab. Im Brief an die Römer formuliert Paulus die Sätze, in denen die kirchliche Erbsündenlehre gründet: *Gleichwie durch einen Menschen die Sünde in die Welt gekommen ist und durch die Sünde der Tod, und so der Tod zu allen Menschen hindurchgedrungen ist, weil sie alle gesündigt haben, … ist durch die Sünde eines einzigen der Tod zur Herrschaft gekommen durch den einen (Adam), … Somit also: Wie es durch die Fehltat des einen Menschen für alle Menschen zur Verurteilung kam, so auch durch die Rechttat des einen für alle Menschen zu Gerechtwerdung und Leben.* (Römer 5, 12–18)

In Adam haben alle gesündigt und sündigen seitdem immer weiter – so hat Augustinus die Sätze des Paulus verstanden, so entwickelte sich die Lehre von der Erbsünde. Man glaubte lange Zeit tatsächlich, dass sich die Sünde biologisch wie ein Gen von einer Generation zur nächsten fortpflanzt.

Heute sehen es die Christen anders. Sogar der gegenwärtige

Papst hatte sich noch zu seiner Zeit als Professor von der Vorstellung einer biologischen Vererbung verabschiedet und den Begriff Erbsünde als Bild für menschliche Schuldverstrickungen gedeutet.

Damit wird die Sache aber keinesfalls verharmlost. Im Gegenteil. Erst durch den Begriff Verstrickung tritt das ungelöste Problem in aller Schärfe zutage. Alle Autoren der Bibel weigern sich, dieses Problem zu beschönigen oder gar zu leugnen. Sie sehen den Menschen, wie er wirklich ist. Diese gnadenlos realistische Sicht auf den Menschen ist überhaupt die Voraussetzung dafür, dass er sich ändern kann. Eine verlogene Beschönigung oder gar Leugnung dieser schlechten Realität führt nicht aus ihr heraus, sondern nur immer noch tiefer hinein.

Wir modernen Menschen wollen das nicht hören, die meisten Aufklärer wollten es nicht hören, aber dort, wo heute Wahrheit verhandelt wird, in der Literatur, in der Psychoanalyse und in der Wissenschaft, wird bestätigt: Es stimmt.

Seit Abraham hat sich nichts geändert. Der Systemwechsel wurde nicht vollzogen. Im Jahr 1989, als die Berliner Mauer fiel, dachten viele, nun sei es so weit, nun komme der Weltfrieden, und zunächst sah es ganz danach aus. Dann ereignete sich der 11. September 2001, und am Tag danach verkündete ein martialisch dreinblickender US-Präsident in Bomberjacke der Welt, es sei Krieg, der erste des neuen Jahrhunderts. Von einer Welt, in der Schwerter zu Pflugscharen umgeschmiedet, die Tränen aus allen Gesichtern abgewischt werden, die Wölfe bei den Lämmlein liegen und Gott unter den Menschen wohnt, sind wir so weit entfernt, wie Israel zur Zeit der Propheten davon entfernt war.

Aber heute wissen wir besser als damals, warum das so ist. Heute wissen wir: Der nach Millionen kleiner evolutionärer Schritte langsam erwachende Mensch hat durch diese Jahrmillionen währende Entwicklung eine Vorgeschichte und damit ein Erbe, das ihn quasi zur Sünde programmierte, denn was ist die

Schöpfung, was ist die Evolution? Sie ist eine endlose Folge von Fressen und Gefressenwerden, Töten und Getötetwerden.

In der Affenhorde, in jedem Wolfsrudel und in zahlreichen anderen Populationen hat es sich als vorteilhaft erwiesen, dass sich nur das stärkste Männchen, der Pascha, fortpflanzen darf. Alle anderen Männchen würden zwar auch gern, aber dürfen nicht, es sei denn, sie besiegen den Pascha, aber der ist ja gerade deshalb Pascha, weil er allen anderen bereits gezeigt hat, wer der Boss ist.

Nur ein Einziger kann gewinnen. Die anderen, obwohl sie allesamt die Nachkommen von Siegern sind, stehen auf der Verliererseite. All ihre Vorfahren bis hinunter zu ihrem ersten Urahn gehörten zu den Siegern, denn nur diese haben sich fortpflanzen können. Aber nun reichen die Siegergene plötzlich nicht mehr, denn einer aus der Kohorte, der aktuelle Pascha, verfügt über eine etwas bessere Ausstattung. Diese wird er an seine Nachkommen weitervererben, und auch von denen wird wieder nur einer, der Stärkste, zur Fortpflanzung kommen, in der nächsten Generation abermals und so fort.

Die Kette erstreckt sich bis zur menschlichen Urhorde. Und das heißt: Am Ende dieses Jahrmillionen währenden Ausscheidungswettbewerbs stehen wir, die Spezies Mensch, die größten, stärksten und raffiniertesten Sieger. Wir sind das Ergebnis des Fortkommens durch Gewalt und Sieg und Niederlage, das Produkt einer schier endlosen Rüstungsspirale. Wir sind die Sieger, die aus einer unendlichen Abfolge von Siegern herausgemendelt wurden.

Von der Kampfausstattung, die uns über Jahrmillionen zugewachsen ist, machen wir Gebrauch, weil wir uns genötigt fühlen, davon Gebrauch zu machen, denn wir erleben einander als Konkurrenten um Macht, Einfluss, Ehre, Ansehen, Ruhm, Besitz und Sex. Wir können gar nicht anders, als den Nachteil der anderen zu wollen. Wir können gar nicht anders, als uns heimlich über Kleinere, Dümmere, Schwächere oder Hässlichere zu freuen. Oder können wir doch? Könnten wir, aber wollen nicht?

Ihr könntet, aber ihr wollt nicht – das genau meint die Geschichte vom Sündenfall. Irgendwo auf dem evolutionären Weg vom Einzeller zum Homo sapiens hat sich ein seltsames Affe-Mensch-Wesen erstmals erhoben, den aufrechten Gang erprobt, seinen Blick vom Erdboden und seiner unmittelbaren Umgebung gelöst und sein Gesichtsfeld erweitert bis zum Horizont. Jetzt hatte dieses weitblickende Wesen plötzlich zwei Hände frei. Jetzt konnte es lernen, seine Welt begreifen, und in dem Maß, in dem es sich einen Begriff von der Welt machte, wuchs sein Gehirn, was wiederum seine Begrifflichkeit steigerte und so fort.

So steuerte dieses Wesen auf einen Punkt zu, an dem das erreichte Maß seiner Begrifflichkeit groß genug war, um sich seiner selbst bewusst zu werden. Nun war es kein Tier mehr. Jetzt wurde es Mensch und lernte, sich von seinen Instinkten zu lösen, Zusammenhänge zwischen seinem Tun und dessen Folgen zu erkennen, Prioritäten zu setzen, um höherer Ziele willen bestimmte Handlungen zu unterlassen oder aufzuschieben und andere zu forcieren. Der Mensch erfuhr sich als ein Wesen, das wählen, das sich in jeder Situation so oder auch anders entscheiden konnte. Das war der unschuldige Mensch im Paradies – bis er zum ersten Mal leichtfertig etwas tat, von dem er wusste, dass er es eigentlich nicht tun sollte, und es dennoch tat, und von da an immer wieder.

Von diesem Moment erzählt die Geschichte des Sündenfalls. Adam und Eva im Paradies hatten den ganzen Garten Eden zu ihrer freien Verfügung. Von allen Früchten des Gartens durften sie essen, nur von den Früchten eines einzigen Baumes nicht. So beschreibt die Bibel den Menschen als frei innerhalb einer von Gott gesetzten Grenze. Adam und Eva konnten sich entscheiden, ob sie die Grenze respektieren oder lieber den Einflüsterungen der Schlange nachgeben wollten.

Haben sie sich bewusst für die Übertretung des göttlichen Gebots entschieden? So, wie es die Bibel erzählt, sind sie wohl eher unbekümmert in diese Grenzverletzung hineingeschlittert: *Als nun das Weib sah, dass von dem Baume gut zu essen wäre und dass er eine Lust für die Augen und ein wertvoller Baum wäre, weil er klug machte, da nahm sie von dessen Frucht und aß und gab zugleich auch ihrem Mann davon, und er aß.* (1 Mose 3, 6)

Ohne vorher groß darüber zu diskutieren, ob man es riskieren sollte oder nicht, ließen sie sich in stillschweigender Übereinkunft zu dieser, wie sie vielleicht meinten, kleinen Grenzverletzung hinreißen, die Folgen nicht abwägend – wird schon nicht so schlimm sein. So denkt von damals bis heute jeder, der in leichtfertiger, vielleicht sogar in gedankenloser Weise tut, wovon er weiß, dass er es lieber lassen sollte.

Und dabei macht man dann die Erfahrung, dass der kleine Regelverstoß keine unmittelbaren Folgen zu haben scheint. Wie damals im Paradies. Adam und Eva müssen nicht, wie von Gott angedroht, sterben, sondern werden nur zur Rechenschaft gezogen. Aber statt zu ihrer Verantwortung zu stehen, schieben sie die Verantwortung ab, keiner von beiden will schuld sein. Adam sagt: Eva war's. Eva sagt: Die Schlange war's. Und da erst haben sie das Paradies verwirkt, werden hinausgeworfen und zu einem Leben verurteilt, das karg, mühselig, hart und schmerzlich sein und mit dem Tod enden wird, *denn der Tod ist der Sünde Sold* (Römer 6, 23).

Dieses einmalige Versagen aus Leichtsinn wäre noch keine Tragödie, zur Tragödie wird die Sache erst, weil ein Versagen das nächste nach sich zieht. Jedes mag für sich genommen geringfügig erscheinen, aber in der Summe baut sich so im Lauf der Zeit eine Wirklichkeit auf, die sich immer weiter vom Paradies entfernt und in der Hölle endet. Die einzelnen Fehler addieren sich zu größeren Schuldzusammenhängen, sündhafte Strukturen bauen sich auf, die ursprünglich gute Ordnung zerfällt. Schon die nächste Generation weiß nichts mehr davon, wird in

die mittlerweile aufgebauten Schuldzusammenhänge hineingeboren, empfindet die vorgefundene menschliche Unordnung als
natürlich und normal und passt sich ihr an, verhält sich entsprechend und baut weiter an den Sündenstrukturen. So kommen
die Kinder zwar unschuldig auf die Welt, aber nicht unbelastet.
Kaum geboren, ja oft schon vor ihrer Geburt, wirken sich die
diversen Schuldstrukturen auf das Leben der Kinder so aus, dass
diese sich wie von selbst am weiteren Ausbau der Schuldzusammenhänge beteiligen und unmerklich ihre Unschuld verlieren.

Zwischen der ersten Grenzverletzung und dem ersten Mord
liegt nur eine Generation. Kain erschlägt seinen Bruder Abel,
und von nun an reißt die Kette der Gewalt nicht mehr ab.

Einmal gestiftetes Unheil wirkt fort und fort, auch wenn dessen Urheber schon längst gestorben sind. Man denke nur an jene
israelischen Kinder, deren Leiber durch palästinensische Selbst-
mord-Attentäter zerfetzt wurden, oder man denke an jene israelischen Eltern, die jeden Tag darum bangen, dass der Schulbus
ihre Kinder heil nach Hause bringt. Und zugleich müssen wir an
jene palästinensischen Kinder denken, die bei jeder israelischen
Vergeltungsaktion verletzt, verstümmelt oder getötet werden.
Diese endlose Spirale des Hasses und der Vergeltung der Vergeltung der Vergeltung, dieser schier unlösbare Unheilszusammen-
hang wurzelt in ganz anderen, zeitlich weiter zurückliegenden
Unheilszusammenhängen, unter anderem im deutschen Natio-
nalsozialismus und im Holocaust.

Dem Morden in Auschwitz wurde vor mehr als sechs Jahrzehnten ein Ende gemacht, aber der Holocaust wirkt sich un-
heilvoll aus bis heute, und wohl noch für lange Zeit, nicht nur in
Israel. Die nach dem Krieg geborenen Deutschen haben weder
Auschwitz verschuldet, noch haben sie etwas mit dem Nahost-
konflikt zu tun, und doch sind sie in beides verstrickt und tragen deshalb, ob sie wollen oder nicht, eine Mitverantwortung.

Ähnlich verhält es sich mit vielen anderen Schuldzusammenhängen. Keiner der heute lebenden Europäer ist schuld am eu-

ropäischen Kolonialismus, und doch ist jeder Europäer heute mitverantwortlich für die Folgen des Kolonialismus, vor allem für die Armut in der Dritten Welt, besonders für die alten, heute immer noch vorhandenen Unrechts- und Ausbeutungsstrukturen, und für die neuen sowieso.

Die Rousseau'sche Vorstellung, ein Kind frei von äußeren Einflüssen erziehen zu können und dieses Kind dadurch in seinen guten natürlichen Urzustand hineinwachsen zu lassen, ist daher eine Illusion. Jedes Kind wird in ein von den Erwachsenen verursachtes Geflecht aus Lüge, Verschweigen, Unrecht und Schuld verstrickt, aus dem es selbst nicht mehr unschuldig herauskommt. Das ist gemeint mit Erbsünde. Das ist der Fluch, der seit Adam und Eva über uns liegt.

EXODUS UND RADIKALE UMKEHR

Auf dem Menschen lastet ein Fluch. Aber das ist nicht das letzte Wort über ihn. Die durch seine Sündhaftigkeit ausgelöste Kette menschlicher Tragödien und Katastrophen kann gesprengt werden, und diese Sprengung beginnt mit einem Exodus.

Und der Herr sprach zu Abram: Gehe aus deinem Vaterlande und von deiner Freundschaft und aus deines Vaters Hause in ein Land, das ich dir zeigen will. (1 Mose 12, 1) Und Abraham geht.

Dem Exodus des Stammvaters folgt der Exodus seiner Nachkommen aus Ägypten. In der Wüste werden sie zum Volk, scharen sich um die Thora. Nach ihr soll das Volk Gottes leben, sich dadurch von der Sünde befreien und den anderen Völkern zeigen, wie man leben muss, damit das Leben gelingt. So zumindest war es gedacht.

Aber das Volk lebte meistens anders, in der Regel so, wie die übrigen Völker auch, sodass diese nichts lernen konnten. Offenbar wollte das Volk Gottes nicht nach Gottes Willen leben. Oder, noch schlimmer: Konnte es vielleicht gar nicht?

Das ist eine der Fragen, die Juden und Christen bis zum heutigen Tag beschäftigt, und nicht nur sie. Andere Völker versuchten andere Antworten und andere Lösungen. Die Griechen zum Beispiel probierten es mit Ethik und Moral und einer Lehre vom guten Leben. Der Mensch soll das Gute erkennen. Wer es erkennt, wird es tun, glaubten die Optimisten unter den griechischen Philosophen. Hat auch nicht funktioniert. Die meisten wollen gar nicht unbedingt erkennen. Die es wollen, verwechseln das Gute mit ihren Wünschen. Die es erkennen, tun es nicht. Die es tun, machen meistens etwas falsch.

Aber der Mensch ist doch vernunftbegabt, sagten die Aufklärer. Also müsste es doch endlich klappen, wenn man ihn dazu bringt, aus seiner selbstverschuldeten Unmündigkcit herauszutreten und in freier Entscheidung Verantwortung für sich und die Welt zu übernehmen. Jedes vernunftbegabte Wesen, so dachte etwa Immanuel Kant, müsse doch aus eigener Einsicht den kategorischen Imperativ befolgen: «Handle stets so, dass die Maxime deines Willens jederzeit als Prinzip einer allgemeinen Gesetzgebung gelten könnte.»

Das wäre in der Tat vernünftig, nur: Die Meinungen darüber, was als Prinzip einer allgemeinen Gesetzgebung gelten könnte, gehen weiter auseinander, als sich das die Aufklärer in ihrem naiven Glauben an die Vernunft vorstellen konnten. Die Aufklärer waren noch nicht aufgeklärt genug.

Und: Der Mensch verfügt zusätzlich zur Vernunft auch noch über jene Leidenschaften, Begierden und Sehnsüchte nach Geltung, Besitz, Macht und Lust, denen er seine Existenz und Entwicklung zum vernunftbegabten Wesen verdankt. Auf diese archaischen Instinkte, die sich in Jahrmillionen als erfolgreich bewährt haben, verlässt sich der Homo sapiens lieber als auf seine soeben erst erworbene junge Vernunft, die er hauptsächlich dazu benutzt, auf raffinierte Weise zu begründen, dass seine egoistischen, leidenschaftlich verfolgten Vitalinteressen erstaunlicherweise mit den allgemeinen Prinzipien der Vernunft übereinstimmen. Und wenn dann zwei gegensätzliche Vitalinteressen aufeinanderprallen, kommt es eben zu jenen archaischen Kämpfen, die wir aus dem Tierreich kennen und aus der menschlichen Urhorde, die nun aber wegen der hochentwickelten Mittel, die den Kontrahenten heute zur Verfügung stehen, um ein Vielfaches blutiger, grausamer, widerlicher, opferreicher und kostenintensiver sind als in der Vorzeit.

Immer wieder in der Geschichte gab es Einzelne und Gruppen, die daran schier verzweifelten und sagten: Es muss doch eine Lösung geben! Und dann dachten sie sich eine Lösung aus, erprobten sie – und scheiterten.

Die Kommunisten glaubten, der weiteren Evolution des Menschengeschlechts hin zur Vernunft dadurch auf die Sprünge helfen zu können, dass man vernünftige Verhältnisse herstellt. Würde der Mensch erst einmal in guten und vernünftigen Verhältnissen leben, würde er auch vernünftig und gut werden, lautete die Idee. Jedoch: Für die Herstellung vernünftiger Verhältnisse hätte es guter, vernünftiger Menschen bedurft. Die waren naturgemäß nicht vorhanden. Daher musste man die vollkommene Gesellschaft notgedrungen mit unvollkommenen Menschen aufbauen, was zwangsläufig dazu führte, die Unvollkommenen zu beaufsichtigen, zu lenken, sie zu ihrem Glück zu zwingen. Aber die dummen Geschöpfe widersetzten sich dem Zwang, also wurde die Kontrolle verstärkt, das Treiben der Widerspenstigen schon im Vorfeld erkundet und im Keim erstickt. Jeder musste jeden beaufsichtigen und jede Unregelmäßigkeit nach oben melden, und auf einmal endete der Versuch, das Paradies auf Erden zu schaffen, in der Hölle des Gulag und in einem von der Stasi und dem KGB gelenkten Überwachungsstaat von Orwell'schem Ausmaß.

Den entgegengesetzten Weg empfahlen die Sozialdarwinisten. Lebt im Einklang mit der Natur, sagten sie. Gehorcht ihren Imperativen und ihrem Modell von Mutation und Selektion und dem Prinzip des «survival of the fittest». Wie sich in der Natur die verschiedenen Arten einen mörderischen Dauerkampf um Raum und Nahrung liefern, so müssen auch unter den Menschen die verschiedenen Rassen die Herausforderung annehmen und sich der Konkurrenz stellen. Daher kann sich keine Rasse leisten, die Schwachen mit durchzufüttern. Zuchtwahl, Auslese, Elitebildung ist angesagt. Nur die Starken sollen gefördert und belohnt werden, die Schwachen aber gehören nicht gehätschelt, sondern ausgesondert. Was fällt, soll man noch treten. Die Gesunden sollen sich der Kranken erwehren und diese sterben lassen oder töten. Alles Krankhafte, alles den Volkskörper Schädigende, alles die Reinheit der Rasse und Nation Gefährdende muss gnadenlos aufgedeckt und vernichtet werden. Nur so kann sich die Menschheit höherentwickeln.

Diese Geschichte endete in Euthanasie und Auschwitz, und damit sind wir wieder bei jener Erfahrung gelandet, an der schon die biblischen Autoren schier verzweifelten: Was immer der Mensch tut, endet meistens böse. Selbst das, was er in guter Absicht unternimmt, geht häufig schief. Ist er also prinzipiell unfähig zum Guten? Gibt es eine typisch menschliche Struktur, an der jede Ethik und jedes Gesetz zerschellt? Es scheint so.

Die Bestie Mensch kann offenbar nur durch Androhung staatlicher oder sonstiger Gewalt im Zaum gehalten werden. Der Mensch braucht Gesetze und Kontrollen und Instanzen, die ihm Grenzen setzen. Nur so kann menschliches Fehlverhalten einigermaßen ausgeschlossen und der Mensch vor dem Menschen geschützt werden.

Und wenn es nun einmal so ist, aber weiterhin der aufklärerische Grundsatz gelten soll, dass jeder Mensch frei, gleich und im Besitz einer unantastbaren Würde sei, dann kann man vernünftigerweise nur jenes System der gegenseitigen Gewaltenkontrolle etablieren, das wir Demokratie nennen und das nichts weiter ist als ein Verfahren, den Kampf aller gegen alle gewaltfrei und nach durchschaubaren Regeln zu organisieren. Daher ist der Rechtsstaat eine unaufgebbare zivilisatorische Errungenschaft.

Eines aber vermag der perfekteste Rechtsstaat nicht: Er kann nicht die innere Haltung der Menschen kontrollieren und lenken. Er kann nicht das menschliche Herz ändern. In seinem Innersten bleibt der Mensch offenbar jener alte Affe, der genau den archaischen Selbsterhaltungs-Instinkten gehorcht, denen er sein Überleben verdankt, und wenn dieser Affe Mittel und Wege findet, seine Interessen ungestraft am Rechtsstaat und an der Demokratie vorbei durchzusetzen, wird er das tun.

Gegen diese Tendenz versuchen rechtsstaatliche Regierungen durch eine permanente Verbesserung der Gesetzgebung anzukämpfen. Aber das Ergebnis ist nicht Gerechtigkeit, sondern Bürokratie. Eine in absurde Höhen geschraubte Gesetzesspirale verhilft schon längst nicht mehr dem Schwachen zu seinem Recht, sondern begünstigt denjenigen, der sich Heerscharen von Anwälten, Steuerberatern, Lobbyisten und einen eigenen Interessenverband leisten kann. Das Treiben dieser Gruppen produziert eine bürokratisch-technokratische Prozesshansel-Gesellschaft, in der jeder jeden blockiert.

An der Einsicht, dass die besten Gesetze und die besten Regierungen nichts taugen, wenn die Haltung der Regierenden und der Regierten nichts taugt, setzen Johannes der Täufer und Jesus den Hebel an. Ihre Lösung lautet: Raus aus diesem absurden System. Exodus. Johannes erinnert an den Exodus in seiner Bußpredigt und gibt ihm, wie später auch Jesus, eine neue Bedeutung. Exodus bedeutet jetzt Exodus aus dem real existierenden Israel in jenes Israel, wie es ursprünglich einmal gedacht war. *Das Land, das ich dir zeigen will*, heißt jetzt *Reich Gottes*. Die Einbürgerung erfolgt nicht mehr automatisch qua Geburt und der richtigen Volkszugehörigkeit, sondern erfordert die bewusste Entscheidung jedes Einzelnen. Und der Weg zur neuen Staatsbürgerschaft führt über Exodus, Umkehr und Buße.

Buße bedeutet etwas sehr Einfaches, was aber dennoch jedem Menschen schwerfällt. Buße verlangt vom Menschen, die hohe Meinung, die er irrigerweise von sich selbst hat, abzulegen. Das gelingt ihm ziemlich mühelos, wenn es um die Mitmenschen geht. Nur sich selbst so zu sehen, wie man wirklich ist, fällt unendlich schwer, weil jeder instinktiv fühlt: Man würde vor sich selbst erschrecken. Man müsste sich eingestehen: Die Welt ist, wie sie ist, weil ich so bin, wie ich bin.

Buße bedeutet die schockierende Einsicht, dass man es günstigen Einflüssen und Umständen, der bloßen Angst vor Strafe oder einem Mangel an Gelegenheit zu verdanken hat, wenn man nicht zum Lügner, Betrüger, Mörder oder Dieb geworden ist. Buße bedeutet einzusehen, dass man sich mehr seinen eigenen Zufällen – sozialer Herkunft, Geburtsort, Zeitpunkt der Geburt, Erziehung, einer robusten Konstitution und so weiter – verdankt als seiner eigenen Leistung. Buße bedeutet zu verstehen, dass man keinen Grund hat, auf den Zöllner, die Hure, den Opportunisten, die Heuschrecke, den korrupten Politiker, den Stasispitzel oder den bestechlichen Beamten verächtlich herabzublicken, denn möglicherweise wurde man nur durch ein günstiges Schicksal davor bewahrt, selbst Mitglied dieser verachteten Gruppen geworden zu sein. Erst dann, wenn man verzweifelt in seine eigenen Abgründe geblickt hat, ist man in der Lage, Mördern, Spitzeln oder gar KZ-Aufsehern zu vergeben. Und nur die Vergebung, nicht die Verachtung, kann den Mörder verwandeln. Den verwandelten, bereuenden Mörder aber können wir wieder annehmen, achten und vielleicht sogar lieben.

Buße verlangt nach Umkehr. Sie ist der Exodus aus der eigenen Natürlichkeit und den bisherigen Verhältnissen, sie ist der Bruch mit der eigenen Herkunft und Vergangenheit und jene innere Kehrtwende des ganzen Menschen, die nicht nur dessen Verhalten radikal ändert, sondern zuvörderst dessen Haltung.

Jesus wusste nichts von der Evolution, aber er spricht die ganze Zeit so, als ob er etwas davon wüsste, denn sinngemäß predigt er den Menschen: Ihr, die ihr euch nach einem Jahrmillionen währenden Kampf ums Dasein eine Kampfausstattung zugelegt habt, die euch zu den größten, stärksten und raffiniertesten Siegern gemacht hat, sollt eure Rüstung ablegen, denn ihr braucht sie nicht mehr. Längst habt ihr in eurer evolutionären Entwicklung einen Punkt erreicht, an dem eine weitere Steigerung eurer Kampfkraft keine weitere Steigerung eures Überlebensvorteils mehr darstellt, sondern in ihr Gegenteil umschlägt. Darum müsst ihr raus aus dieser Rüstungsspirale der Evolution.

Abrüsten ist angesagt. Und was ihr jetzt braucht, ist etwas ganz anderes: Liebe. Sehende Liebe. Erkennende Liebe. Eine Verwandlung des Menschen bis ins Unbewusste hinein.

Das ist gemeint, wenn Jesus in der Bergpredigt sagt: *Ihr habt gehört, dass zu den Alten gesagt ist: Du sollst nicht töten; wer aber tötet, der wird dem Gericht verfallen sein. Ich aber sage euch: Jeder, der seinem Bruder zürnt, wird dem Gericht verfallen sein.* (Matthäus 5, 21–22)

Oder: *Ihr habt gehört, dass zu den Alten gesagt ist: Du sollst nicht ehebrechen. Ich aber sage euch: Wer ein Weib ansieht, ihrer zu begehren, der hat in seinem Herzen schon Ehebruch mit ihr begangen.* (Matthäus 5, 27)

Und schließlich: *Liebet eure Feinde; tut denen wohl, die euch hassen; segnet die, so euch verfluchen und bittet für die, so euch beleidigen. Und wer dich schlägt auf einen Backen, dem biete den anderen auch dar; und wer dir den Mantel nimmt, dem wehre nicht auch den Rock. Wer dich bittet, dem gib; und wer dir das deine nimmt, da fordere es nicht wieder. Und wie ihr wollt, dass euch die Leute tun sollen, also tut ihnen gleich auch ihr.* (Lukas 6, 27–31)

Nichts davon steht im Widerspruch zum Alten Testament. Jesus sagt lediglich, dass man in Israel den Sinn der Thora gewollt oder ungewollt nicht verstanden und darum nicht wirklich ernst genommen hat. In all seinen Predigten, in allem, was er sagt und tut, schwingt stets die Botschaft mit: Dass ihr euch an die Gesetze haltet, ist ja in Ordnung. Aber wenn ihr glaubt, das genüge, irrt ihr euch. Ich will mehr von euch, ich will etwas ganz anderes, ich will, dass ihr kein Gesetz mehr braucht. Ihr sollt aus freien Stücken so leben, dass Gesetze, Polizei, Richter, Staaten und Regierungen überflüssig werden. Das will ich, weil Gott es immer schon von euch gewollt hat.

Wenn Gott der Meinung gewesen wäre, dass es genüge, nicht zu stehlen, nicht zu lügen, nicht zu betrügen, nicht die Ehe zu brechen und nicht zu morden, hätte er aufs erste Gebot verzichten können. Hat er aber nicht. Und ihr alle wisst es, aber ihr habt euch diesem Wissen entzogen. Vielleicht war das Gebot der

Gottesliebe zu abstrakt für euch. Darum sage ich euch jetzt, was es konkret bedeutet: Gott zu lieben heißt, seinen Nächsten zu lieben wie sich selbst. Schärfer noch: Auch eure Feinde sollt ihr lieben.

Jesus konfrontiert also die Menschen mit einer radikalen, unzumutbaren, unerfüllbaren Überforderung. Aber er bringt damit für alle verständlich auf den Punkt, worin eigentlich der Sinn jenes Gesetzes besteht, das sich unter der jahrhundertelangen Fleißarbeit der Schriftgelehrten zu solch einem komplizierten Gebilde entwickelt hat, dass nicht einmal mehr sie selbst sich darin zurechtfinden. Statt den ursprünglichen Sinn des Gesetzes zu lehren, benutzen es die Schriftgelehrten, um sich in endlose Streitigkeiten über die richtige Auslegung zu verzetteln, sich mit immer neuen Spitzfindigkeiten gegenseitig zu übertrumpfen und damit ihre beruflichen Karrieren zu befördern.

Dieses Spiel spielt Jesus nicht mit. Stattdessen holt er den ursprünglichen Ernst des Gesetzes zurück ins Leben und reduziert es auf eine verständliche Botschaft, die jedermann mit dem ungeheuerlichen Anspruch Gottes an die Menschen konfrontiert. Und Gottes Anspruch an die Menschen, in heutigen Worten, lautet: Riskiere den Exodus aus deiner Natur. Befreie dich aus der Sklaverei deiner Gene. Streife die Fesseln deiner Herkunft aus der Urhorde von dir ab. Höre auf, für deine Vitalinteressen zu kämpfen und beginne, für die Vitalinteressen deines Nächsten zu kämpfen. Zerstöre das Produkt der Evolution in dir. Lösche jene genetische Information in dir, die dazu geführt hat, dass sich die Kette deiner Ahnen durchsetzen und zuletzt dich hervorbringen konnte. Vernichte das Programm, dem du deine Existenz verdankst. Töte den alten Menschen in dir.

Das Sterben des alten, sündigen Menschen, versinnbildlicht durch die Taufe beim Untertauchen ins Wasser, ist also nicht nur symbolisch gemeint, sondern ganz real. Und das Wort für dieses Sterben lautet: Umkehr.

In dem Anspruch steckt auch ein Zuspruch: Du bist zwar ein

Naturwesen, aber das musst du nicht bleiben. Du kannst, wenn du nur willst, gottebenbildlich werden. Du kannst umkehren und ein neuer, wiedergeborener Mensch werden.

Dort, wo die Menschen diese totale Kehrtwendung vollziehen und miteinander leben, entsteht das Reich Gottes, ein Reich mitten in der Welt, aber nicht von dieser Welt, kein national-staatliches Gebilde, sondern eine Exklave, in der andere Gesetze gelten als in der Welt. Und nur in dieser Exklave ist es möglich, nach den Regeln der *Bergpredigt* zu leben. In der normalen Welt wäre das völliger Unsinn. Wer dort nach der Bergpredigt zu leben versuchte, würde nur ausgenutzt, bis aufs Hemd ausgezogen, obendrein noch lächerlich gemacht und heimlich oder offen verspottet.

Die Bergpredigt ist auch nicht auf die Politik und den Staat übertragbar, denn der Staat kann ja nur drei Dinge: Geld verteilen, Gesetze machen und deren Einhaltung durchsetzen. Die Bergpredigt aber taugt nicht als Anleitung für einen christlichen Etat, und in Gesetze gießen lässt sie sich schon deshalb nicht, weil sie doch die Überwindung aller Gesetze bedeutet, auch die Überwindung des Staates.

Das Liebesgebot mitten in der Welt erfüllen zu wollen, wäre ebenfalls Unsinn. Das kann niemand aus eigener Kraft, und wer es dennoch versucht, weil er den Ehrgeiz hat, ein Heiliger werden zu wollen, wird meist nur ein unangenehmer, überheblicher, herrschsüchtiger Zeitgenosse, der seine Umgebung durch Sanftheit, Aufopferung und Altruismus terrorisiert.

Die Kraft zur Liebe muss man sich schenken lassen. Sie wächst einem zu durch den Glauben, aber nicht zu Hause im stillen Kämmerlein, nicht im Büro und nicht draußen in der normalen Welt, sondern nur in jener Exklave namens Reich Gottes, das sich nach dem Willen Jesu in der Gemeinde manifestieren soll. Klappen kann das aber nur, wenn es dort tatsächlich liebende Menschen gibt. Liebe, die Realisierbarkeit der Bergpredigt, hängt an der Existenz neutestamentlich verfasster Gemeinden. Die

Liebe und die Gemeinde sind zwei Seiten derselben Medaille, die eine bedingt die andere, aber nur dort, wo die Gemeinde wahrhaftig ist. Gemeinden, in denen lediglich Vereinsmeierei betrieben wird, sind nicht Teil dieser Exklave, sondern ein religiös getünchter Teil der normalen Welt.

Das bedeutet nicht, dass Kirchen und Gemeinden als Christenvereine überflüssig sind. Es kann dort viel Gutes geschehen. Funktionierende Kirchengemeinden sind in einer orientierungslosen, zerfallenden Gesellschaft nötiger denn je. Sie können zahlreiche Nöte lindern, gesellschaftliche Schäden reparieren, politisch darauf Einfluss nehmen, dass die Ärmsten der Armen nicht ganz dem Vergessen anheimfallen.

Vor allem aber sind Kirchen und Gemeinden als Institutionen und Körperschaften des öffentlichen Rechts nötig, um die alten Texte der Bibel durch die Zeiten zu tragen. Solange sie gelesen werden, so lange erhält sich die Sehnsucht nach dem wirklichen Reich Gottes, in dem Nöte nicht gelindert, sondern für alle Zeiten beseitigt werden. Solange es die christliche Vereinsmeierei gibt, so lange besteht die Chance, dass immer wieder Menschen nachwachsen, die den Exodus riskieren und sich mit ihrer ganzen Existenz auf jenes Wagnis einlassen, das Jesus als Reich Gottes bezeichnete.

In jenem Reich konnten die Jünger Jesu einander lieben, weil sie zuerst von Jesus geliebt wurden. Nach seinem Tod konnten sie die Liebe weitergeben an andere, und dabei machten alle miteinander die beglückende Erfahrung, wie revolutionär schön das Leben ist, wenn jeder seine Rüstung fallen lässt. Dann muss plötzlich keiner mehr fürchten, übervorteilt zu werden. Man muss nicht mehr um seine Stellung kämpfen, nicht mehr permanent darauf achten, dass einem jemand die Butter vom Brot nimmt, und nicht mehr an seinen eigenen Vorteil denken, weil die anderen daran denken. Die ganze Kraft, die man draußen in der Welt braucht, um sich gegen die anderen zu behaupten, die ganze Energie, die wir für den permanenten Konkurrenzkampf verheizen, steht jetzt zur Verfügung für den Aufbau einer anderen Welt. Dort werden dann tatsächlich Kranke gesund und Gesunde erst gar nicht krank, die Blinden erlangen ihr Augenlicht zurück, die Verstummten ihre Sprache, und die Traurigen werden wieder froh.

Diese Erfahrung verwandelt den Menschen von Grund auf, bis ins Unbewusste hinein, ermöglicht jene sehende, erkennende Liebe, die nichts mit Eros, Sex, Ehe oder Elternliebe zu tun hat. Es ist Nächstenliebe, Agape, die höchstentwickelte Form der Liebe, von der Paulus sagt: Sie *ist langmütig und gütig, beneidet nicht, prahlt nicht, bläht sich nicht auf, sucht nicht das Ihre, lässt sich nicht erbittern, rechnet das Böse nicht zu, freut sich nicht über die Ungerechtigkeit, freut sich aber der Wahrheit, erträgt alles, glaubt alles, hofft alles, duldet alles, und hört nimmer auf* (1 Korinther 13, 4–8). Es ist jene Liebe, die den Menschen sieht, wie er wirklich ist, ihn trotzdem annimmt und ihn dadurch so von Grund auf verwandelt, dass er plötzlich annehmbar, ja liebenswert ist.

So eine Verwandlung des Menschen geschieht nicht über Nacht. Die vielen Glieder, die ihr Leben miteinander teilen und einen Leib Christi bilden, müssen wirklich vorhanden und in der Lage sein, den neuen Staatsbürger in das Leben im Reich Gottes einzuführen, denn das muss erst erlernt werden, meist unter Mühen. Man muss bereit sein, sich von den anderen korrigieren zu lassen. Das fällt den Menschen unendlich schwer. Daran sind schon viele Aufbrüche gescheitert.

Die Umkehr, die dabei verlangt wird, hat nichts mit moralischem Gutsein zu tun. Moralische Hochleister behindern den Betrieb im Reich Gottes eher, als dass sie ihn befördern. Daher tut sich Jesus mit Zöllnern, Ehebrechern und kleinen Ganoven stets leichter als mit jenen hochanständigen Pharisäern, deren über jeden Zweifel erhabene moralische Qualität Respekt abnötigt, aber eben darum meistens auch mit hochmütigem Tugendstolz gravitätisch einherschreitet. Umkehr ist etwas viel Radikaleres als moralische Selbstvervollkommnung. Umkehr ist die radikale Entwertung all dessen, was einem im Leben als wertvoll erschien. Das alles muss drangegeben werden für das einzig Wertvolle.

Danach, wenn alles für *die kostbare Perle* oder *den Schatz im Acker* geopfert wurde (Matthäus 13, 44–46), kann man auch wieder die zuvor verworfenen Werte – die Liebe zur Musik, zur Kunst, zur Literatur, zu seinen Eltern, seinen Kindern, seiner Konfession, seiner politischen Überzeugung – in sein Leben zurückholen, aber die Priorität der Werte wird jetzt eine andere sein, und auch die Beziehung dazu wird sich verwandelt haben.

ALLES ODER NICHTS
UND DAS GESETZ DER KLEINEN ZAHL

Nur wenige sind zu der von der Bergpredigt verlangten Radikalität imstande. Daher ist sie wegen vermeintlicher Unerfüllbarkeit im Verlauf der Kirchengeschichte immer wieder relativiert oder ganz in Frage gestellt worden. Aber dass es Jesus und den Urchristen tatsächlich ernst damit war, dass alles genauso radikal gemeint ist, wie es dasteht, das belegt nicht nur die Bergpredigt, das zieht sich als stetig wiederkehrendes Motiv durchs ganze Neue Testament, und ebenso durchs Alte.

Der christliche Glaube verlangt keine Wundergläubigkeit, keine intellektuellen Opfer, keine Erfüllung religiöser Pflichten, keine Askese, keine Riten, keine kultischen Handlungen und noch nicht einmal die Einhaltung moralischer Standards – all das ist nur Religion. Der christliche Glaube ist etwas anderes, darum verlangt er auch etwas anderes, und das ist viel mehr, als die Religion verlangt: das eigene Leben. Schlimmer noch: das Leben der eigenen Kinder, des Ehepartners, der ganzen Familie.

Schon in der allerersten Glaubensgeschichte der Bibel wird es erzählt. Abraham soll seinen Sohn Isaak opfern, und wir fragen uns unwillkürlich: Was ist das für ein Gott, der solches verlangt? Was ist das für ein Sohn, der offenbar willens war, sich widerstandslos von seinem Vater abstechen zu lassen? Was ist das für ein Vater, der seine grundsätzliche Bereitschaft bekundet, seinen Sohn umzubringen, wenn eine höhere Autorität es verlangt? Begegnet uns hier nicht der erste verblendete Fundamentalist, die Geisteshaltung des islamischen Selbstmordattentäters? Wenn das christlicher und jüdischer Glaube sein soll, wie können wir dann verrückt gewordene Sektierer davon unterscheiden?

Immanuel Kant argumentierte gegen Abrahams absoluten Gehorsam, selbst wenn Gott wirklich zum Menschen spräche, so könnte dieser dennoch niemals sicher sein, dass das, was er hört oder zu hören glaubt, Gottes Stimme sei. Wenn aber diese Stimme verlange, gegen das moralische Gesetz zu verstoßen, dann könne der Mensch gewiss sein, dass die Stimme nicht zu Gott gehöre. «Abraham», so fügte Kant hinzu, «hätte auf diese vermeinte göttliche Stimme antworten müssen: ‹Daß ich meinen guten Sohn nicht tödten solle, ist ganz gewiß; daß aber du, der du mir erscheinst, Gott sei, davon bin ich nicht gewiß und kann es auch nicht werden›, wenn sie auch vom (sichtbaren) Himmel herabschallte.»[26]

Die meisten modernen Menschen, selbst tiefgläubige Christen denken und empfinden heute so und würden diese Szene am liebsten aus dem biblischen Kanon streichen. Da das nicht geht, färben sie diese Geschichte schön, verharmlosen sie zu einem akzeptablen Fortschrittsgeschichtchen. Sie deuten die Szene als Protest gegen Menschenopfer, als die Aufforderung, Menschen durch Tieropfer zu ersetzen.

Aber als Isaak und Abraham aufbrechen, sagt Letzterer, er wolle Gott ein Brandopfer bringen, und auf dem Weg zu dem Berg, auf dem das grausame Ritual stattfinden soll, fragt Isaak, wo denn das Lämmlein sei, das geopfert werde. Wie kann Isaak so selbstverständlich nach dem Opfertier fragen? Isaaks Frage setzt die Existenz des Tieropfers doch bereits voraus, und daher ist uns der Fluchtweg in die Verharmlosung versperrt.

Auch die zweite, gern genommene christliche Ausrede, es handle sich hier um das überwundene Gottesbild des Alten Testaments, funktioniert nicht. Jesus hat keinen neuen Gott gelehrt, auch nie gegen diese Geschichte von Abraham und Isaak polemisiert. Sein Gott war der Gott des Alten Testaments. Er ist auch der Gott der Christen, der sich nicht selbst dementiert. Im Gegenteil: Der neutestamentliche Gott überbietet Abraham sogar. Ihm bleibt das Sohnesopfer im letzten Moment erspart. Als Gott sieht, dass Abraham grundsätzlich bereit dazu ist, ist Gott zufrieden und lässt einen Engel ausrichten, es genüge. Gott will das Opfer nicht wirklich, sondern nur den Gehorsam, den ganzen Menschen Abraham.

Seinen eigenen Sohn aber, Jesus, rettet er nicht vor dem Kreuz. Im Mittelpunkt des christlichen Glaubens steht ein göttliches Opfer. Darum ist die Geschichte von Abraham und Isaak tödlich ernst gemeint. Es handelt sich um eine Prüfung des Glaubens. Gott will wissen, wie ernst es Abraham mit seinem Gottesgehorsam ist.

Abraham besteht die Prüfung und wird gerade deshalb zum Stammvater des Glaubens. Abrahams Gehorsam unterscheidet den Glaubenden von den normalen Menschen. Abraham folgt Gott selbst noch dorthin, wo jeder vernünftige Mensch, wie Kant, sagen würde: bis hierher und nicht weiter. Das, was uns diesen Mann als so monströs erscheinen lässt, wird zum Qualifikationsmerkmal der göttlichen Erwählung – eine größere Provokation für moderne Menschen ist kaum denkbar.

Opferbereitschaft und blinder Gehorsam, Kadavergehorsam, das allein scheint diesen Gott mehr zu interessieren, als Vernunft, Selbstbestimmung, Verantwortung, Vaterliebe. In solch einem Gott meinen wir geradezu das Gegenteil dessen zu erkennen, was eine guten, liebenden, barmherzigen Vater und eine aufgeklärte, vernünftige Religion ausmacht. Der molochartige Kult ums Opfer erscheint uns modernen Menschen zutiefst fremd, archaisch, falsch und lebensfeindlich. Wir denken dabei eher an den Missbrauch von Religion, Fanatismus, Sektierertum, Islamismus und religiösen Wahn als an die Botschaft der Liebe. Abraham erscheint uns als ein Mensch aus prähistorischer Zeit, der uns nichts mehr zu sagen hat.

Archaisch? Prähistorisch?

In den Jahren 1813/14, ein Jahrzehnt nach Kants Tod, wurde in Deutschland zum ersten Mal in den so genannten Befreiungskriegen von Napoleons Herrschaft der Soldatentod auf dem «Feld der Ehre» gepriesen. Noch im Zweiten Weltkrieg galt es als süß, fürs Vaterland zu sterben. Erst heute scheint die Zeit der Verherrlichung des Opfers fürs Vaterland auf dem «Feld der Ehre» vorbei zu sein, zumindest in Europa.

Aber der Opferkult geht munter weiter in modernen Gewändern. Manager treiben Raubbau an ihrer Gesundheit, opfern sich selbst und ihre Mitarbeiter im Krieg um Marktanteile, opfern auch ihre Familie und ihre Freunde, wenn sie sich mit Haut und Haar ihrem Unternehmen und ihrer Karriere verschrieben haben. Leistungssportler opfern ihre Jugend, manchmal die Kindheit, oft ihre Gesundheit – für eine Goldmedaille bei Olympischen Spielen, für Werbeverträge und materiellen Reichtum. Und nicht selten sind es die ehrgeizigen Eltern, die ihr Kind Monat für Monat ins Training treiben, um sich einen vagen Traum von Ruhm und Geld zu erfüllen und die eigenen Sehnsüchte zu befriedigen. Wir opfern die Umwelt für unseren Wohlstand, und neuerdings sogar unsere Zukunft: Weil uns der Kampf um Wettbewerbsfähigkeit rund um die Uhr derart auf Trab hält, dass wir keine Zeit mehr zum Kinderkriegen und -erziehen haben, sterben wir aus. So bringen wir uns selbst als Opfer auf dem Altar des globalen Wettbewerbs dar.

Diese Hinweise auf die modernen Opfer, die wir heute zu bringen bereit sind, lösen das Rätsel des abrahamitischen Glaubens noch nicht, holen uns aber von jenem Ross, auf dem wir Aufgeklärte zu sitzen meinen. Es scheint allemal vernünftiger, dem «archaischen» Gott Abrahams Tribut zu zollen als den modernen Götzen des Wettbewerbs.

Die Geschichte von Abraham und Isaak erzählt natürlich nicht eine Begebenheit, die sich wirklich ereignet hat, sondern malt ein Bild, das uns vor Augen führt, was Glaube an Gott heißt, welch Konsequenzen er hat und in welche Einsamkeit der Glaubende in Grenzsituationen geraten kann. Die Geschichte zeichnet jenen erschreckend radikalen Unbedingtheitsanspruch Gottes, wie er uns in der Bergpredigt wieder begegnet. Dazu hieß es im vorigen Kapitel: Gott will von den Angehörigen seines Volkes keine Abgaben, sondern alles, nicht allein ihre Freizeit, sondern ihre ganze Zeit, nicht nur den religiösen Teil ihrer Persönlichkeit, sondern den ganzen Menschen.

Aber das war noch nicht scharf genug formuliert. Die letzte Schärfe stellt sich ein, wenn man die Bergpredigt und die Abrahamsgeschichte zusammendenkt. Dann wird nämlich klar, dass Gott etwas von uns verlangt, das uns aufgeklärten Menschen am kostbarsten erscheint: unsere Autonomie. Er fordert uns auf, darauf zu verzichten, unser Schicksal selbst zu bestimmen.

Preisgabe der Autonomie wird verlangt. Bereitschaft zur Fremdbestimmung. Gläubige Unterordnung unter Gottes fremden und nicht selten befremdenden Willen aus Freiheit – das ist die Crux des Glaubens, die sich von Anfang an im Gebot der Beschneidung manifestiert. Die von Gott angeordnete Beschneidung des Symbols der Fruchtbarkeit und der Macht, das Zeichen des Bundes zwischen Gott und seinem Volk, bedeutet: Ich, Gott, bin der Herr über deine Fruchtbarkeit, deine Triebe und überhaupt alles in der Welt. Deine Rechte sind beschnitten, dein Wille hat sich dem meinigen unterzuordnen.

Gehorsam, Unterordnung, Fremdbestimmung, Unterwerfung – es sind schreckliche Wörter. Sie klingen uns schrill in den Ohren, auch verdächtig, zum Missbrauch verführend, zur Rechtfertigung grausamster Taten einladend, und all das hat es im Verlauf der weiteren Geschichte tatsächlich zur Genüge gegeben. Deshalb, und aus anderen vernünftigen Gründen, wehren wir uns heute gegen Fremdbestimmung und Unterwerfung, auch gegen den Gehorsam vor Gott, weil es ja doch letztlich fehlbare Menschen – Päpste, Bischöfe, Professoren, Priester und sonstige

Autoritäten – sind, die vorgeben, den Willen Gottes zu kennen und unsere Bereitschaft zur Unterordnung nur für eigene Zwecke missbrauchen.

Jedoch: Die gesamte Bibel redet davon, dass die Erfahrung des Glaubens eine andere ist. Wer sich ganz an Gott bindet, steht der Welt wahrhaftig frei gegenüber. Wer Gott fürchtet, muss sich vor nichts mehr fürchten, ist stärker als alle Armeen dieser Welt zusammen und wird Tod und Teufel trotzen. Wer sich allein unter Gottes Willen stellt, dem hat kein irdischer Wille mehr irgendetwas zu befehlen, und mag sich dieser Wille noch so mächtig und toll gebärden. Er zerschellt am Glaubenden. Wer sein Herz an Gott hängt, braucht es nicht an materielle Güter zu hängen. Und dort, wo sich ein Gottesfürchtiger mit anderen Gottesfürchtigen zusammentut, um Gottes Willen auf Erden Geltung zu verschaffen, wird die Welt auf den Kopf gestellt, werden die Kranken gesund, die Blinden sehend, die Hungrigen satt, die Traurigen fröhlich, die Schwachen stark. Aber diese Erfahrung macht eben nur, wer das Wagnis des Glaubens riskiert und sich ehrlich und ernsthaft darauf einlässt.

Totale Unterwerfung unter die Herrschaft Gottes, diese erschreckende Forderung endet in der Erfahrung, dass gerade aus diesem Verzicht auf Selbstbestimmung die größtmögliche Freiheit erwächst und sich die Welt unter Gottes Willen zu etwas fügt, das kein menschlicher Wille besser hätte fügen können. Der jüdisch-christliche Reich-Gottes-Totalitarismus ist, recht verstanden, das einzig wirksame Rezept gegen die irdisch-menschlichen Totalitarismen auf der Welt. Deshalb muss Gott so radikal sein.

Nur wenn er genügend Freiwillige hat, die sich auf seine ungeheure Forderung einlassen, kann sein Plan gelingen. Weil aber diese Forderung so groß ist und die menschliche Bereitschaft, ihr zu entsprechen, so klein, harrt Gottes Plan bis heute seiner Erfüllung. Der Mensch glaubt nicht, dass er das Leben gewinnt, wenn er's drangibt. Daran scheitert Gottes Utopie.

Schlimmer noch: Weil wir nicht nur das Opfer verweigern, sondern schon bei viel harmloseren Forderungen versagen, leben wir immer näher an der Hölle als am Himmel, und manchmal geraten wir richtig in die Hölle hinein, so zum Beispiel zwischen den Jahren 1933 und 1945.

Hitler wäre nie an die Macht gekommen, wenn zwischen den Jahren 1918 und 1933 nur zehn Prozent der Christen entschlossen und energisch gegen Nationalismus, Militarismus und Antisemitismus protestiert hätten. Niemand hätte um seine Karriere fürchten müssen oder wäre ins Gefängnis gekommen, wenn ein Zehntel der deutschen Christenheit zusammengehalten und Widerstand geleistet hätte. Sie haben es nicht getan, und Hitler kam an die Macht. Noch immer wäre Widerstand möglich und vielleicht sogar erfolgreich gewesen, wenngleich jetzt schon mit größeren Opfern verbunden. Jetzt brauchte es Mut und die Bereitschaft, sich Ärger, Karrierenachteile, vielleicht sogar Schikanen, Prügel und Gefängnis einzuhandeln.

An diesem Mut fehlte es. Darum konnte Hitler das ganze Volk gleichschalten. Opposition war nun lebensgefährlich. Kein Wunder, dass Hitler kaum noch auf Widerstand traf. So konnte er seinen Krieg führen. So konnte er sein Vorhaben, den Genozid an den Juden zu betreiben, fast wahr machen. Weil die Christen nicht bereit waren, ein kleines Opfer zu bringen, als dies noch weitgehend gefahrlos möglich gewesen war, trieben die Verhältnisse auf einen Zustand hin, der dann 55 Millionen Opfer verschlang. Das sind nur die Todesopfer. Die vielen anderen Opfer sind in dieser Zahl noch gar nicht enthalten: die Verletzten an Leib und Seele, die Vergewaltigten, die Heimatvertriebenen, die Ausgebombten, die politischen Gefangenen.

Und dann gab es noch jene Minderheit, die sich selbst zum Opfer brachte, die Widerstandskämpfer. Etliche zehntausend Personen, Christen wie Juden, Kommunisten, Sozialdemokraten, Gewerkschaftler, Liberale und Nationalkonservative einte die Überzeugung, dass es so etwas wie ein göttliches oder moralisches Gesetz gibt, das unbedingt gelten muss, koste es auch das Leben. Und dann kostete es sie das Leben. Sie bewiesen den Gehorsam Abrahams, aber im Gegensatz zu ihm mussten sie ihr Opfer tatsächlich bringen, weil es für den normalen Gehorsam, der Gott schon gereicht hätte, längst zu spät war. Denn darin besteht die eigentliche Pointe der Geschichte von Abraham und Isaak: Dort, wo Menschen prinzipiell bereit sind, Gott sich selbst und ihr Liebstes zu opfern, dort kommt es gar nicht erst so weit, dass Opfer tatsächlich nötig sind.

Die Geschichte zeigt auch, worin der Unterschied besteht zwischen fundamentalistischem Kadavergehorsam und Abrahams Gehorsam gegen Gott: Das eine ist ein Hass, der andere mit in den Tod reißt, das andere ist ein aufmerksames Horchen, Hören und Wahrnehmen und die Bereitschaft, dem Gehörten auch dann zu folgen, wenn die eigenen Interessen, ja, das eigene Leben und das der Angehörigen, bedroht sind.

Es steht also alles schon im Alten Testament. Gottes Anspruch an den Menschen ist von Anfang an so total, wie es sich in der Abrahamsgeschichte und im ersten Gebot ausdrückt: *Ich bin der Herr, dein Gott, … du sollst keine anderen Götter haben neben mir.* (2 Mose 20, 2–3) Und Jesus nimmt nichts davon zurück, sondern bekräftigt diesen Anspruch, wenn er sagt: *Niemand kann zwei Herren dienen: entweder er wird den einen hassen und den andern lieben, oder er wird dem einen anhangen und den andern verachten. Ihr könnt nicht Gott dienen und dem Mammon.* (Matthäus 6, 24) Gott duldet keine Aufspaltung des Menschen in zwei verschiedene Personen, von denen die eine werktags als Profi in der Bank den Gesetzen des Marktes gehorcht und die andere sonntags als Freizeitchrist zu Hause in der Familie und in der Kirchgemeinde ein bisschen ihrem Gott dient.

Da kann man nun fragen: Wie soll das denn gehen? Was soll ein Banker, ein Unternehmer oder ein Vorstandsvorsitzender denn machen, wenn das Konkurrenzunternehmen Leute rausschmeißt, um die Rendite zu erhöhen? Die Antwort ist einfach:

Er muss mitziehen, muss ebenfalls Leute rausschmeißen, denn wenn er's nicht tut, werden sie entweder gefeuert, oder das ganze Unternehmen wird über kurz oder lang aufgekauft oder vom Markt verschwinden.

Deshalb sagt Gott: Ich will etwas Besseres für euch als diese Konkurrenzgesellschaft, die beständig mehr Verlierer als Gewinner produziert und die Kluft zwischen Arm und Reich kontinuierlich vertieft. Ich will eine ganz andere Gesellschaft, aber eben dazu brauche ich jeden Menschen ganz. Mit Teil- und Freizeitchristen, die durch ihren Job im Alltag immer wieder genötigt sind, mir ins Handwerk zu pfuschen, kann ich diese andere Gesellschaft nicht aufbauen. Mit Viertel-, Halb- und Bruchstückchristen lassen sich allenfalls die Kollateralschäden der Konkurrenzgesellschaft reduzieren oder reparieren. Nur sonntags von einer Welt träumen, in der andere Gesetze gelten, das reicht nicht. Man muss aufwachen und werktags anfangen, den Traum zu realisieren.

Wer das Reich Gottes auf Erden errichten will, muss sich Gott also ganz unterstellen. Es geht nicht anders. Immer wieder werden wir bei der Lektüre der Evangelien mit der Nase darauf gestoßen: *Er (Jesus) sah aber auf und schaute die Reichen, wie sie ihre Opfer einlegten in den Gotteskasten. Er sah aber auch eine arme Witwe, die legte zwei Scherflein ein. Und er sprach: Wahrlich ich sage euch: Diese arme Witwe hat mehr denn sie alle eingelegt. Denn diese alle haben aus ihrem Überfluss eingelegt zu dem Opfer Gottes; sie aber hat von ihrer Armut alle ihre Nahrung, die sie hatte, eingelegt.* (Lukas 21, 1–4)

Gott will vom Menschen alles, egal, ob er viel oder wenig zu bieten hat. Die Vorsichtigen, die nur etwas von ihrem Überfluss abgeben, kann er so wenig gebrauchen wie die Teilzeitchristen, denn *wer sein Leben findet, der wird's verlieren; und wer sein Leben verliert um meinetwillen, der wird's finden* (Matthäus 10, 39). Darum: *Trachtet am ersten nach dem Reich Gottes und nach seiner Gerechtigkeit, so wird euch solches alles zufallen.* (Matthäus 6, 33)

Es führt kein Weg daran vorbei, die Bergpredigt ist so gemeint, wie sie in der Bibel steht. Hier ist der Text ausnahmsweise einmal ganz wörtlich zu nehmen und nicht zu deuten. Es ist ja auch ein durch und durch profaner Text. Da gibt es nichts zu entmythologisieren oder zu spiritualisieren. Es gilt, was dasteht: Christ sein heißt, alles auf eine Karte zu setzen.

Es ist ein Wagnis, ein Abenteuer, es ist nichts für Vorsichtige, nichts für Leute mit schwachen Nerven, nichts für Ängstliche, nichts für Bequeme – mit einem Wort: Es ist nichts für die Masse, und damit sind wir bei einem weiteren Kernelement des christlichen Glaubens: das Gesetz der kleinen Zahl. Es gibt zwei Milliarden Christen auf der Welt, aber eigentlich ist das Christentum ein Minderheitenprogramm, und obwohl es dem Glauben um egalitäre Verhältnisse geht, ist er elitär. Auch das zieht sich als roter Faden durchs Neue Testament: *Gehet ein durch die enge Pforte. Denn die Pforte ist weit, und der Weg ist breit, der zur Verdammnis abführt; und ihrer sind viele, die darauf wandeln. Und die Pforte ist eng, und der Weg ist schmal, der zum Leben führt; und wenige sind ihrer, die ihn finden.* (Matthäus 7, 13–14)

Seinen Jüngern sagt Jesus: *Ihr seid das Salz der Erde.* (Matthäus 5, 13) Salz, nicht Zucker. Implizit meint das: Eine Prise genügt. Zu viel wäre gar nicht so gut. Wenige nur braucht Gott. Eine kleine Elite genügt ihm, ein kleines, feines Trüppchen, dem Gott sagen kann: *Ihr seid das Licht der Welt.* (Matthäus 5, 14)

Das klingt zunächst verblüffend. Will Gott denn nicht alle in seinem Reich versammeln? Legt er auf die große Masse gar keinen Wert? Doch. Alle sollen gerettet werden. Aber dafür ist es nicht nötig, dass alle sich bei dem Versuch überfordern, der Radikalität der Bergpredigt gerecht zu werden.

Jesus predigte das Evangelium vom Reich Gottes und sprach: *Die Zeit ist erfüllet, und das Reich Gottes ist nahe. Tut Buße und glaubt an das Evangelium.* (Markus 1, 14–15) Jesus sagte nirgends: Folgt mir nach und werdet meine Jünger.

Es sind nur zwölf, die Jesus als seine Jünger beruft. Von ihnen verlangt er das Ganze, alles, die radikale Nachfolge. Von der Ehebrecherin dagegen verlangt er nur, dass sie hinfort nicht mehr sündige. Auch vom Zöllner Zachäus verlangt er keine Nachfolge, sondern zeigt sich einverstanden mit dessen Vorschlag, in Zukunft die Hälfte seines Vermögens den Armen zu geben und zu Unrecht eingetriebenes Geld vierfach zurückzuerstatten. Aber Zachäus kann seinen Beruf weiter ausüben. Die Jünger mussten ihre Berufe aufgeben. Den toten Lazarus erweckt Jesus zu neuem Leben. Wenn einer Grund gehabt hätte, Jesus nachzufolgen, dann Lazarus. Aber Jesus verlangt es nicht, und Lazarus tut es nicht.

Gott weiß, dass die Menschen verschieden sind und dass er daher nicht von allen dasselbe verlangen kann. Er verlangt Verschiedenes, aber immer Entschiedenheit. Die Vielen, denen Jesus geholfen hat, die ihm regelmäßig zuhören oder sonstwie mit ihm zu tun hatten, stehen entschieden zu ihm, fühlen sich ihm eng verbunden. Sie sympathisieren mit ihm, unterstützen ihn, laden ihn in ihre Häuser ein, bieten ihm Übernachtungsmöglichkeiten. Oft heißt es, wenn er mit seinen Jüngern irgendwo aufkreuzte: Eine große Volksmenge folgte ihnen.

Es genügt, dass wenige vorangehen. Die Wenigen strahlen auf ihre Umgebung aus wie ein Licht im Dunkeln. Eine Kerze vertreibt nicht die Finsternis, und doch leuchtet sie weit in die Dunkelheit hinein und liefert allen, die im Dunkeln leben, einen Punkt, an dem sie sich orientieren können. Eine Stadt auf einem Berg besitzt nur eine geringe Ausdehnung, und doch ist sie weithin sichtbar und strahlt auf ihre Umgebung ab, verändert sie so, wie ein bisschen Salz den Geschmack der ganzen Suppe verbessert.

Die Kerze, die Stadt, die Würze der Suppe, das sind Bilder für die weltverändernde Kraft kleiner Minderheiten. Diese Minderheiten ziehen viele Menschen an, machen sie neugierig, und etliche bleiben hängen. Bald schon werden mehrere Lichter leuchten, wo bisher nur eine Kerze brannte. Bald schon werden auf anderen Bergen Städte gebaut, die auf ihre Umgebung ausstrahlen. Bald schon wird mehr Salz zur Verfügung stehen, um größere Mengen von Suppe zu würzen. Die Sache, die klein wie ein Senfkorn angefangen hat, wird sich zu einer großen Staude auswachsen, Samen treiben und sich vermehren. Die Finsternis wird weichen. Die Welt wird sich verändern. *Das Himmelreich ist gleich einem Sauerteig, den ein Weib nahm und unter drei Scheffel Mehl vermengte, bis es ganz durchsäuert ward.* (Matthäus 13, 33) Eine geringe Menge genügt, um das Ganze zu verändern.

CHRISTENTUM: EINE BILANZ

Mit Abraham sind ein paar revolutionär neue Gedanken in die Welt gekommen, ein neues Welt- und Gottesbild, ein neues Menschenbild und ein tieferes Verständnis dessen, was Glaube ist. Die mit Abraham entstandenen Ideen wirken sich aus bis heute. Zusammengenommen bilden Abrahams «Innovationen» einen großen Teil des Fundaments unserer Kultur.

Als Erstes wäre da zu nennen: Die Wende zum Monotheismus bahnt sich an. Abraham selbst ist noch kein Monotheist. Er bestreitet noch nicht, wie es später seine Nachkommen, die Juden, Christen und Muslime tun werden, die Existenz der anderen Götter. Abraham kritisiert die Götter der anderen nur, wendet sich von ihnen ab, sucht nach einem besseren Gott und findet einen, der später der einzige sein wird und alle anderen Götter negiert.

Vor Abraham gab es keine falschen und wahren Götter. Jedes Volk akzeptierte die Götter der anderen Völker. Den Begriff «tolerant» auf diesen Zustand anzuwenden, wäre verfehlt. Toleranz heißt ja Duldung. Duldung von etwas, das stört. Bei den Heiden störte nichts, da gab es nichts zu dulden. Die Götter der anderen konnten nicht stören, weil man unausgesprochen davon ausging, dass es sich um dieselben Götter handelte, die nur anders benannt wurden. Es gab keinen Grund, um der Götter willen miteinander in Streit zu geraten. Es gab daher auch keinen Grund, sich mit den anderen und deren Göttern auseinanderzusetzen. Der Religionsfriede, der allenthalben herrschte, enthob die Heiden der Notwendigkeit, das Denken und die Begriffe zu schärfen. Geistig trat man ein bisschen auf der Stelle.

Dann aber, durch den sich anbahnenden Wechsel zum Monotheismus, wird das menschliche Denken plötzlich herausgefordert. Jetzt muss es ein höheres Abstraktionsniveau erklimmen. Nun wird unterschieden zwischen Wahr und Falsch, und dieses permanente Scheiden der Geister treibt das menschliche Streben nach Wahrheit und Erkenntnis auf eine unerhörte Weise voran. Erste aufklärerische Tendenzen scheinen auf, die sich noch entwickeln und verstärken werden.

Einen Nachteil hat die Sache auch. Ab jetzt ist die Gefahr von Intoleranz, Dogmatismus und Religionskriegen in der Welt. Und in dieser Hinsicht bleibt der Menschheit nichts erspart.

Zweitens: Vernunft und Glaube decken sich nicht hundertprozentig, auch wenn immer wieder das Gegenteil behauptet wurde und wird. Da steckt im Glauben ein geheimnisvoller Rest, der die Vernunft übersteigt. Dem Ungläubigen erscheint dieser Rest als exaltierte, weltfremde Radikalität und Verrücktheit, der Glaubende erkennt darin gerade die Pointe seines Glaubens – eine gefährliche Pointe, die nur einen kleinen Schritt vom religiösen Wahn entfernt liegt und von allen Sekten dieser Welt regelmäßig geplündert und missbraucht wird. Darum muss man gut hinsehen, ob es sich tatsächlich um den Glauben Abrahams handelt oder um etwas ganz anderes. Das erfordert ein genaues Unterscheidungsvermögen.

Drittens: Mit Abraham kommt ein neues Verhältnis zur Zeit in die Welt. Gott verheißt Abraham eine große Zukunft. Das ist der Beginn der Abkehr vom damals vorherrschenden heidnischen Glauben an die ewige Wiederkehr des Gleichen. Ab jetzt wird Geschichte als zielgerichtet begriffen und die Welt als etwas betrachtet, das einen Anfang und ein Ende hat.

Das Heil liegt nicht im Jenseits, auch nicht im Inneren jedes Menschen, sondern in der Zukunft, *in einem Land, das ich dir zeigen werde*. Es ist keine ferne Zukunft, der man sich im Namen künftiger Generationen opfern muss, sondern eine Zukunft, die durch den Willen zur Umkehr jederzeit in der Gegenwart anbrechen kann.

Die Verheißungen, die Abraham gegeben wurden, steigern sich. Nachkommen und Land waren nur ein bescheidener Anfang. Am Ende dieser Entwicklung steht die radikal weltumstürzlerische Verheißung eines neuen Himmels und einer neuen Erde. Im Diesseits.

Der Glaube an den Fortschritt ist in der Welt, zwar noch rudimentär, embryonal, aber als neue Möglichkeit vorhanden. Aus der Möglichkeit wird Wirklichkeit, wenngleich noch viel Zeit vergehen wird, bis der Fortschrittsglaube als solcher benannt und kritisiert wird. Denn auch das hat Abraham begründet: die permanente Kritik alles Bestehenden. Permanente Weltveränderung wird die Folge sein. Hier, im demokratisch-kritischen und selbstkritischen Denken, dem ein unbedingter Wille zur Wahrheit zugrunde liegt, steckt die vierte Innovation, die durch Abraham in die Welt gekommen ist.

Mein Vater war ein umherirrender Aramäer; und er zog nach Ägypten hinab und lebte dort als Fremdling mit wenigen Leuten (5 Mose 26, 5) – so lautet eine der ältesten Aussagen des Volkes Israel über seine Herkunft. Wie schon Abraham, trug dieser umherirrende Aramäer einen Traum mit sich herum, einen Traum von einer eigenen Heimat, die aber anders und besser ist als alles, was er auf der Welt als Heimat der anderen kennengelernt hat. Aus dem Traum entwickelt sich später die Thora, das Gesetz, die Sozialordnung Gottes, eine mobile Heimat, die das immer wieder verfolgte, deportierte, in alle Winde zerstreute Volk der Juden im Marschgepäck mit sich führen und jederzeit überall aus- und auch wieder einpacken kann.

Führen andere Völker ihre Herkunft meistens auf Götter und Halbgötter zurück oder zumindest auf sagenhafte Sieger und strahlende junge Helden, so handelt es sich beim Stammvater der Juden, Christen und Muslime um einen Halbnomaden, einen gewöhnlichen Viehhirten, um einen Mann von geringer Herkunft, aber mit großer Zukunft. Und das ganze Volk hat seinen Ursprung in ägyptischen Sklaven und Fronarbeitern – was die anderen Völker als skandalös empfanden. Und auch als unausgesprochene Kritik an ihnen und ihrer hagiographischen, selbstverherrlichenden Geschichtsschreibung.

Die Geschichtsschreibung der Juden ist von Anfang an um Wahrhaftigkeit bemüht, nicht nur, was die eigene Herkunft anbelangt, sondern auch, was den eigenen Charakter betrifft. Keine Schwäche, kein Versagen wird verschwiegen. Heldenhafte Eigenschaften, Mut, Stärke, Klugheit oder Macht sucht man bei Abraham vergebens, aber Angst, Schwäche, Feigheit, Egoismus werden beim gesamten biblischen Personal – heißt es nun Abraham, Jakob, Mose, Aaron, David oder Petrus – schonungslos aufgedeckt. Trotzdem arbeitet Gott mit diesem Personal. Oder gerade deshalb?

Gott akzeptiert die natürliche Ordnung nicht, die den Tüchtigen belohnt und den Untüchtigen bestraft, denn Tüchtigkeit ist zum geringsten Teil eigenes Verdienst. In den natürlichen Ordnungen erkennt Gott den Grund, warum die Welt nicht funktioniert. Deshalb etabliert er in seinem Volk eine andere Ordnung. Symbolisch deutlich wird das an der Missachtung zentral wichtiger Regeln in der altorientalischen Welt des Abraham. Da genossen die jeweils erstgeborenen Söhne besondere Rechte. Sie übernahmen die Rolle des Familienoberhaupts nach dem Tod des Vaters. Sie wurden als Haupterben eingesetzt. Dieser alte Brauch galt noch in der bäuerlichen Welt Europas bis in die jüngste Vergangenheit.

Gott bricht diese Regel. Ismael, Abrahams Erstgeborener, wird mit seiner Mutter weggeschickt. Allerdings war er ja auch «nur» der Sohn der Nebenfrau Hagar. Isaak, der zweite Sohn, Sohn der Hauptfrau Sarah, bekommt den väterlichen Segen, also die Rechte des Erstgeborenen. Es geht immer ein bisschen holprig zu in den Familien Gottes, immer ein bisschen «gschlampert», nie bürgerlich glatt. Isaaks Frau Rebekka gebiert ihm Zwillinge, Jakob und Esau. Esau kommt als Erster auf die Welt, aber den Segen bekommt der Zweitgeborene, Jakob. Oder besser: Er erschleicht ihn sich, offenbar mit Gottes Einwilligung.

Als der Prophet Samuel in Gottes Auftrag als «Headhunter» durch Israel reiste, um den Posten des Königs zu besetzen, schickt ihn Gott zu einem Mann namens Isai. Sieben Söhne führt ihm Isai vor, einer tüchtiger als der andere, aber an den achten, den jüngsten und kleinsten, hat keiner gedacht, weil er, weitab vom Schuss, die Schafe hütet. Ihn will Gott als König haben. David heißt er.

Auf wen baut Jesus seine Kirche? Auf den Fischer Petrus, diesen wackeligen Fels, der seinen Herrn verraten hatte, noch ehe der Hahn zum ersten Mal krähte.

Nicht nur ein neues Menschenbild kommt damit in die Welt, sondern auch ein neues Gottesbild. Es erzählt von einem Gott, der mit den Schwachen ist, von einem Gott, der keine Helden benötigt, weil er die Schwachen stark macht.

Immer wieder sind es einfache Menschen aus dem Volk, Randständige und Außenseiter, mit denen niemand gerechnet hat, außer Gott. Offenbar braucht er diese Typen, um seine Geschichte voranzutreiben, denn er weiß ja: Erstgeborene haben kein Interesse an einer Infragestellung der herrschenden Ordnung. Könige und Privilegierte haben kein Interesse an der Veränderung der bestehenden Verhältnisse. In den Palästen der Reichen und Mächtigen, wie auch in manchen Staatskanzleien, Vorstandsetagen, Chefredaktionen und bischöflichen Ordinariaten sind die Türen fest verschlossen und die Fenster zu. Kein Durchzug. Frischluft kommt, wenn überhaupt, aus den Klimaanlagen, vermischt sich mit dem Mief der luftdicht verschlossenen Räume, und verursacht Kopfweh. Alles bewegt sich seit urdenklichen Zeiten auf angeblich bewährten eingefahrenen Gleisen, alles ist festgezurrt und erstarrt in Strukturen, die aufzubrechen so viel Kraft erforderte, dass man es lieber bei den alten belässt. Keine

Luft zum Atmen. Keine Freiheit. Kein Raum für neue, umstürzlerische Gedanken. Man verfügt ja über gut gehütetes und erfolgreich angewandtes Herrschaftswissen.

Darum muss Gott seinen Sohn, den er zwei Jahrtausende nach Abraham auf die Erde schicken wird, in der fernsten Provinz in einem Kaff namens Bethlehem zur Welt kommen lassen, weitab vom Weltgeschehen und von römischen Herrscherhäusern und Palästen. Die Eltern dieses Sohnes müssen arme Leute sein, der Vater Zimmermann, die Mutter eine einfache Frau aus dem Volk. Maria muss den Sohn Gottes zwischen Ochs und Esel auf Heu und Stroh betten. Nomaden, Hirten, Bauern, Fischer, Handwerker und Frauen aus dem gewöhnlichen Volk – daraus rekrutiert Gott das Personal, das für ihn die Fundamente legt.

Irgendwie sind die einfachen, naiven Menschen mit ihrem kindlichen Gottvertrauen besser für die Arbeit im Reich Gottes zu gebrauchen als die komplizierten, die Schwachen eher als die Starken, die Armen eher als die Reichen, Klugen und Schönen. Jesus sagt es ja selber: *Wenn ihr nicht umkehrt und werdet wie die Kinder, so werdet ihr nicht in das Himmelreich kommen.* (Matthäus 18, 3) Offenbar fällt es leichter, sich auf diesen Gott einzulassen, wenn man nichts zu verlieren, nichts zu verteidigen und nichts hat, worauf man tatsächlich oder vermeintlich stolz sein könnte.

Der Umsturz der natürlichen Ordnungen zeigt sich auch im Abendmahl und im Verständnis von Kirche und Gemeinde als Leib Christi. Der christliche Glaube verabschiedet die alte, natürliche Familie, die auf Blutsverwandtschaft beruht, und etabliert eine neue Familie, die auf Geistesverwandtschaft beruht. Der Eintritt in diese neue Familie erfolgt durch die Taufe. Das gemeinsame Band ist der Glaube an den Stifter dieser Familie, Jesus.

Paulus hat dafür das Wort geprägt: ein Leib, viele Glieder. Etwas zutiefst Natürliches, dem Menschen Eigentümliches wird damit gesprengt: das Clandenken.

In der natürlichen Welt gibt es Rudel, Horden, Schwärme,

Clans, Familien. Sie sind dem Darwin'schen Selektionsprinzip unterworfen, dem «survival of the fittest», wobei es der Natur aber nicht um das Überleben des Einzelnen geht, sondern um das Überleben und die möglichst große Verbreitung der ganzen Art. Innerhalb dieser Art können sich also durchaus Mutterliebe, Geschlechterliebe, Sorge füreinander und Zusammengehörigkeitsgefühl entwickeln. Aber diese dem Kampf ums Dasein scheinbar entgegenwirkenden Prinzipien dienen in Wahrheit nur dem Überlebensprinzip.

Die Sichtweite des einzelnen Clanmitglieds endet an der Grenze des Clans. Die Verantwortung des Rudelführers erstreckt sich auf sein Rudel. Andere Rudel sind Nahrungskonkurrenten und müssen vertrieben, kleingehalten, zerstört, einverleibt oder zumindest auf Distanz gehalten werden. Nach diesem Prinzip ist lange regiert worden unter Menschen. In Naturvölkern, in undemokratischen, korrupten Staaten, in der Mafia und in Diktaturen wird noch heute so gelebt.

Der christliche Glaube riss diese Clangrenzen nieder und bereitete damit dem Rechtsstaat und dem Prinzip der Weltverantwortung den Weg. Ein Leib aus vielen Gliedern, das hieß: Die verschiedenen Clans, Stämme, Völker und Nationen können zu einer einzigen großen Völkerfamilie zusammenwachsen. Die Verschiedenheit der Herkunft, der Rasse, des Geschlechts und des Alters trennen nicht mehr, müssen keinen Anlass mehr bieten für kriegerische Auseinandersetzungen. Weltfrieden wird möglich, sofern da tatsächlich ein Leib am Werk ist, also kein Verein, keine Organisation, keine Institution, sondern etwas Lebendiges, das wachsen kann. Wann immer dieser Leib richtig funktioniert, macht die Menschheit einen großen Sprung nach vorn in ihrer Entwicklung.

Es wäre kühn zu behaupten, aus jüdisch-christlichen Urelementen habe mit naturgesetzlicher Notwendigkeit jene westliche Gegenwart entstehen müssen, in der wir nun leben. Das Neue, das mit Abraham in die Welt kam und von Jesus weitergeführt wurde, hätte allein, für sich genommen, kaum ausgereicht, um die europäische Kultur hervorzubringen. Dazu bedurfte es schon auch noch der Griechen und Römer und vor allem des christlichen Versuchs, den jüdisch-christlichen Glauben mit der griechischen Philosophie und dem römischen Recht zu verschmelzen.

Alle Elemente zusammen jedoch – die jüdischen, die christlichen, die griechischen und die römischen – führten zu etwas Neuem, das keines dieser Elemente allein aus sich heraus hätte zustande bringen können: zu Europa. Europa ist das Ergebnis der Synergie aus jüdischem, christlichem, griechischem und römischem Denken. Diese vier Traditionen waren nötig, um eine neue Dynamik in die Welt zu bringen, eine Dynamik, die die Entwicklung zunächst sehr langsam, aber stetig vorantrieb und ab dem 15. Jahrhundert nach Christus ganz ungeheuer beschleunigte.

Zu jener Zeit war die islamische Kultur der christlichen wissenschaftlich, technisch und gesellschaftlich überlegen. Aber dann stockte die Entwicklung in der islamischen Welt, während sich die christliche revolutionär veränderte und an der islamischen vorbeizog. Die christlichen Werte traten den Siegeszug an.

Der lange Zeit verschüttete jüdisch-christliche Drang zu Wahrheit und Aufklärung und das kritische Bewusstsein von Abraham, Mose und den Propheten brechen jetzt durch und erregen zu Beginn des 16. Jahrhunderts die Gemüter. Die Menschen saugen begierig das Gerücht auf, dass sich die Erde nicht, wie seit mehr als tausend Jahren von der Kirche behauptet, im Mittelpunkt des Weltalls befindet, sondern um die Sonne dreht. Und die Menschen fragen sich: Wenn das mit der Erde und der Sonne nicht stimmt, wer weiß, ob dann alles andere, was man uns so erzählt, noch stimmt? Man sollte alles auf den Prüfstand stellen. Und das geschieht.

Christoph Kolumbus bricht auf, um einen neuen Seeweg nach Indien zu erkunden, entdeckt stattdessen einen neuen Kontinent; plötzlich segeln Europäer über alle Weltmeere, vermessen die Erde und setzen eine Entwicklung in Gang, deren vorläufigen Höhepunkt die Landung der ersten Menschen auf dem Mond darstellt. Ein Nürnberger Maler, Albrecht Dürer, hört auf, Bibel- und Heiligengeschichten zu illustrieren, und fängt an, sich selbst zu porträtieren. Der Mensch entdeckt sich als Individuum.

Johannes Gutenberg erfindet den Buchdruck und ermöglicht die beschleunigte Verbreitung von Gedanken und Wissen. Die Zeit der Massenmedien beginnt, und ein kleiner thüringischer Mönch namens Martin Luther nutzt sie, um seine ketzerischen Gedanken über Papst und Kirche zu verbreiten, bricht damit die absolute Herrschaft der Kirche und erschüttert deren Grundfesten so nachhaltig, dass sie ihre Allmacht auf immer verliert. Die Priesterherrschaft wird beendet, der Klerus abgewertet, die Laien und die weltlichen Berufe werden aufgewertet.

Alles, was ab jetzt passiert, passiert meistens gegen den Willen und Widerstand der Kirche. Das kritisch-aufklärerische Potenzial des jüdisch-christlichen Glaubens beginnt, sich gegen die Institution dieses Glaubens zu richten. Universitäten werden gegründet, große Bibliotheken entstehen, zwar oft noch mit kirchlichem Segen und unter kirchlicher Oberaufsicht. Aber seit Luther gibt es zwei Wahrheiten, zwei Kirchen, und es kann doch nur eine recht haben.

Daher wird nun in typisch menschlicher Manier versucht, die Wahrheitsfrage mit Gewalt zu klären. Dreißig Jahre verschwendet Europa, dreißig lange Jahre bekriegen sich die Konfessionen, um der eigenen und vermeintlich einzigen Wahrheit gewaltsam zu ihrem Recht zu verhelfen, bis alle Beteiligten zur Vernunft kommen und einsehen: Mit Gewalt geht es nicht. Es gibt kein Zurück in die Vorreformation. Die Existenz zweier einander widersprechender Wahrheiten ist ein unabänderliches Faktum. Damit muss die Welt von jetzt an leben.

Diese wiederum fragt sich: Wenn es zwei Wahrheiten gibt, sind dann nicht auch drei möglich, vier, fünf, viele? Wie können wir uns Gewissheit verschaffen über das, was wirklich ist? Und die Antwort lautet: durch Wissenschaft. Ein Herrschafts- und Paradigmenwechsel findet statt. Die Zuständigkeit für die Welterklärung geht von der Kirche auf die Wissenschaft über. Auch über die Gestaltung des menschlichen Zusammenlebens wird jetzt nach weltlichen Maßstäben entschieden.

Die Grundlagen für Demokratie und Rechtsstaatlichkeit in Europa werden gelegt. Europäische Auswanderer wagen einen neuen Exodus, besiedeln den amerikanischen Kontinent und legen, ohne dass sie das anstreben oder auch nur ahnen, das Fundament für den Aufstieg der USA zur führenden Weltmacht des 20. und wohl auch des 21. Jahrhunderts.

Wären all diese Entwicklungen denkbar ohne die Exodustradition des Aufbruchs zu neuen Ufern? Ohne die Kritik der Verhältnisse? Ohne den permanenten Drang, das Bestehende zu überwinden, das Gute zu verbessern und das Schlechte zu zerstören, um Platz zu machen für das Neue? Ohne den Glauben an eine linear verlaufende, den technisch-wissenschaftlichen und gesellschaftlichen Fortschritt herbeiführende Zeit? Ohne den Auftrag, sich die Erde untertan zu machen? Sollte es wirklich Zufall sein, dass sich die Grenzen der demokratisch-rechtsstaatlichen Welt ziemlich genau mit den Grenzen jener Länder decken, in denen die Kirchen und Synagogen stehen?

Diese Fragen zu bejahen, erscheint noch immer als gewagt, darum muss jetzt – nach Monotheismus, dem neuen Verhältnis zur Zeit, der Bedeutung von Vernunft und Glaube und dem aufklärerischen Potenzial des jüdisch-christlichen Glaubens – die fünfte wichtige Innovation genannt werden, um die These zu erhärten, dass Abraham, der Mann aus dem Morgenland, einer der Gründerväter des christlichen Abendlandes ist. Denn schon sein Auszug war ein Zeichen seiner Kritik am System. Aus ihr entwickelt sich die prophetische Sozialkritik.

Sie dürfte einer der wichtigsten Gründe dafür sein, dass sich vom jüdisch-christlichen Glauben eher die armen und einfachen

Menschen angezogen fühlten als die gebildeten und wohlhabenden. Sie zählt zu den revolutionärsten und geschichtlich folgenreichsten Kennzeichen des jüdisch-christlichen Glaubens. In Israel durfte es keine Armen geben. Gott und die Propheten rechneten es dem Volk als Versagen an, wenn sich die Schere zwischen Arm und Reich öffnete. Das tat sie oft, aber es wurde scharf kritisiert.

Immer wieder ist die Forderung nach Gleichheit, einem menschenwürdigen Leben und Wohlstand für alle in den Hintergrund gedrängt worden in Israel. Immer wieder mussten die Propheten das Volk und die Könige daran erinnern. Später haben zahlreiche Mönchsorden und Heilige die Erinnerung daran bewahrt. Die bischöflichen und fürstbischöflichen Herren der Großkirche hingegen haben dem Auftrag, für gerechte Verhältnisse zu sorgen, vom Beginn der Zwangschristianisierung an immer weniger Beachtung geschenkt.

Das Ergebnis war, dass sich die Unterdrückten und Ausgebeuteten irgendwann selbst ihr von Gott verbrieftes Recht erkämpften, ohne die Kirche und gegen die Kirche, durch Revolution und den Schlachtruf «Freiheit, Gleichheit, Brüderlichkeit». Spätestens jetzt hätte die Kirche aufwachen und sich grundlegend ändern müssen. Aber sie hatte sich schon so weit vom Evangelium entfernt, dass sie die Berechtigung des Volksbegehrens nicht mehr erkannte, nur ihre Macht und ihre Pfründe bedroht sah und sich ungerecht behandelt fühlte.

Sie hätte noch einmal die Chance zur Kursänderung gehabt, als zu Beginn der industriellen Revolution die Arbeiter massenhaft ausgebeutet wurden und unter unwürdigen Bedingungen malochen mussten. Aber es war nicht der Papst, der das Elend des Proletariats sah, es war Karl Marx. Und erst, als die Leute massenhaft aus der Kirche in die Arme der Kommunisten, Sozialdemokraten und Gewerkschaften flüchteten, reagierte der Klerus. Da war es schon zu spät. Da waren viele Mitglieder für immer verloren.

Erst nach diesem Verlust erfolgte die kirchliche Wiederentdeckung der prophetischen Sozialkritik und der urchristlichen Vergemeinschaftung des Besitzes. Die Wiederentdeckung schlug sich in einer Reihe päpstlicher Sozialenzykliken nieder, an denen die Kirche bis heute weiterschreibt, die an Deutlichkeit nichts zu wünschen übrig lassen und bei deren Lektüre man stellenweise nicht mehr weiß, ob man einen kirchlichen Text vor sich hat oder das Kommunistische Manifest. Nur leider: Es kam alles zu spät.

Im Februar 1997 haben die Bischöfe beider Konfessionen in Deutschland darauf reagiert, dass sich die Schere zwischen Arm und Reich in unserem Land immer weiter öffnet. In einem als «Sozialwort» bezeichneten Papier forderten sie öffentlich «eine Zukunft in Solidarität und Gerechtigkeit» und wurden dafür sehr gelobt. Zu Recht. Es ist gut, dass es noch eine Macht gibt, die den Armen und Machtlosen ihre Stimme leiht und sich damit ins politische Tagesgeschäft einmischt.

Es ist auch sehr in Ordnung, dass der Papst regelmäßig Frieden, Gerechtigkeit und Solidarität anmahnt. Jedoch: Die Welt wird dadurch weder gerechter noch solidarischer, die Schere zwischen Arm und Reich schließt sich nicht, auch andere für das Überleben der Menschheit wichtige Entwicklungen – Klima, innerer und äußerer Frieden, Demographie, Bildung, der Krieg um Marktanteile – bessern sich nicht, und diese absolute Konsequenzlosigkeit kirchlicher Worte verweist auf einen gravierenden Fehler im Selbstverständnis heutiger Kirchen.

Dieser Fehler besteht darin, dass die Kirchen ihre ureigene Aufgabe, nämlich selbst für gerechte Verhältnisse zu sorgen und eine Oase der sozialen Gerechtigkeit zu bauen, an den Staat delegiert haben, noch dazu an einen Staat, der zu weltanschaulicher Neutralität verpflichtet ist. So war es nicht gedacht.

Gott hatte sich sein Volk nicht erfunden, damit es das Geld anderer Leute einsammle und damit die Not der Armen lindere, auch nicht, damit es den Staat dafür kritisiere, dass er nicht an

Gottes Sozialordnung Maß nimmt. Nicht die Welt, nicht die Heiden, nicht weltanschaulich neutrale Staaten, nicht Demokratien sollten Gottes Sozialordnung etablieren, sondern Gottes eigenes Volk sollte in seinen Gemeinden den ursprünglichen Plan realisieren, und dieser sah nicht die Linderung der Not der Ärmsten vor, sondern Wohlstand und Fülle für alle.

Ein Land, darin Milch und Honig fließen, war Abraham versprochen, nicht ein Land voller Hartz-IV-Empfänger. Wenn Verteilung des Mangels das Ziel gewesen wäre, hätte Abraham zu Hause und hätten die Hebräer in Ägypten bleiben können. Auf Verteilung des Mangels verstehen sich die Heiden auch.

Es war sehr anspruchsvoll, was Gott sich da von seinem Volk erwartet hatte, zu anspruchsvoll bis heute. Aber der Anspruch bleibt: Das Volk soll durch seiner eigenen Hände Arbeit und mit Gottes Hilfe in seinen Gemeinden jene Sozialordnung etablieren, die Mose am Berg Sinai empfangen hatte. Gebaut werden können solche Gemeinden nur von Glaubenden. Daran mangelt es, darum mangelt es auch an den entsprechenden Gemeinden, und deshalb geht das Sozialwort der Kirchen an ihrem eigentlichen Auftrag vorbei.

So ist es dem wirtschaftlichen Sachverstand ein Leichtes, das Wort zu kritisieren: Nicht Umverteilung schaffe Wohlstand, sondern wirtschaftliches Wachstum. Nicht Solidaritätsappelle hülfen den Armen, sondern eine wettbewerbsfähige Wirtschaft. Nicht die Anprangerung des Reichtums ermögliche soziale Gerechtigkeit, sondern die neidlose Anerkennung des tüchtigen Unternehmers, der, motiviert durch ein hohes Einkommen, Arbeitsplätze schaffe. Arbeitsplätze und soziale Sicherheit seien nur zu haben um den Preis einer gewissen Ungleichheit. Der Schwache solle daher dem Starken dessen Wohlstand gönnen, nicht neiden.

In jedem einzelnen Punkt hat diese Kritik recht, denn sie beschreibt, nach welcher Gesetzlichkeit die Welt da draußen funktioniert. Die Pointe des christlichen Glaubens besteht aber gerade darin, dass sich Gott ein Volk erwählt hat, damit dieses mitten in dieser Welt eine Oase errichte, in der die Gesetze der Welt ausgehebelt werden. Dort, im Volk Gottes, wird der Tüchtige und Starke nicht deshalb unternehmerisch und kreativ tätig, weil er damit einen Platz an der Sonne mit Villa, Meerblick und Jaguar erwerben kann, sondern weil er sich mit seinen Fähigkeiten von Gott in Dienst nehmen lassen möchte, um Gemeinde aufzubauen, jenen Ort auf der Welt, an dem auch der Schwache, der weniger Tüchtige, der vom Schicksal Benachteiligte sein Plätzchen an der Sonne erhält. Den starken Tüchtigen, dem dies ein Herzensanliegen ist, gibt es von Natur aus nicht. Den gibt es erst, wenn der Mensch durch Umkehr und Buße und durch das Wunder des Glaubens in einen solchen verwandelt wird.

Umkehr, Buße, Wunder des Glaubens – das sind altmodische, abgegriffene, vernutzte Wörter, obendrein für moderne Menschen kaum mehr zu verstehen. Aber in diesen verrosteten Wörtern ist auch heute noch der Code zu suchen, die christliche Wahrheit, die Weisheit der Kirche. Gottes Verheißung einer anderen Welt kann sich nur verwirklichen im Glauben an ihn.

Es ist eine Utopie, ein Traum, den Gott da träumt. Und seit 4000 Jahren sagt dieser Gott den Menschen: Es liegt an euch, ob der Traum wahr wird. Wenn ihr es wollt, bleibt es kein Traum.

Ein Schiff, das sich Gemeinde nennt: Christentum im 21. Jahrhundert

Wege aus der Glaubwürdigkeitskrise: Für ein aufgeklärtes Christentum

Glaube, Umkehr, Buße, Erbsünde, Reich Gottes, Leib Christi, die klassenlose Gesellschaft, es darf keine Armen geben – davon sind wir heute so weit entfernt wie eh und je, und gegenwärtig scheinen wir uns in hohem Tempo immer noch weiter davon zu entfernen. Die Vokabeln, die Abrahams Traum beschreiben, sind uns fremd geworden und werden uns immer fremder.

Das Personal, das diese Wörter formelhaft im Mund führt, ist uns fragwürdig geworden, hat an Glaubwürdigkeit verloren, seitdem wir die Geschichte der Kirche kennen, und die Formeln selbst klingen seltsam leer, sinnentleert, seitdem wir zu wissen glauben, dass Jesus nicht wirklich auf dem Wasser gelaufen ist und gemerkt haben, dass ein Acker, der mit Kunstdünger versorgt und mit Weihwasser besprengt wird, besser gedeiht als ein Acker, der nur mit Weihwasser besprengt wird.

Mehr als zwei Milliarden Christen leben derzeit auf der Welt, und wer herauszufinden versucht, welche Wahrheit sie eint, welchen Auftrag sie zu haben glauben und was heute unter *Volk Gottes* oder *Reich Gottes* zu verstehen sei, wird verzweifeln. Mehrere orthodoxe Wahrheiten (griechisch, russisch, serbisch, koptisch) liegen im Widerstreit mit Hunderten von evangelischen, reformierten, anglikanischen, freikirchlichen, fundamentalistischen und pfingstlerischen Varianten, es gibt Lutheraner, Calvinisten, Zwinglianer, Pietisten, Quäker, Evangelikale, Baptisten,

Unitarier, Mennoniten, dazu fließende Übergänge zu einer Vielzahl christlicher Sekten, und über alle wölbt sich die eine katholische Wahrheit. Aber auch Letztere ist kein monolithischer Block. Das weite Dach des globalen Katholizismus spannt sich über ein buntes Volk, das vom Opus Dei bis zu lateinamerikanischen Befreiungstheologen reicht und dazwischen noch viel Platz hat für die verschiedensten Ordensgemeinschaften und diverse afrikanische, asiatische, amerikanische und europäische Spielarten der einen Weltkirche.

Alle zusammen verbinden zwar ein paar gemeinsame, sehr alte Glaubensformeln, aber damit ist nicht viel gewonnen. Man bekennt sich zu Jesus Christus, praktiziert bestimmte Rituale wie Taufe, Eucharistie und Buße, betrachtet die Bibel als den für alle Christen verbindlichen Text, begreift Jesus als das fleischgewordene Wort Gottes, glaubt an die Auferstehung und an Gott als Lenker und Herrn der Geschichte, aber wie das zu verstehen ist und was daraus für die christliche Lebenspraxis folgt, ist komplett umstritten. Ganze Bücher werden allein darüber geschrieben, dass Maria sehr wahrscheinlich doch nicht Jungfrau im wörtlichen Sinne war, es aber dennoch weiterhin sinnvoll sei, im Glaubensbekenntnis symbolisch bei der Jungfrau Maria zu bleiben, während in anderen Büchern dazu geraten wird, die Jungfrau endlich zu streichen.

Mit der Forderung nach dem Zölibat, der Bindung des Priesteramts ans männliche Geschlecht und dem Verbot der Pille zur Verhütung der Schwangerschaft liest der Papst drei die Mehrheit der westlich-liberalen Gesellschaft provozierende Lehren aus der Bibel heraus. Die Protestanten und alle anderen Konfessionen ziehen aus demselben Buch die entgegengesetzten Schlüsse.

Die Auferstehung ist für viele Theologen nur noch ein Symbol, für die Naiven unter den Christen jedoch ist sie ein historisches Ereignis, und für alle anderen irgendetwas dazwischen, das sie so genau aber nicht erläutern können oder wollen, weil es sich doch um ein Geheimnis des Glaubens handelt.

In allen Konfessionen gibt es Christen, die überzeugt sind, dass sie keine Soldaten sein dürfen, und sie haben dafür ihre Bibelsprüche. Und es gibt andere, die es für ihre Christenpflicht halten, notfalls zu töten, wenn die Freiheit eines ganzen Volkes auf dem Spiel steht, und auch sie verweisen dafür auf heilige Sprüche. Die Todesstrafe sei durchaus mit dem christlichen Glauben vereinbar, behaupten die sehr Konservativen unter den Katholiken und Protestanten und können sich auf eine lange, bis in die Antike zurückreichende Reihe großer Kirchenlehrer berufen. Die anderen sind gegenteiliger Meinung, und auch sie verfügen über anerkannte Autoritäten. Zur Abtreibung, zur Homosexualität, zur Schwulenehe, zum Verhältnis von Kirche und Staat und zu vielen anderen Fragen haben die Christen dieser Welt starke Meinungen, aber keine Wahrheit.

Der Glaube an Jesus macht aus der einen Hälfte der Christenheit fröhliche Weltbejaher, aus der anderen grimmige Weltverneiner. Die einen treibt ihr Glaube in die Askese, die anderen in den Genuss des Lebens, die einen ins politische Engagement, die anderen in die mystische Versenkung.

Das katholische Polen glaubt, Gott habe alle Völker lieb, aber die Polen noch ein bisschen mehr. Das christliche Amerika hält sich für «God's own country» und das Reich des Guten, die Orthodoxen wiederum glauben, je nach Herkunft, die Griechen, Serben, Russen, Kopten oder Slawen seien die eigentlich Erwählten unter den Völkern. In Lateinamerika sind es die Armen und Entrechteten, die sich näher bei Gott wissen. Auch das deutsche Volk hat sich – mit katastrophalem Ausgang – schon einmal für erwählt gehalten.

Und alle pflegen ihre Feindbilder. Die Polen richten sich an den bösen Deutschen und den noch böseren Russen auf. Das orthodoxe Russland mag keine Papstbesuche. Das gläubige Amerika identifizierte zuerst den Kommunismus und dann den Islamismus als Reich des Bösen. Die orthodoxen Griechen verabscheuen die islamischen Türken. In Irland und Nordirland halten sich Katholiken und Protestanten wechselseitig für Teufel. Die katholischen Armen Lateinamerikas ziehen viel Trost aus dem Spruch, dass sich eher ein Kamel durch ein Nadelöhr zwängt als dass ein Reicher in den Himmel gelangt. Die orthodoxen Serben packt angesichts katholischer Kroaten die Mordlust, und umgekehrt, weshalb eine internationale Friedenstruppe dafür sorgen muss, dass der Lust keine Taten folgen.

So könnte man endlos weiter aufzählen, wie vielfältig und widersprüchlich die zwei Milliarden Christen dieser Welt die Botschaft jenes Mannes verstehen oder missverstehen, auf den sie sich berufen, von dem selber dunkle und widersprüchliche Aussagen überliefert sind und dessen Biographie historisch so wenig gesichert ist, dass die Theologen diesen Mann in zwei Personen spalten: in den historischen Jesus, den Menschen, über den wir kaum etwas wissen, und in den verkündeten Christus, von dem die Evangelien und die Apostel erzählen. Seine Worte zerlegen die Theologen in echte Jesusworte, die er wirklich gesagt habe, und in unechte, die ihm von seiner Gemeinde im Licht neuer Erfahrungen und mit besten Absichten in den Mund gelegt worden seien – wobei es kaum ein Jesuswort gibt, bei dem sich alle Theologen über die Echtheit oder Unechtheit einig sind.

Die Lage der heute lebenden zwei Milliarden Christen würde sich nicht grundsätzlich bessern, wenn ein zweites Pfingstwunder geschähe und sich alle auf die eine christliche Wahrheit einigen könnten, denn diese Wahrheit würde allein schon dadurch relativiert, dass es nach wie vor das Judentum, den Islam, den Buddhismus, Hinduismus, Taoismus und Konfuzianismus gäbe. Auch Aufklärung, Wissenschaft, Atheismus und die vielen verschiedenen Philosophien stellten die christliche Wahrheit weiterhin in Frage.

Es wäre also weniger gewonnen durch eine christliche Einigung, als die Ökumeniker glauben. An der grundsätzlichen Situation, dass permanent alle alles in Frage stellen, würde sich nichts ändern – und eben darin liegt das Problem eines Papstes, dessen Aufgabe in dem aussichtslos erscheinenden Unterfangen besteht, inmitten des Meeres an Relativismus eine Insel der Wahrheit zu errichten und zu verteidigen. Alle Welt lebt in der Erfahrung, dass die absolute Wahrheit lautet, dass es keine absolute Wahrheit gibt oder zumindest kein Sterblicher über sie verfügt. Doch der Papst muss behaupten, er habe sie und spielt damit tatsächlich die undankbare Rolle, die ihm in einem alten Atheistenwitz zugedacht wurde, wo jemand die Unterschiede zwischen einem Philosophen, einem Metaphysiker und dem Papst wie folgt erklärt: Der Philosoph sucht in einem dunklen Raum eine schwarze Katze. Der Metaphysiker sucht in einem dunklen Raum eine schwarze Katze, die gar nicht da ist. Und der Papst sucht in einem dunklen Raum eine schwarze Katze, die gar nicht da ist, aber er ruft: Ich hab sie!

Wie soll der Papst die Welt davon überzeugen, dass es die schwarze Katze wirklich gibt und, sensationeller noch, er sie tatsächlich hat? Seit der Aufklärung glauben ihm das immer weniger, nicht einmal bei seinen eigenen Angestellten kann er noch sicher sein, dass ihm alle darin folgen.

Der öffentliche Zuspruch, den kirchliche Großevents derzeit erfahren, und die angebliche Rückkehr der Religionen, die in Wahrheit weit überwiegend nur eine gespenstische Rückkehr der Fundamentalismen und eine reaktionäre Antwort auf die Zumutungen der Moderne ist, ändern nichts an der prinzipiellen Lage der Kirche im 21. Jahrhundert, die der heutige Papst Benedikt XVI., als er noch Kardinal Joseph Ratzinger war, einmal so auf den Punkt gebracht hatte:

Am Beginn des dritten christlichen Jahrtausends befindet sich das Christentum gerade im Raum seiner ursprünglichen Ausdehnung, in Europa, in einer tief gehenden Krise, die auf der Krise seines Wahrheitsanspruches beruht. ... Durch die Evolutionstheorie scheint die Schöpfungslehre überholt, durch die Erkenntnisse über den Ursprung des Menschen die Erbsündenlehre; die kritische Exegese relativiert die Gestalt Jesu und setzt Fragezeichen gegenüber seinem Sohnesbewusstsein; der Ursprung der Kirche in Jesus erscheint zweifelhaft und so fort. Die philosophische Grundlage des Christentums ist durch das «Ende der Metaphysik» problematisch geworden, seine historischen Grundlagen stehen infolge der modernen historischen Methoden im Zwielicht.[27]

Auschwitz hatte der Papst vergessen. Die wenigen christlichen Märtyrer, die sich Hitler in den Weg gestellt hatten, entlasten die Kirche nicht, sondern belasten sie noch schwerer, denn diese Märtyrer starben einsam, und noch durch ihre Gräber schallt die Frage: Warum habt ihr uns allein gelassen? Die gern gestellte Frage «Wo war Gott in Auschwitz?» müsste richtig lauten: Wo waren die Christen? Wo war die Kirche?

Die Schlussfolgerung Ratzingers bleibt dennoch gültig: «Weil es so steht, muss die altmodische Frage nach der Wahrheit des Christentums neu gestellt werden.»[28]

Luther, Kant, die Aufklärung und Nietzsches «Gott ist tot»-Rufe schlugen mit der Wucht einer Abrissbirne an die Kirchenmauern. Dann kam auch noch Auschwitz. Bis heute verweigert sich die Kirche der Tatsache, dass in Auschwitz mit den Juden auch die letzten, noch vorhandenen Reste kirchlicher Glaubwürdigkeit verbrannten.

Die fehlende Glaubwürdigkeit zehrt die Kirchen seit Jahrzehnten aus. Ihre Mitglieder treten aus, sterben weg, bleiben den Gottesdiensten fern, bedürfen kirchlicher Amtshandlungen nicht unbedingt, und die noch vorhandenen religiösen Gefühlchen individualistischer Minderheiten lassen sich auf der Esoterikmesse ebenso befriedigen, wobei der moderne Sinnkonsument gerne auch das eine oder andere christliche Großereignis – Kirchentage, Papstbesuche – mitnimmt.

Gibt es eine moderne Antwort auf die altmodische Frage?

Martin Luther hatte vor einem halben Jahrtausend gefordert, die Bibel, das reine ursprüngliche Wort Gottes, solle als die alleinige christliche Wahrheit gelten, und nicht jener babylonische Turm, den die Konzile, Kirchenlehrer und Dogmatiker im Lauf von anderthalb Jahrtausenden darauf errichtet hatten. Und selbst der Kanon als Ganzes sei nicht sakrosankt, sondern für den Christen nur dort verbindlich, wo er sich wirklich im Einklang mit Jesus befinde. «Was Christum nicht lehret, das ist nicht apostolisch, wenn's gleich Petrus oder Paulus lehret; umgekehrt was Christum predigt, das ist apostolisch, wenn's gleich Judas, Hannas, Pilatus und Herodes täte.»[29]

Heute wissen wir dank der Forschung protestantischer Theologie: «Was Christum lehret» ist gar nicht so einfach zu erkennen, wie Luther glaubte. Die Bibel ist nicht als fertiges Buch vom Himmel gefallen, und ihre Sätze sind auch nicht durch göttliche Inspiration den Verfassern in die Feder diktiert worden.

Das Gotteswort, das uns in Form alter Texte vorliegt, ist Menschenwort, gesprochen und geschrieben in mythischer Sprache aus Anlässen, die längst vergangen sind, für Menschen, die längst verstorben sind und deren Bild von der Welt längst überholt ist. Es sind Worte aus versunkener Zeit, die wir zwischen den zwei Buchdeckeln der Bibel aufbewahren. Die innere Wahrheit dieser Texte zu erschließen, ist schwierig und wird vermutlich niemals so apodiktisch verbindlich für alle zu klären sein, wie es der Papst gern hätte.

Die Menschen, für die diese Texte ursprünglich bestimmt waren, sahen sich schicksalhaften Mächten ausgesetzt, die sie mit Göttern identifizierten. Geister, Dämonen, Tiergötter, die Anwesenheit der Ahnen, heilige Orte, mirakulöse Eingriffe aus einer jenseitigen Welt in die diesseitige, das alles war für die damals Lebenden eine selbstverständliche Realität. Sie, nicht wir Menschen des 21. Jahrhunderts, waren die eigentlichen Adressaten der biblischen Texte.

Daher kann eine neue Antwort auf die alte Frage nach der Wahrheit des Christentums heute vorerst nur in einen Minimalkonsens münden. Jene christliche Essenz, von der im vorangegangenen Abschnitt die Rede war – darauf müsste sich die Christenheit doch einigen können.

Das mag manchen als zu gering erscheinen, aber unendlich viel wäre gewonnen, wenn alle Kirchen und alle Christen gemeinsam und ernsthaft versuchten, jene unstrittigen christlichen Minimalforderungen – Glaube, Umkehr, Buße, Reich Gottes, Leib Christi, die klassenlose Gesellschaft, es darf keine Armen geben – endlich mit Leben zu erfüllen. Es wäre geradezu revolutionär, wenn dies geschähe.

Und wenn es geschähe, bestünde die begründete Hoffnung, dass es bei diesem theologischen Minimalismus nicht bleiben müsste, dass man Erfahrungen machte, welche die Erkenntnis der christlichen Wahrheit erweiterten, gemäß dem Schriftwort: *Wer aber die Wahrheit tut, der kommt zum Licht.* (Johannes 3, 21)

Taten wären daher heute vermutlich wichtiger als Predigten, Lehren, Beichten, Wallfahrten, Gottesdienstfeiern, das Streiten um die reine Lehre und die Produktion von Papierbergen. Der weltanschauliche Pluralismus, den Ratzinger als Relativismus beklagt und den er überwinden möchte – obwohl auch er nicht weiß, wie –, ist durch schriftgelehrte Disputationen nicht aus der Welt zu schaffen, auch innerhalb der Kirchen nicht, nicht einmal mehr innerhalb der katholischen Kirche.

In allen Kirchen, und erst recht außerhalb, passiert tatsächlich etwas Unheimliches, das Ratzinger wie folgt beschreibt:

So liegt es auch von daher nahe, den christlichen Inhalten keine höhere Wahrheit zuzusprechen als den Mythen der Religionsgeschichte – sie als Weise der religiösen Erfahrung anzusehen, die sich demütig neben andere zu stellen hätte. In diesem Sinn kann man dann – wie es scheint – fortfahren, ein Christ zu bleiben; man bedient sich weiterhin der

Ausdrucksformen des Christentums, deren Anspruch frei-
lich von Grund auf verändert ist: Was als Wahrheit verpflich-
tende Kraft und verlässliche Verheißung für den Menschen
gewesen war, wird nun zu einer kulturellen Ausdrucksform
des allgemeinen religiösen Empfindens, die uns durch die
Zufälle unserer europäischen Herkunft nahe gelegt ist.[30]

Hier erst formuliert Ratzinger die Krise des Christentums in ihrer ganzen Schärfe, denn das bedeutet: Wenn mein Christentum
nur die zufällig historisch gewachsene Gestalt eines allgemeinen religiösen Empfindens ist, dann ist es nicht mehr besonders
sinnvoll, an diesen Zufällen festzuhalten und sie weiter zu pflegen. Es erscheint dann vernünftiger, sich vom trennenden Ballast der bloß zufälligen christlichen Spezifika zu befreien und
sich auf jene kulturunabhängigen Inhalte zu konzentrieren, die
allen Religionen gemein sind. Mit anderen Worten: Dann kann
man das Christsein auch bleiben lassen.

Auch das Religiössein kann man dann bleiben lassen. Es
spricht zwar prinzipiell nichts dagegen, weiterhin in irgendei-
ner Form religiös beheimatet bleiben zu wollen, das ist reine
Privatsache. Aber wer begehrt, damit trotzdem intellektuell
ernst genommen zu werden, muss seine religiöse Heimat auf
dem geistigen Stand der Zeit halten, und das heißt: Man kann,
wenn überhaupt, nur noch auf aufgeklärte Weise religiös sein.
Aber eben diese aufgeklärte Religiosität hat mit der ursprünglichen nichts mehr gemein, weder in der christlichen Variante
noch in der jüdischen, buddhistischen oder jeder anderen, da
hat Ratzinger recht. Religiös sein nach der Aufklärung ist etwas
anderes, als es davor gewesen ist.

Dass gegenwärtig Millionen von Menschen wieder hinter die
Aufklärung zurückfallen, indem sie sich Horoskope mit Hilfe
des Computers erstellen lassen, zur Wahrsagerin rennen, an die
magische Kraft von Edelsteinen glauben und ihre Buchregale
mit Esoterikliteratur füllen, widerlegt die intellektuelle Forde-

rung nach aufgeklärter Religiosität nicht. Wir leben in einer postmodernen Anything-goes-Gesellschaft. Da kann jeder jeden Mumpitz mitmachen, nur eines geht nicht: zu verlangen, von einem aufgeklärten Bewusstsein ernst genommen zu werden.

Glaube, der im 21. Jahrhundert ernst genommen werden will, muss aufgeklärter Glaube sein. Dieser negiert Esoterik, Aberglauben, Sektiererei und das meiste dessen, woran Menschen vor der Aufklärung geglaubt hatten. Aber auch das, wofür der Papst steht, scheint von einem aufgeklärten Glauben negiert werden zu müssen, denn als Aufgeklärter kann man nicht mehr ernsthaft auf den Absolutheitsanspruch einer Religion pochen, in die man zufällig hineingeboren wurde. Als Aufgeklärter kann man, so scheint es, die Weltreligionen günstigstenfalls noch als Gebilde betrachten, die aus verschiedenen Blickwinkeln auf eine für den Menschen undurchschaubare Weise Anteil an einer Wahrheit haben, die das menschliche Erkenntnisvermögen übersteigt.

Wenn das so ist, dann wäre es eigentlich nur vernünftig, die Unternehmen Judentum, Christentum, Islam, Buddhismus, Hinduismus, Taoismus und Konfuzianismus von ihrem jeweiligen kulturspezifischen und voraufgeklärten Ballast zu befreien und das, was übrig bleibt, zu einer einzigen neuen Weltreligion zu fusionieren. Dem Frieden in der Welt wäre damit sicher sehr gedient.

Ratzinger verschwendet an diese Idee keinen Gedanken. Auch die aufklärerische Forderung, das Christentum von seinen historisch gewachsenen Zufälligkeiten zu reinigen und es damit weltkompatibel zur Aufklärung und zu den anderen Religionen zu machen, ignoriert er, und zwar nicht aus Schwäche, sondern aus Stärke.

Vor dieser Stärke sind die aufgeklärten Relativisten blind. Sie verkennen, dass für den Papst, wie für jeden Glaubenden, die Pointe seines Glaubens gerade in dem liegt, was ihn von anderen Glaubensvorstellungen unterscheidet. Das eigentlich Spannende steckt nicht in dem Teil, der allen Religionen gemein ist, sondern in dem, den jede Religion exklusiv hat. In jenen Unterschieden, in denen das aufgeklärte Bewusstsein nur noch historisch bedingte Zufälligkeiten und damit überflüssigen Ballast zu erkennen glaubt, steckt für den Christen jene Wahrheit, um deretwillen er weiterhin Christ bleibt. Nicht das, was ihn mit den anderen Religionen verbindet, macht ihn zum Glaubenden, sondern das unterscheidend Christliche macht es.

Das Spannende am Christentum ist daher gerade jene Wahrheit, über die der wirklich gläubige Christ insgeheim denkt: Wäre ich in einem anderen Kulturkreis aufgewachsen und hätte von Anfang an die Chance gehabt, mich mit der christlichen Lehre genauso vertraut zu machen wie mit der vorherrschenden Lehre meines Kulturkreises, hätte ich also eine Wahl gehabt – ich bin überzeugt, mich auch im fremden Kulturkreis für die Wahrheit des Christentums entschieden zu haben.

Dieses unterscheidend Christliche steckt sogar in dem oben formulierten Minimalprogramm christlicher Essentials: Glaube, Umkehr, Buße, Erbsünde, Reich Gottes, Leib Christi, die klassenlose Gesellschaft, es darf keine Armen geben. Machen wir doch endlich Ernst damit. Alles Weitere wird sich finden.

VOLK GOTTES
ODER PRIVATER SELIGMACHVEREIN?
WIDER DIE MCKINSEYISIERUNG
DER KIRCHE

Glaube, Umkehr, Buße, Reich Gottes, Leib Christi, die klassenlose Gesellschaft, es darf keinen Armen geben – wer diese christliche Wahrheit dort sucht, wo sie zu finden sein müsste, also in der Kirche, findet etwas ganz anderes: das geschäftige Treiben eines gigantischen Apparats, der täglich Millionen von Menschen auf Trab hält, Milliardensummen bewegt und am Ende des Tages ein Ergebnis abliefert, das hauptsächlich aus einem Haufen Papier besteht. Zwischen den Papierbergen sieht man gelegentlich einen Pfarrer zum Krankenbett eines Patienten hetzen, einen anderen bei der Taufe, im Religionsunterricht, beim Altennachmittag, in der Jugendgruppe, in einer Trauung oder am Grab, und natürlich im Gottesdienst, aber der vorherrschende Eindruck ist: Der Hauptzweck dieses Apparats besteht in der Produktion von Papier und Reisen von Konferenz zu Konferenz auf lokaler, regionaler, nationaler und internationaler Ebene. Die Pfarrer in den Gemeinden werden unter den Papierbergen begraben und müssen einen wesentlichen Teil ihrer Arbeitszeit darauf verwenden, sich aus den Bergen freizuschaufeln, mit denen sie täglich aufs Neue von oben zugeschüttet werden.

Findet sich in den Papierbergpredigten wenigstens das eine oder andere Körnchen Wahrheit? Führt von diesen Bergen eine

Spur zur Wahrheit oder zum Willen Gottes? Enthalten sie Anleitungen, die christliche Botschaft zu realisieren, Gemeinde aufzubauen, sich zum Leib Christi zu formieren?

Wer sich an den Berg heranwagt, stößt auf ein Sammelsurium dessen, was in der Zeitung steht und die Welt beschäftigt: Arbeit, Demographie, Flüchtlinge, Gentechnik, Gesundheitsreform, Globalisierung, Irak, Iran, Islam, Kindesmissbrauch, Klimawandel, Ladenöffnungszeiten, Rente und so weiter und so weiter. Die Kirchen sagen heute alles zu allem, gern auch das Gegenteil, und der Bischof Huber, Chef der EKD, gilt den Medien inzwischen als der Allzuständige, der zu jedem x-beliebigen Thema gefragt oder ungefragt aus dem Stand professorale Vorträge von der Dauer eines Fußballspiels zu halten imstande ist.

Darüber hinaus birgt die kirchliche Papierbergproduktion noch kirchliche Themen im engeren Sinn: Religionsunterricht, Pfarrerbesoldung, Kirchenstrukturreform, feministische Theologie, Bibel in gerechter Sprache, Kirchensteuer, Glaube und Wissen, Brot statt Böller, Beten für den Frieden, Impulspapiere für dieses und Impulspapiere für jenes. Gottes Bodenpersonal beschäftigt sich hauptsächlich und vorzugsweise mit dem, was aus der Welt in die Kirchen hineingetragen wird. Gedacht war es ursprünglich einmal genau umgekehrt. Gott hatte sich ein Volk erwählt, damit sich die Welt mit dem beschäftigt, was dieses Volk in die Welt hinaustragen sollte.

Selten, sehr selten findet man im kirchlichen Papierausstoß etwas Neues oder Erhellendes zum Thema «Gott», «Glauben im 21. Jahrhundert», «Die christliche Wahrheit». Der Papst scheint der Einzige zu sein, der sich um diese Fragen noch kümmert.

Aber er tut sich schwer, seinen Kummer denen zu vermitteln, die draußen vor den Vatikanmauern stehen, denn er spricht über sein Anliegen in jener alten, die Last einer zweitausendjährigen Tradition mitschleppenden Formelsprache, die nur die Kirchenprofis zu deuten wissen. Die Übersetzung in die Sprache des modernen theologischen Analphabeten gelingt weder ihm noch seinen Kardinälen. Auch seine Heerscharen von kirchlichen Öffentlichkeitsarbeitern, Rundfunkbeauftragten und Kanzelpredigern tun sich äußerst schwer.

Unter Fachleuten ist, was die Sache mit Gott betrifft, also in der Hauptsache, so gut wie nichts wirklich geklärt. Aber im kirchlichen Alltag wird so getan, als gebe es da nichts zu klären. Das hauptamtliche Personal der Kirche weiß zwar irgendwo im Hinterkopf noch, dass es sehr wohl einiges zu klären gäbe, fühlt sich aber nicht zuständig, weil man sich dafür ja die Universitätstheologie leistet. An sie wurde das Strittige delegiert. Dort, an der Universität, solle es möglichst auch bleiben. Im kirchlichen Alltag der Gemeinden aber möchte man von Theologie weitgehend verschont werden.

Das hat erstens zur Folge, dass in den Gemeinden der theologische Analphabetismus fast genauso weit fortgeschritten ist wie außerhalb der Gemeinden. Und weil zweitens die ewig gültige, *zeitlos gute Botschaft* in der Routine des kirchlichen Alltags als jedermann bekannte und verbindliche Geschäftsgrundlage vorausgesetzt wird, kann man sich mit Leidenschaft auf die tausend Nebensachen stürzen, die sich aus der vermeintlich bekannten Hauptsache ableiten.

In Wahrheit ist da aber nichts. Eben deshalb leitet ja auch jeder etwas anderes aus der ewig gültigen Botschaft ab. Spricht man kirchenleitende Berufschristen auf diesen heiklen Punkt an, zaubern sie die alten Lehrformeln und Bekenntnisschriften aus dem Hut, in denen doch alles aufs schönste und verbindlich geregelt sei. Anschließend lügen sie die Kakophonie mit der Leerformel von der «Vielfalt in der Einheit» zur eigentlichen Stärke der Kirche empor. Und die zehntausend Theologen, die sich mit diesen Lehr- und Leerformeln noch auskennen, entwickeln dazu im Lauf ihres Schriftgelehrtenlebens hunderttausend Meinungen, weshalb man die katholische Kirche gut verstehen kann, wenn sie ihrem Mann an der Spitze zugesteht, einfach kraft seines Amtes zu entscheiden, was in der Kirche als wahr zu gelten habe. Fiele diese Entscheidungsbefugnis weg – die katholische Kirche zersplitterte in kürzester Zeit, wie die weltprotestantische Chaostruppe, in tausend Untergruppen. Wobei die Protestanten trotzdem recht haben, wenn sie sagen, ein einzelner Mensch könne unmöglich dekretieren, was als Wahrheit zu gelten habe, und sei er auch der Papst.

Es ist nur zu verständlich, dass die Kirchenoberen angesichts dieser Schwierigkeiten den Geist des Christentums einfach in eine große Flasche sperren, diese in einen Panzerschrank einschließen und sagen: Da drin steckt unser Schatz, unser Glaube, unsere Wahrheit. Das Problem ist nur: Geld, das im Tresor liegt, arbeitet nicht. So ein weggeschlossenes Vermögen vermag nichts. Daher hinterlassen die Kirchen kaum noch Spuren in der Welt von heute. Darum leiden sie auch unter Profilneurose. Auf allen Pfarrkonferenzen und Mitarbeitertagungen der EKD geht es seit einigen Jahren immer wieder um «die Marke evangelisch», «das unverwechselbare Profil» – aber wer in einen abgefahrenen Reifen ein Profil zu ritzen versuchte, ließe nur die Luft aus ihm heraus, abgesehen davon, dass sich die Individualisten in der EKD sowieso nie auf ein gemeinsames, wirklich scharfes Profil werden einigen können.

Die immer weiter sich auffächernde Meinungsvielfalt innerhalb der Kirchen scheint deren unaufhaltsames, unabänderliches Schicksal zu sein, und die Kirchen scheinen sich damit abgefunden zu haben, denn nicht mehr mit ihrer Wahrheit begründen sie die Notwendigkeit ihrer Existenz, sondern mit ihrer Nützlichkeit. Sie verweisen auf die Caritas und die Diakonie, die doch so viel Gutes bewirken, sich das aber hauptsächlich vom Staat und den Sozialkassen bezahlen lassen – die Kirchen tragen 1,8 Prozent der Gesamtkosten bei.[31]

Sie verweisen auf ihre Funktion als Hüter der Menschenwürde, Anwalt der Armen und Wächter über die Einhaltung ethischer Mindeststandards. Aber diese Funktion erfüllen die Verfassungsgerichte wirksamer, und eine freie Presse ist auch noch da.

Sie fühlen sich wichtig in Ethikkommissionen, allen möglichen Gremien und als Berater von Politik und Wirtschaft. Aber es ginge auch ohne die Kirchenfunktionäre; das Volk interessiert sich ohnehin nicht besonders für ihre Arbeit. Das Volk hat sich schon lange abgewandt.

Diese Abwendung macht sich nun seit einiger Zeit auch dort bemerkbar, wo es die Funktionäre am meisten schmerzt: in der Kasse. Die Kämmerer erschrecken mit apokalyptischen Prognosen ihre Bischöfe, und diese vergessen alles, was sie je von der Kanzel gepredigt haben – *was sorgt ihr euch um den nächsten Tag, siehe die Vögel unter dem Himmel, sie säen nicht, sie ernten nicht, und ihr himmlischer Vater ernährt sie doch* (Matthäus 6, 26) –, hoffen weder auf Manna noch erwarten sie, dass Wachteln vom Himmel fallen, sondern wenden sich rat- und hilfesuchend an die angeblichen Spezialisten des Überlebens, an McKinsey, die missionarischen Hohepriester des Glaubens an Markt und Technik.

Und diese helfen gerne, wenn auch nicht für Gotteslohn. Als Erstes verordnen die Missionare von der anderen Religion den Bischöfen eine «Konzentration aufs Kerngeschäft»: die Sorge um das individuelle Seelenheil. Schluss mit der Verzettelung. Beschränkung auf Seelsorge, Gottesdienst, Taufe, Abendmahl, Hochzeits- und Trauerfeier. Das aber müsse möglichst professionell gehandhabt werden, solle an den tatsächlichen Bedürfnissen orientiert sein, die es empirisch zu erforschen gelte.

Da der Rat der Berater teuer ist, glauben die Bischöfe, dass er auch gut sein müsse, und so öffnen sie sich gläubig der Botschaft, alles sei Markt, auch das Religionsbusiness, und in diesem Geschäft gelte es, um die Sinn und Orientierung suchende Kundschaft mit anderen Sinnanbietern zu konkurrieren und sich wettbewerbsfähig zu machen. «Lernen von der Weisheit der Welt» nennen die Seelenhirten das. Dieser Weisheit trauen sie heute mehr als der *Torheit des Kreuzes* (1 Korinther 1, 23).

Sie probieren es jetzt tatsächlich mit Marketing, meinen ernsthaft, ihre in Jahrhunderten verspielte Glaubwürdigkeit lasse sich mit Werbung, PR, Events und Imagekampagnen im Instantverfahren zurückgewinnen. Ohne rot zu werden, definieren sie die Botschaft vom Kreuz als ein Produkt, das es zu verkaufen gilt. Allen Ernstes betrachten sie sich als ein Unternehmen auf dem Sinnstiftungsmarkt, bezeichnen ihre Mitglieder als Kunden, fragen deren Wünsche ab, trimmen ihr Personal auf Kundenorientierung, offerieren ein spirituelles Angebot, denken über ihre Corporate Identity nach, beschäftigen sich mit Profilschärfung und Professionalisierung, und statt Weltgestaltung stand in den letzten Jahren die Gestaltung des kirchlichen Briefpapiers auf ihren Tagesordnungen. Ihr Gottesdienst mutiert zum Kundendienst. Aus Kirchtürmen sollen Leuchttürme werden, und auf deren Spitze kräht der Hahn, dass der Mann am Kreuz schon wieder verraten und verkauft wird.

Statt nach der Wahrheit des Kreuzestods zu fragen, fragen sie: Welche neuen Gottesdienstformen, Liturgien, Events locken den modernen Sinnkonsumenten in die Showrooms der Kirchen? Mit zeitgemäßen zielgruppengerechten Dienstleistungen – gefühligen Taufzeremonien, professionellem Kommunions- und Konfirmations-Service, rauschenden Hochzeitsfesten, schicken Begräbnispartys – soll die Kirche wieder massenkompatibel werden und der Kunde spendenbereit.

So mancher Bischof bewegt sich heute am Rande der Schizophrenie, wenn er sich einerseits darin gefällt, wie ein Manager zu reden, und sich andererseits auch noch jener alten Universitätstheologie verpflichtet weiß, die er einmal als Student gelernt hat. Als im Januar die EKD in Wittenberg über ein Impulspapier zur Zukunft der Kirche beriet, wunderte sich die FAZ, dass in den Ergebnisprotokollen des Wittenberger Kongresses «organisationstheoretische Floskeln aus der Unternehmensberatung völlig unvermittelt neben religiöser Sprache» standen, beispielsweise folgte auf ein Wort wie «quantitative Zielvereinbarungen überprüfen» die Rede vom *Salz der Erde* und vom *Licht der Welt*.[32] Und danach war dann wieder «die Marke evangelisch» dran. Kein Wunder, dass unter solchem Geschwurbel das Salz taub wird und das Licht zum Irrlicht mutiert.

Wir erleben derzeit, wie die stets unbequeme, überall aneckende, zu allen Zeiten provokante, unverkäufliche Botschaft Jesu von seinen Nachfolgern umfunktioniert wird zur gefälligen, stromlinienförmig an den Markt angepassten Wellness-Religion. «Bleib deinen Träumen auf der Spur», «Quellen innerer Kraft», «Im Einklang mit sich selbst sein», «Sich selbst vergeben», «Mit sich selbst eins werden», «Sich selbst nicht weh tun», «Zum Grund des eigenen Lebens finden» – so tönt es dem Sinn-Nachfrager aus christlichen Traktätchen, Einladungen zu Meditationswochenenden, Werbebroschüren für den Aufenthalt im «Kloster auf Zeit», kirchlichen Durchhalteblättchen und innerlichkeitstriefenden Büchlein über Seelengebaumel entgegen. Es ist die Einladung zum Tanz ums Goldene Selbst.

Dem orientierungslos um sich selbst kreisenden, ewig von Stress und Ängsten geplagten Lifestyle-Konsumenten verkaufen die McKinsey-Kirchen alte Werte und neue Spiritualität, zeitlose Wahrheiten und moderne Mystik, innere Ruhe und sanfte Entspannung durch Entschleunigung. «Enjoy it», lautet das Motto eines zunehmend in der Kirche gepflegten Verkündigungsstils – Kraft durch Freude auf modern. Nicht mehr Salz der Erde soll das Christentum sein, sondern Zucker für die Verwöhnten, das Sahnehäubchen auf dem Leben derer, die schon alles haben.

Die Religion wird wieder Opium fürs Volk. Die New Church, die da nach einer Blaupause aus den McKinsey-Büros mit marktgängigen Sinnkonstruktionen dealt, taugt gut als Schmiermittel des sich als alternativlos gebärdenden Totalkapitalismus und passt bestens in jene postindustriellen Brachen der Freizeit- und Spaßgesellschaft, in denen sich schon die Beauty-Farmen, Badelandschaften und Ayurveda-Tempel angesiedelt haben. Unter den säkular-esoterischen Zirkusnummern, die dort gespielt werden, ist auch noch Platz für ein paar kirchlich-spirituelle. Das finanzielle Überleben eines multinationalen Religionskonzerns lässt sich damit gewiss sichern. Sein Volk aber wird sich der liebe Gott künftig woanders zusammenklauben müssen.

Bischöfe der McKinsey-EKD stellen mittlerweile jede althergebrachte kirchliche Aufgabe auf den Prüfstand und damit auch jeden mit der Aufgabe befassten Stelleninhaber. Dieser muss seinem Bischof jetzt darlegen, was «der evangelischen Kirche fehlen» würde, «wenn es diese Aufgabe nicht mehr gäbe». Und wenn nun die Bischöfe darlegen müssten, was der Welt fehlen würde, wenn es sie und ihre teuren Apparate nicht mehr gäbe? Bedarf die Welt einer Kirche, die der Weisheit der Welt bedarf? Brauchen Politik und Wirtschaft den Rat der von McKinsey beratenen Kirche? Das Prinzip, Geld generell nur noch in solche Projekte zu stecken, die Zukunft haben, könnte über kurz oder lang auch den Kirchenbetrieb als Ganzes die Existenz kosten.

Die Welt wäre vermutlich erschüttert, wenn morgen der Kölner Dom zu Staub zerfiele. Wenn aber morgen alle haupt- und nebenamtlichen Mitarbeiter aller Kirchen für immer aufhörten zu arbeiten, würden es die meisten über eine lange Zeit gar nicht bemerken. Sobald es bekannt würde, gäbe es natürlich ein mehrtägiges Medienrauschen, dessen Dauer von der übrigen Nachrichtenlage abhinge. Wäre gerade nicht viel los auf der Welt, bekämen alle Befugten und Unbefugten ausgiebig Gelegenheit, ein paar Tränen und Krokodilstränen der Betroffenheit zu vergießen. Aber dann, wenn alle alles mehrfach gesagt und beweint hätten – würden die Völker der Welt bitten, flehen und sich mit aller Kraft dafür einsetzen, dass es wieder eine Kirche gibt? Oder bestünde die Hauptreaktion in einem gleichgültigen Achselzucken und der Übereinkunft, die Welt könne sich gut auch ohne Kirche weiterdrehen, habe sich ohnehin während der letzten Jahrzehnte weitgehend ohne sie gedreht?

Die Bischöfe gleichen heute den Besitzern eines Dampfers, der im Hafen liegt, schon lange nicht mehr fährt und vermutlich nie wieder fahren wird, weil der Motor kaputt ist. Es gibt eine Crew, die jeden Tag mehr oder weniger eifrig das Schiff putzt, Lecks abdichtet, das Dach streicht und tausend andere Dinge tut, um den alten Kasten zu erhalten, aber niemand aus der Crew kümmert sich um den Motor. Der Versuch, ihn zu reparieren oder auszutauschen, unterbleibt.

Finanziert wird die Mannschaft aus Tradition von jenen vielen Menschen, die ganz woanders arbeiten. Die Mannschaft hofft, ihre Finanziers für ihre Arbeit zu interessieren und in das Schiff zu locken. Diese aber sehen nicht recht ein, warum sie ein Schiff besteigen sollen, das nicht einmal für eine Hafenrundfahrt taugt.

Noch zahlen sie für den alten Kasten, wenn auch mit sinkender Bereitschaft, sinkender Überzeugung und wohl eher aus Gründen der Nostalgie und Tradition, auch aus dem pragmatischen Grund, die besonderen Anlässe des eigenen Lebens – Taufe, Hochzeit, Begräbnis – in den repräsentativen Räumen dieses Museumsschiffs mit dem dort üblichen Zeremoniell feiern zu können, ein teurer Luxus, wenn man die Beiträge addiert, die im Lauf eines Kirchensteuerzahlerlebens zusammenkommen.

Weil die Zahl der Finanziers sinkt und zugleich deren Bereitschaft, diesen Museumsbetrieb weiter zu unterstützen, ist die Crew jetzt mit viel Eifer dabei, das stillgelegte Schiff neu aufzumöbeln, Versammlungsräume herzurichten, einen gastronomischen Service zu bieten, mit Promis, Konzerten, Partys und Events zu locken. Man entwirft auch dauernd neue, modern aussehende, auf unterschiedlichste Zielgruppen abgestimmte Kleinschiffe, Vergnügungsboote, Rettungsboote, baut zuweilen sogar den einen oder anderen Prototypen – fahren tun sie alle nicht.

Sonntags, wenn sich eigentlich alle versammeln sollten, aber die meisten daheim bleiben, erzählt der Pfarrer den Wenigen, die erscheinen, Geschichten aus den Zeiten, in denen das Schiff noch über alle Meere fuhr. Wer aber tatsächlich sein Fernweh stillen will, geht dann realistischerweise doch besser ins Reisebüro.

Einmal aber, in ferner Vergangenheit, muss das Schiff tatsächlich seetüchtig gewesen sein, denn es hat uns zu jener Insel gebracht, die wir heute bewohnen. Es hat uns die Energie geliefert, die nötig war, um aus dieser Insel jenen fruchtbaren Garten zu machen, von dem drei Viertel der Weltbevölkerung träumen. Der Motor dieses Schiffs hat uns einst die Kraft verliehen, den weltgeschichtlichen Ausnahmezustand zu errichten.

Ihn zu verteidigen, fehlen uns nun das Wissen und die Kraft. Erst recht fehlen Wissen und Kraft, um den Ausnahmezustand in jenen Regionen zu etablieren, in denen die Völker davon träumen.

Aber das Wissen wäre da. Es müsste nur ausgegraben werden. Und dann bedürfte es nur noch des Willens, das Wissen anzuwenden. Wenige würden genügen, um einen Anfang zu machen. Damals, als alles anfing, hatte einer genügt.

ANMERKUNGEN

1 Jutta Limbach auf den «Mainzer Tagen der Fernsehkritik» 1997.

2 *Süddeutsche Zeitung* vom 28. Oktober 2006, Seite 2.

3 Laut Sabine Bätzing, Drogenbeauftragte der Bundesregierung, zitiert von *Spiegel Online* in einem Artikel über Arzneimittelmissbrauch, 13. November 2006.

4 Laut Klaus Kastan, ARD-Hörfunkstudio Washington, 31.10.2006.

5 Erich Zenger u. a.: *Einleitung in das Alte Testament*, Stuttgart 2004, S. 14 ff.

6 Laut Brigitte Groneberg: «‹Zieh hinweg aus deinem Land!› Abraham, der Mann aus Ur in Chaldäa», in: Reinhard G. Kratz und Tilman Nagel (Hrsg.): *Abraham, unser Vater. Die gemeinsamen Wurzeln von Judentum, Christentum und Islam*, Göttingen 2003, S. 22 ff.

7 In Übereinstimmung mit der biblischen Verheißung: *Siehe, ich habe ihn gesegnet und will ihn fruchtbar machen und mehren gar sehr. Zwölf Fürsten wird er zeugen, und ich will ihn zum großen Volk machen.* (1 Mose 17, 20 und 1 Mose 25, 12 – 18)

8 Sure 2,à125à ff.; Sure 2,à136; Sure 3,à84; Sure 19,à54à f.

9 Einen guten Überblick über die Forschung liefern Reinhard G. Kratz und Tilman Nagel (Hrsg.): *Abraham, unser Vater. Die gemeinsamen Wurzeln von Judentum, Christentum und Islam*, darin besonders der Aufsatz von Dominique Charpin: «‹Ein umherziehender Aramäer war mein Vater›. Abraham im Lichte der Quellen aus Mari», S. 40 ff., außerdem der bereits erwähnte Aufsatz der renommierten Göttinger Altorientalistin Brigitte Groneberg: «‹Zieh hinweg aus deinem Land!› Abraham, der Mann aus Ur in Chaldäa». Die hier wiedergegebenen Informationen stammen im Wesentlichen aus diesen beiden Quellen, außerdem aus dem Eintrag zu Mari im *Biblisch-historischen Handwörterbuch*, S. 4263 und in *Die Religion in Geschichte und Gegenwart*, Band 4, S. 747 ff.

10 Gerhard Lohfink: *Braucht Gott die Kirche? Zur Theologie des Volkes Gottes*, Freiburg 1999, S. 47.

11 Nico ter Linden: *Es wird erzählt … Von der Schöpfung bis zum Gelobten Land*, Gütersloh 2004.

12 Bernhard Koch: «Der Ringkampf Jakobs. Wie Versöhnung und Frieden mög-

lich werden», in: Koch, Stötzel, Weimer (Hrsg.): *Wie Gott zu einem Volk kam. Biblische Geschichten neu gelesen von Abraham bis Rut*, Urfeld 2003.

13 Daher kann man die Geschichte auf die Zeit um 1200 vor Christus datieren.

14 Zitiert nach Gerhard Lohfink: *Braucht Gott die Kirche?* Freiburg 1999, S. 114.

15 Das Buch Tobit (oder Tobias) und das Buch der Weisheit (auch Weisheit Salomos) wurden nicht in den jüdischen Kanon aufgenommen, sind aber Teil der Septuaginta, die von Katholiken und orthodoxen Christen – nicht aber von Protestanten – als Teil der Bibel angesehen wird.

16 In: *HEUTE in Kirche und Welt* 5/2007.

17 Siehe etwa 2 Mose 23, 4 und 3 Mose 19, 18 sowie 5 Mose 6, 4.

18 Gerhard Lohfink: *Braucht Gott die Kirche?* Freiburg 1999, S. 154.

19 Gerd Lüdemann: *Die Auferstehung Jesu*, Göttingen 1994, S. 216, zitiert in: *Der Spiegel* 13/1994, S. 130.

20 Markus 9, 33–37, Matthäus 18, 1–5, Lukas 9, 46–48, desgl. Markus 10, 35–45, Matthäus 20, 20–28.

21 Claude Lepelley: «Die Christen und das Römische Reich», in: Luce Pietri u. a. (Hrsg.), deutsche Ausgabe hrsg. von Brox, Engels u. a.: *Die Geschichte des Christentums. Religion, Politik, Kultur*, Band 1, Freiburg, Basel, Wien 1996, S. 240 ff.

22 Ebd.

23 Ebd.

24 Ebd. Die sogenannten Christenbriefe – Plinius' Anfrage und Bericht sowie Kaiser Trajans Antwort – sind von großer Bedeutung, da sie die ältesten Dokumente mit einer Stellungnahme des römischen Staats zum Christenproblem sind und die einzigen erhaltenen Quellen aus dieser Zeit, die uns nicht über christlich gefärbte Vermittlung überliefert wurden.

25 *Süddeutsche Zeitung* vom 23. April 2007, «Aktuelles Lexikon».

26 Immanuel Kant: «Der Streit der Facultäten» (1794), Anmerkung 17.

27 Joseph Ratzinger in der *Frankfurter Allgemeinen Zeitung* vom 8. Januar 2000.

28 Ebd.

29 Martin Luther: «Vorrede zum Jakobus- und zum Judasbrief» (1522). *Gesammelte Werke*, S. 3095.

30 Joseph Ratzinger in der *Frankfurter Allgemeinen Zeitung* vom 8. Januar 2000.

31 Der Sozialwissenschaftler Carsten Frerk in der *Frankfurter Rundschau* vom 1. Juni 2006.

32 Heike Schmoll: «Protestantische Milieuverengung», in: *Frankfurter Allgemeine Zeitung* vom 3. Februar 2007.

Ein Wort
zur verwendeten Literatur

Was ich schon in früheren Büchern (*Kirche, wo bist du?*, dtv, und *Die Bibel*, Rowohlt · Berlin) bekannte, muss ich auch hier wiederholen: Die Basis dessen, worauf meine Sicht des Christentums und der Kirche ruht, bildet nicht irgendeine Universitätstheologie, sondern die Theologie, wie sie in der international agierenden Katholischen Integrierten Gemeinde (www.kig-online.de) nicht nur gelehrt, sondern auch gelebt wird. Daher stütze ich mich bei meiner Arbeit hauptsächlich auf die Veröffentlichungen der Theologen dieser Gemeinde. Insbesondere sind das:

Achim Buckenmaier: *Moses. Geschichte einer Errettung*, Augsburg 2005

Bernhard Koch, Arnold Stötzel, Ludwig Weimer: *Wie Gott zu einem Volk kam. Biblische Geschichten neu gelesen von Abraham bis Rut*, Urfeld 2003

Michael P. Maier: *Jeremia. Die Geschichte eines Berufenen*, Urfeld 2004

Gerhard Lohfink: *Gottes Volksbegehren. Biblische Herausforderungen*, München, Zürich, Wien 1998

Gerhard Lohfink: *Braucht Gott die Kirche? Zur Theologie des Volkes Gottes*, Freiburg 1999

Gerhard Lohfink: *Auf der Erde, wo sonst? Ein theologisches Tagebuch*, Urfeld 2003

Gerhard Lohfink: *Bibel ja – Kirche nein? Kriterien richtiger Bibelauslegung*, Urfeld 2004

Gerhard Lohfink: *Der letzte Tag Jesu. Was bei der Passion wirklich geschah*, Urfeld 2005

Norbert Lohfink: *Unsere großen Wörter. Das Alte Testament zu Themen dieser Jahre*, Freiburg 1977

Norbert Lohfink: *Das Jüdische am Christentum. Die verlorene Dimension*, Freiburg 1989

Norbert Lohfink, Rudolf Pesch: *Weltgestaltung und Gewaltlosigkeit. Ethische Aspekte des Alten und Neuen Testaments in ihrer Einheit und in ihrem Gegensatz*, Düsseldorf 1985

Rudolf Pesch: *Gott ist gegenwärtig. Die Versammlung des Volkes Gottes in Synagoge und Kirche*, Augsburg 2006

Rudolf Pesch: *Leben für alle. Das Wunder der Brotvermehrung*, Frankfurt/Main 1989

Ludwig Weimer: *Wo ist das Christentum? Sören Kierkegaard neu gelesen*, Urfeld 2004

Von den Brüdern Gerhard und Norbert Lohfink ist der erste Professor für neu-testamentliche und der zweite Professor für alttestamentliche Exegese. Rudolf Pesch ist ebenfalls Professor für neutestamentliche Exegese. Achim Buckenmaier, Bernhard Koch, Michael P. Maier, Arnold Stötzel und Ludwig Weimer sind promo-vierte Theologen. Sechs der sieben genannten Theologen kenne ich persönlich. Mit Gerhard Lohfink, Rudolf Pesch und Arnold Stötzel stehe ich per Brief und Mail in regem Gedankenaustausch. Sie sind Redakteure der Zeitschrift *HEUTE in Kirche und Welt*, die von der Katholischen Integrierten Gemeinde herausgegeben wird. In eben dieser Gemeinde leben die genannten Theologen unter Menschen verschiedenster Nationalitäten, Konfessionen, Berufe und Altersgruppen so, wie es von Jesus eigentlich ursprünglich einmal gedacht war. Eine unmittelbare Frucht dieses Lebens von Theologen mitten unter Laien ist deren Büchern sofort anzumerken: Sie sind im Gegensatz zu üblicher Professorenliteratur allesamt allgemein verständlich geschrieben und daher all jenen zur weiteren Lektüre empfohlen, die nun den Wunsch verspüren, noch mehr über Bibel, Christentum, Kirche und Theologie zu erfahren. Ich selbst habe Ende der siebziger Jahre sechs Monate in dieser Gemeinde gelebt. Die Erfahrung dieser sechs Monate beeinflusst mein Denken und Handeln bis heute.

Von besonderer Wichtigkeit für meine Arbeit war
– in der genannten Reihenfolge –
auch folgende Literatur:

Erich Zenger u. a.: *Einleitung in das Alte Testament*, Stuttgart 2004

Peter Weimar, Erich Zenger: *Exodus. Geschichten und Geschichte der Befreiung Israels*, Stuttgart 1979

Erich Zenger: *Am Fuß des Sinai. Gottesbilder des Ersten Testaments*, Düsseldorf 1998

Joseph Ratzinger: *Einführung in das Christentum. Vorlesungen über das Apostolische Glau-bensbekenntnis*, München 1972

Jacob Taubes: *Die politische Theologie des Paulus*, München 2003

Israel Finkelstein, Neil A. Silbermann: *Keine Posaunen vor Jericho. Die archäologische Wahrheit über die Bibel*, München 2006

Rainer Kessler: *Sozialgeschichte des alten Israel*, Darmstadt 2006

Reinhard G. Kratz, Tilman Nagel: «*Abraham, unser Vater*». *Die gemeinsamen Wurzeln von Judentum, Christentum und Islam*, Göttingen 2003

Jean Marie Mayeur, Charles und Luce Pietri, André Vauchez, Marc Venard (Hrsg.): *Die Geschichte des Christentums. Religion – Politik – Kultur*, 3 Bände; deutsche Aus-gabe hrsg. von Norbert Brox, Odilo Engels, Georg Kretschmar u.a., Freiburg, Basel, Wien 1996

Rainer Oechslen: *Es ist höchste Zeit. Die Geschichten des Königs David*, Nürnberg 2005

Gottfried Schramm: *Fünf Wegscheiden der Weltgeschichte*, Göttingen 2004
Manfred Fuhrmann: *Rom in der Spätantike*, Düsseldorf, Zürich 1998
Konrad Adam: *Die alten Griechen*, Berlin 2006

Folgende Literatur
habe ich ebenfalls benutzt:

Jan Assmann: *Die mosaische Unterscheidung. Oder der Preis des Monotheismus*, München 2003

Jan Assmann: *Ägypten. Eine Sinngeschichte*, Frankfurt 2003

Jan Assmann: *Moses der Ägypter. Entzifferung einer Gedächtnisspur*, Frankfurt 2004

Klaus Berger: *Theologiegeschichte des Urchristentums. Theologie des Neuen Testaments*, Tübingen, Basel 1995

Klaus Berger: *Jesus*, München 2004

Dietrich Bonhoeffer: *Widerstand und Ergebung. Briefe und Aufzeichnungen aus der Haft*, Gütersloh 2002

Hans Conzelmann, Andreas Lindemann: *Arbeitsbuch zum Neuen Testament*, Tübingen 1976

Antonius H.J. Gunneweg: *Geschichte Israels bis Bar Kochba*, Stuttgart 1976

Eberhard Jüngel: *Paulus und Jesus*, Tübingen 1986

Nico ter Linden: *Es wird erzählt … Von der Schöpfung bis zum Gelobten Land*, Gütersloh 2004

Jack Miles: *Gott. Eine Biographie*, München 1999

Jack Miles: *Jesus. Der Selbstmord des Gottessohns*, München 2001

Martin Noth: *Das 2. Buch Mose. Exodus*, Göttingen 1978

Horst Dietrich Preuß, Klaus Berger: *Bibelkunde des Alten und Neuen Testaments*, Band 1 und 2; Tübingen, Basel 2003

Gerhard von Rad: *Das 1. Buch Mose. Genesis*, Göttingen, Zürich 1987

Joseph Ratzinger: *Skandalöser Realismus? Gott handelt in der Geschichte*, Urfeld 2005

Kurt Dietrich Schmidt: *Grundriss der Kirchengeschichte*, Göttingen 1975

Werner H. Schmidt: *Biblischer Kommentar, Altes Testament. Exodus*, 1. Teilband; Neukirchen-Vluyn 1988

Claus Westermann: *Erträge der Forschung, Band 7. Genesis 1–11*, Darmstadt 1993

Heinz Zahrnt: *Die Sache mit Gott. Die protestantische Theologie im 20. Jahrhundert*, München 1972

FOLGENDE NACHSCHLAGEWERKE
HABE ICH ZURATE GEZOGEN:

Georg Denzler, Carl Andresen: *Wörterbuch Kirchengeschichte*, Digitale Bibliothek
   Band 81, Berlin 2003
Erwin Fahlbusch, Jan Milic Lochman u. a.: *Evangelisches Kirchenlexikon. Internationale
   theologische Enzyklopädie*, Digitale Bibliothek Band 98, Berlin 2003
Roland Fröhlich: *Kleine Geschichte der Kirche in Daten*, Freiburg 2004
Kurt Galling (Hrsg.): *Die Religion in Geschichte und Gegenwart. Handwörterbuch für Theo-
   logie und Religionswissenschaft*, Digitale Bibliothek Band 12, Berlin 2000
Frank-Peter Hansen: *Philosophie von Platon bis Nietzsche*, Digitale Bibliothek Band 2,
   Berlin 1998
Johannes Irmscher (Hrsg.): *Lexikon der Antike*, Digitale Bibliothek Band 18, Berlin
   1999
Hubert Jedin (Hrsg.): *Handbuch der Kirchengeschichte*, Digitale Bibliothek Band 35,
   Berlin 2000
Mark Lehmstedt: *Dichtung der Antike von Homer bis Nonnos*, Digitale Bibliothek Band
   30, Berlin 2000
Bo Reicke, Leonhard Rost (Hrsg.): *Biblisch-historisches Handwörterbuch*, Digitale
   Bibliothek Band 96, Berlin 2003

Bei Zitaten aus der Bibel habe ich mich meistens an den genauen Wortlaut gehalten, manchmal aber um der besseren Verständlichkeit willen auch freier formuliert, und mich im Übrigen folgender Übersetzungen bedient:

Elberfelder 1905
Luther 1912
Schlachter 1951

DER AUTOR

CHRISTIAN NÜRNBERGER, geboren 1951, studierte Theologie, war Reporter der «Frankfurter Rundschau», Redakteur bei «Capital», Textchef bei «Hightech» und arbeitet seit 1990 als freier Autor. Er lebt mit seiner Frau Petra Gerster und zwei Kindern in Mainz. Sein Buch «Die Bibel» (2005) wurde zum Bestseller. Davor erschienen «Frauen. Warum wir sie trotzdem lieben» (2004), «Stark für das Leben» (mit Petra Gerster, 2003), «Der Erziehungsnotstand» (mit Petra Gerster, 2001) und «Kirche, wo bist du?» (2000).